公文写作标题结构
速查宝典

石头哥◎编著

人民邮电出版社

北京

图书在版编目（ＣＩＰ）数据

公文写作标题结构速查宝典 / 石头哥编著. -- 北京：
人民邮电出版社，2023.4
ISBN 978-7-115-61267-0

Ⅰ．①公… Ⅱ．①石… Ⅲ．①公文－写作 Ⅳ．
①H152.3

中国国家版本馆CIP数据核字(2023)第037030号

内 容 提 要

本书是一部"词典"性质的工具书，收集了近 2000 条优质的公文标题，目的是帮助办公室人员快速实现文稿"升级改造"。

本书共分四编，前三编将公文标题分别按类型速查、用途与工作场景速查和主题速查进行编排，第一编包括比喻类、数字类、重复类和引用类等 9 类，第二编包括总结成绩、分析问题、传达学习、仪式致辞、统一思想和部署工作等 15 类，第三编包括组织、宣传、人才、教育、作风、经济和民生等 17 类；第四编是常见公文结构速查，针对《党政机关公文处理工作条例》规定的 15 种法定公文和日常工作经常会用到的 8 种非法定公文的结构进行解读。

本书适合党政机关、企事业单位的广大办公室人员参考阅读。

◆ 编　　著　石头哥
责任编辑　刘　尉
责任印制　王　郁　彭志环

◆ 人民邮电出版社出版发行　　北京市丰台区成寿寺路 11 号
邮编　100164　电子邮件　315@ptpress.com.cn
网址　https://www.ptpress.com.cn
涿州市京南印刷厂印刷

◆ 开本：720×960　1/16
印张：27.75　　　　　　　　2023 年 4 月第 1 版
字数：519 千字　　　　　　2024 年 12 月河北第 9 次印刷

定价：108.00 元

读者服务热线：(010)81055256　印装质量热线：(010)81055316
反盗版热线：(010)81055315
广告经营许可证：京东市监广登字 20170147 号

前言

巧用模板是一种高级写作方法
——关于本书的使用说明

俗话说"看书看皮，读文读题"，当年石头哥参加工作刚进入写作班子时，主管文字工作的领导提出了三个要求，分别是"做亮标题、写实正文、提炼主题句"，把做亮标题放在第一位，可见标题的重要性。在正式介绍这本让公文写作"如虎添翼"的工具书之前，我想先探讨几个问题。

1．要不要用模板

每隔一段时间，石头哥就会和"办公室的秘密"公众号的读者分享一些关于公文标题模板的文章，比如"最新标题300套""原创提纲200例"等，有些读者觉得精巧管用，感觉自己掌握的模板多了，写材料的底气也足了，但是也有几位读者向石头哥提出了不同意见。主要的不同意见有两点：一是认为写文稿用成套的标题模板，写作态度不够真诚，而且模板痕迹太重，不上档次；二是认为过度打磨标题会显得内容太过于虚空。总之，应该把精力放在提升文章的思想性上，对标题模板这类东西，应当大加鞭笞才好。

其实，对于这几位读者的两点认识，从本质上来讲，石头哥都同意，提升思想性当然重要，提倡新且实的文风当然也重要，但是石头哥觉得这些理由都不能成为我们排斥模板的理由，为什么这么说呢？

首先说说关于上档次的问题。用了标题模板，当然没有真心诚意、冥思苦想出来的标题更好。确实，在重大的材料和文件以及被奉为经典的材料中，也往往不存在四六句、排比句和凑字数的现象。水平最高的讲话就是"第一个问题，第二个问题，第三个问题"，直接切入主题。但模板的存在，从来都不是为了让你写出什么传世名作，而是为了帮助你快速、合格地完成手头的公文。模板确实不能让你达到大笔杆、大智囊的水平。但是，对新手来说，模板却可以让你在最短时间内达到工作要求。本书适用于那些还没摸着公文写作门路的，想高效完成工作的读者。

其次，关于虚空的问题。石头哥觉得，其实用模板和文章写得实不实在是两码事。标题用模板，不代表文章就一定是虚的；标题不用模板，也不代表文章就一定实在。标题就是一种形式，目的是"抓眼球"，你当然可以继续在正文中用翔实的数据、扎实的论证、丰富的细节和对问题的深刻揭露，去把文章写实在。

写标题不下功夫，就等于写稿子不下功夫，敷衍了事，没动脑筋。从这个意义上讲，多下点功夫、多花点时间把标题写得亮眼一些，绝对是四两拨千斤的划算"买卖"。

2．哪里找模板

模板有个好处，就是可以举一反三，可以直接套用，也可以扩展演绎。

用好模板的核心在于四个字——见多识广。见过的模板越多，收集的模板越多，自己能运用的模板就越多。亮眼的标题往往不是自己拍脑袋想出来的，而是积累、借鉴、改编来的。

石头哥常劝告大家注意收集各类模板素材，建好自己得心应手的模板素材库。从公文材料、报纸杂志中寻找好的标题，把自己平时看到的所有精妙的标题记录下来，重点要认真学习各类公文特别是上级领导的讲话稿，从中发现好的标题。报纸杂志中也经常会冒出新提法、新思路、新词汇，把这些收集记录下来，对做亮标题很有帮助。以石头哥为例，只要看到好的提纲，就如获珍宝，会赶紧收藏到模板素材库里。模板素材库已经积累了几千条精妙标题，包罗万象，应有尽有。对这些积累，工作中要经常翻阅，加深印象。

当然，毫无疑问，要靠一己之力建立起一个比较完善的"模板系统"，还要耗费不少时间和精力，这就是本书想要解决的问题。石头哥把平时自己积累的、发动各路写作高手搜集的、根据公文场景改写的标题模板，分门别类整理，放到各个公文写作的场景和主题之下，以方便大家写作时使用。

为了让没有"模板储备"的读者快速找到模板、运用模板，本书在结构、内容等很多方面都颇费思量，做了很多精巧的设计。

一是类型全面。本书有按类型编排的标题，包括比喻类、数字类、重复类、引用类、对称类、谐音类、复合类、提问类、单字类等。

二是方便查找。本书有按用途与工作场景编排的标题，包括总结成绩、分析问题、传达学习、仪式致辞、统一思想、部署工作、经验交流、心得体会、汇报工作、上任表态、离任演讲、述职报告、年度总结、信息简报、调查研究等。

三是涵盖广泛。本书有按主题编排的标题，包括组织、宣传、人才、教育、作风、经济、民生、乡村、改革、军事、法治、生态、政治协商、办公室工作、城市建设、督导督查、文旅等。

四是新颖高质。本书收录的标题均为精挑细选的优质模板，不仅形式新颖，而且内容扎实。

五是贴合实践。本书收录的标题充分体现公文写作的内在逻辑，如总结某项工作的成果，应该写哪些内容，应该从哪些角度写，相信这些标题也能给读者一定的启发。

六是生动直观。本书除了可以速查标题模板，还提供法定公文和非法定公文的结构速查，通过非常直观的图解方式标示常见公文的结构和注意要点，一目了然。

3．怎么用模板

讲解完本书的整体架构，再介绍一下如何速查并使用合适的标题模板。

第一，列举观点。每次接到公文写作任务时，经过前一阶段的研究分析，到底该写什么观点，心里已经大致有谱。那么，就先把公文整体或某一部分可能涉及的全部主要观点都列出来，例如，整体上要写三大点，而第一部分要写五小点，每一点主要观点是什么，心中要大致有谱。

第二，套用模板。主要观点和每部分要点大致确定之后，翻开本书，对照目录，根据内容需要和所属类别，分别浏览书中整理的模板，看看上一步列出的要点能否套用。

第三，加以改造。用模板得有灵活性，书里的标题虽然很精彩，但有可能和需要的内容不完全适配，必须根据实际情况加以改造。如果有点创造力，还可以把书中的标题拼接组合一下，形成新的"复合型"标题。

这"三板斧"下来，就可以非常轻松地做亮标题了。

把本书放在手边经常翻一翻，不但能写出亮眼的标题、合格的公文，还能提高效率，让工作变得事半功倍，处理得游刃有余。

最后，感谢晓庆、业晖、丽丽在本书编写与出版过程中的巨大贡献，他们是中坚力量。

石头哥

2023年2月9日

目录

按主题速查

第三编

第四编

常见公文结构速查

第一编

按类型速查

　　本编将公文标题示例按照类型进行归类，包括比喻类、数字类、重复类、引用类、对称类、谐音类、复合类、提问类和单字类，读者可根据具体需求速查。

一、比喻类

比喻类标题是用人们熟悉的事物比喻较为抽象的观点、理念等，其目的是加深读者对标题的理解，突出所要表达的观点、理念等的特征。身边的事物只要与想表达的意思有一定关联，都可以拿来作比喻。这也是公文写作中最常见的做亮标题的方法。

1

上下同欲，举好发展"指挥棒"。
突出重点，做对管理"运算符"。
融合优化，用足提升"工具箱"。
精确谋划，出准制胜"撒手锏"。

2

抓住思想政治建设这条"生命线"。
突出选人用人导向这个"指挥棒"。
坚持补短板促提升这个"驱动力"。
走好人才优先发展这个"先手棋"。

3

列出整改"任务单"，在"集中纠"与"常态治"上下真功。
排出整改"课程表"，在"当下改"与"长久立"上出真招。
亮出整改"路线图"，在"补短板"与"开新局"上出实绩。

4

聚焦主业、突出主责，细耕"责任田"。
坚定信仰、提升能力，牵住"牛鼻子"。
总结经验、把握规律，把好"方向盘"。
明确责任、奖优罚劣，激活"一池水"。

5

校准思想的"定盘星"。
掌握方法的"金钥匙"。
锚定前列的"总航标"。
筑牢政治的"压舱石"。

6

务实作风，打造"宽肩膀"。
增强本领，练就"硬拳头"。
正向激励，用好"助推器"。
反向约束，挥好"铁鞭子"。
教育提质，装好"蓄能机"。

7

瞄准产业集群"主方向"。
探索融合发展"新路径"。
突出园区建设"大平台"。
建好营商环境"聚宝盆"。

8

架好为民"乐谱架"，奏响法治体系建设"固本曲"。
用好法律"乐器箱"，奏响法治体系实施"优化曲"。
画好执法"五线谱"，奏响法治体系监督"敬畏曲"。

9

当一只"上山虎"，以敢为人先的态度刀刃向内、揭短亮丑，让批评与自我批评"虎"啸长吟。

当一只"修行虎"，以平和谦逊的态度正确对待、虚心接受，让组织生活会"虎"添双翼。

当一只"镇山虎"，以勇往直前的态度立查立改、即知即改，用"虎"跃龙腾之姿迈向新征程。

3

10

要保持甘为淡泊名利、爱岗敬业的"老黄牛"心态。
要保持乐为知恩图报、无私奉献的"孺子牛"心态。
要保持敢为勇于创新、奋发进取的"拓荒牛"心态。

11

当好政策解析的"老兵"。
争做脱贫致富的"排头兵"。
筑牢作风建设的"督察兵"。
培养专精能力的"特种兵"。

12

芝麻糯粉裹香甜，沸水飘银富贵咸，做"可甜可咸"的为民型干部。
巧手捏出玲珑褶，皮薄馅大诱人涎，做"馅料丰满"的学习型干部。
清汤沸水小珠翻，冰体溜圆落玉盘，做"洁白无瑕"的清廉型干部。

13

批评领导，不阿谀奉承"抬轿子"。
批评同事，不转弯抹角"兜圈子"。
批评自己，不避重就轻"绕弯子"。

14

常打思想"免疫针"。
筑牢制度"防火墙"。
强化监督"紧箍咒"。
用好法典"撒手锏"。

15

加强教育，树立"真抓实干"的队伍"风向标"。
建章立制，筑牢"为官不为"的制度"防火墙"。
多管齐下，打出"庸懒散拖"的监督"组合拳"。
正风肃纪，严明"为官不为"的纪律"高压线"。

完善机制，探索"为官有为"的改革"新思路"。
加大曝光，发挥"为官不为"的治腐"震慑力"。

16

惜时如"金"，勤学善思拓宽度。
扎根如"木"，真挚为民强深度。
执着如"水"，修身养性增韧度。
激情似"火"，昂扬向上强热度。
奉献如"土"，敢于担当增厚度。

17

守好"主阵地"，避免责任落空。
织密"铁笼子"，促进责任落实。
用好"撒手锏"，倒逼责任落地。

18

开足"大风起兮云飞扬"的马力，镌刻迈向新征程的"红卷轴"。
凝聚"众人能移万座山"的合力，镌刻书写新答卷的"同心圆"。
保持"越是艰难越向前"的定力，镌刻谱写新篇章的"富春图"。

19

上树信仰高线，筑牢"压舱石"。
中立价值坐标，把好"方向盘"。
下划红线底线，守住"斑马线"。

20

唱好绝对忠诚的"主旋律"。
唱好服务大局的"协奏曲"。
唱好认真负责的"进行曲"。
唱好无悔奉献的"咏叹调"。
唱好廉洁自律的"紧箍咒"。

21

以"善于学习"为秘方，烹饪成长"开胃菜"。
以"敢于创新"为秘方，搭配成才"特色菜"。
以"勇于担当"为秘方，丰富成事"辣鲜香"。

22

坚持看齐追随不松劲，拿好"政治分"。
坚持立德树人不偏离，拿好"育人分"。
坚持用心服务不懈怠，拿好"服务分"。
坚持追求一流不停步，拿好"质量分"。

23

要强化担当的"铁肩膀"，主动把解决问题的担子担起来。
要形成管用的"好制度"，着力把解决问题的机制建起来。
要拿出攻坚的"硬功夫"，真正使解决问题的措施强起来。

24

充分发挥思想政治引领"定盘星"作用。
充分发挥法学研究创新"领路人"作用。
充分发挥全面依法治国"智囊团"作用。
充分发挥高层次法治人才"孵化器"作用。
充分发挥法治宣传教育"强阵地"作用。
充分发挥服务群众"大平台"作用。
充分发挥对外法学交流"主渠道"作用。

25

做大，就是拿出"上山虎"的拼劲"向高而攀"。
做强，就是保持"开山虎"的闯劲"向新而生"。
做久，就是坚持"镇山虎"的韧劲"向远而行"。

26

要做精通业务的"政策通"。

要做熟悉情况的"活字典"。
要做一专多能的"多面手"。
要做谋划创新的"智多星"。

27

像绣花一样画定图谱、按纲抓建，引领年度工作的正确方向。
像绣花一样讲究章法、精准发力，扭住年度工作的关键节点。
像绣花一样穿针引线、上下贯通，打通年度工作的推进脉络。
像绣花一样慢工细活、久久为功，夯实年度工作的发展根基。

28

要吃透精神，找准"路子"。
要聚焦问题，开对"方子"。
要创造特色，擦亮"牌子"。

29

清清嗓，发出群众爱听的"好声音"。
照照镜，立起群众赞誉的"好形象"。
洗洗澡，除去群众厌恶的"坏毛病"。
动动身，苦练群众需要的"真本领"。

30

获取"带露珠"的一手资料。
采集"冒热气"的生动案例。
学习"接地气"的群众语言。

31

急难险重岗位是"大熔炉"，可以锤炼意志。
急难险重岗位是"大学校"，可以增强本领。
急难险重岗位是"大舞台"，可以施展才干。
急难险重岗位是"大摇篮"，可以培养才俊。

32

强基固本，画出共同理想"同心圆"。
崇德向善，筑牢社会文明"压舱石"。
引领舆论，找准改革发展"公约数"。
文化自信，彰显文明新城"精气神"。
勤政廉洁，提升干部队伍"战斗力"。

33

系统规划"读"，占领思想阵地"制高点"。
多维触角"听"，倾听时代主流"最强音"。
把握特点"析"，奠定析事明理"主基调"。
聚焦疑点"辩"，形成百家争鸣"新格局"。
融入实践"研"，汇聚强队兴教"正能量"。

34

以初心引领方向，"解"难题须牢固斗争之"角"。
以知行砥砺奋进，"解"难题须用好革难之"刀"。
以低调践行担当，"解"难题须甘做服务之"牛"。

35

坚持合力共治，压实环保"责任链"。
坚持科学防治，打好治理"组合拳"。
坚持铁腕惩治，用好执法"撒手锏"。

36

奏响开放合作的"协作曲"，共创新平台。
奏响创新发展的"进行曲"，共享新机遇。
奏响优化生态的"交响曲"，共赢新未来。

37

"读"百年党史悟"初心"，让党性锤炼的"种子"落地。
"站"群众立场悟"真心"，让惠民纾困的"躯干"生长。

"思"担当作为悟"精心"，让干事创业的"枝头"结果。

38

聚焦"考点"，认真优化考核指标。

用好"考分"，充分运用考核结果。

严肃"考纪"，不断强化考核实效。

39

下好"绿色规划"指导棋，打造"绿色格局"。

下好"绿色责任"先手棋，做出"绿色贡献"。

下好"绿色转型"动力棋，提升"绿色实力"。

下好"绿色生活"导向棋，增进"绿色福祉"。

40

减负要实实在在，杜绝热衷于表演的"戏精"。

减负要精细入微，杜绝大而化之的"龙套"。

减负要担当实干，杜绝不着边际的"花枪"。

41

学习法律法规，坚持法治思维，争做法治大厦的"基石"。

宣传法律法规，维护法治权威，争做法治大厦的"钢筋"。

遵守法律法规，坚守法治底线，争做法治大厦的"砖块"。

用好法律法规，践行法治精神，争做法治大厦的"水泥"。

42

输好"理论液"，打好"动力针"。

保障"人财物"，攻克"技术关"。

擦亮"监督镜"，挥好"问责剑"。

43

坚持理想信念的"高线"。

遵守道德规范的"中线"。

严守纪律规矩的"底线"。
远离违法乱纪的"红线"。

44

要坚守实业，确保"躯体"健康。
要提升虚业，确保"生命"旺盛。
要注重创新，确保"灵魂"不老。
要注重金融，确保"血气"充足。
要注重"互联网+"，确保"神经"灵敏。

45

塞外荒坡苦创业，丰富连队"菜盘子"。
古长城下添新景，建成官兵"小乐园"。
深山沟里不寂寞，活跃连队"新生活"。

46

做好"老树新枝"的文章，加快提升传统产业。
做好"插柳成荫"的文章，积极培育新兴产业。
做好"育种蹲苗"的文章，大力推进创新创业。

47

精细统筹谋划，把好新闻宣传"航船舵"。
精准聚焦发力，唱响中心工作"主打歌"。
精要挖掘典型，立起部队建设"风向标"。
精心培养骨干，打造薪火相传"生力军"。

48

勤修"学以益才"的钻研功夫，用思想"高温"点燃坚定信念。
苦练"砺以致刃"的斗争功夫，用实践"打磨"增强本领能力。
深耕"行以成事"的实干功夫，用业绩"抛光"塑造担当形象。

49

把信访群众当"家人"。

把群众来信当"家书"。

把信访之事当"家事"。

把信访工作当"家业"

50

坚持时代信仰，使课堂变成"练功房"。

坚持地域特色，为学员配置"显微镜"。

坚信红色价值，让资源搭乘"顺风车"。

51

聚焦发展能力之急，把好精准培训"方向盘"。

聚焦发展能力之需，踩好精准培训"快油门"。

聚焦发展能力之要，调好精准培训"变速挡"。

52

鼓励激励，注入担当作为的"催化剂"。

容错纠错，给出担当作为的"定心丸"。

能上能下，树立担当作为的"风向标"。

53

培育领军型人才，做高"塔尖"。

培育创新型人才，做牢"塔身"。

培育技能型人才，做实"塔基"。

54

要积极主动干，不当"算盘珠子"。

要创新方法干，不做"无头苍蝇"。

要注重实效干，不做"点水蜻蜓"。

55

强化培训"学习包"。

丰富考核"工具包"。

调配班子"技能包"。

集聚组织"能量包"。

打造发展"智慧包"。

56

任前写好"出师表"。

任上立好"军令状"。

任后下好"结论书"。

57

合心、合力、合拍,齐心协力是班子运转的"和谐号"。

生产、生活、生态,持续发展是履职尽责的"必答题"。

为民、利民、富民,一心为民是当好领导的"基本点"。

务实、落实、求实,真抓实干是攻坚克难的"真把式"。

引资、引智、引技,开放崛起是城市发展的"先手棋"。

安心、安身、安业,遵章守纪是廉洁从政的"生命线"。

58

常"修枝",巩固思想引领这一根本。

多"施肥",把握能力塑造这一关键。

勤"培土",服务实战应用这一目标。

59

坚定理想信念,保持一颗"赤诚心"。

夯实担当作风,打造一副"宽肩膀"。

增强实干本领,锤炼一双"硬拳头"。

60

执科学立法之"笔",规划法治建设"总蓝图"。

执全民知法之"笔"，设计法治宣传"路线图"。
执严格执法之"笔"，绘制法治正义"施工图"。
执狠抓落实之"笔"，完成法治社会"实景图"。

61

坚定理想信念，把绝对忠诚描绘成"白水鉴心"的干净底色。
锻造过硬本领，用勤学苦练担负起"一画开天"的磅礴意境。
践行初心使命，将扎根基层勾勒为"梯山架壑"的坚韧线条。

62

"学"是成长蜕变的"氧化剂"，笃学不怠，方能不负时代使命。
"思"是稳步前行的"催化剂"，阔步征程，亦需"驻足"静思。
"用"是知行合一的"还原剂"，身受党恩，更当用"心"回报。

63

收起"阳伞"戴"草帽"，贴近群众聚人心。
脱下"西装"换"简装"，轻装上阵鼓干劲。
蹬掉"皮鞋"穿"筒靴"，脚踩泥土深笃行。

64

强化教育引导，拧紧防腐拒变的"思想开关"。
强化源头监管，筑牢履职尽责的"制度高墙"。
强化监督力量，擦亮政治清明的"监督探头"。

65

一线考察识别，挑选"能工巧匠"。
一线挂职培养，打造"精兵强将"。
一线动态管理，培育"壮根旺苗"。

66

点亮忠诚"长明灯"，信念坚定、绝对忠诚。
点亮实干"航标灯"，求真务实、担当作为。

点亮廉洁"净心灯"，清正廉洁、作风正派。

67

提起政务公开的"领子"。
摆出政务公开的"场子"。
拉好政务公开的"链子"。
掀开政务公开的"底子"。

68

夯实"根子"，确保举旗铸魂不迷航。
建强"班子"，确保坚强有力站排头。
盘活"棋子"，确保笃行不怠放光芒。
搭好"台子"，确保勇立潮头显身手。

69

定点找准"穷苗子"，变"概略漫灌"为"精准滴灌"。
定向拔除"穷根子"，变"人工输血"为"自我造血"。
定责摘掉"穷帽子"，变"短期治标"为"长效治本"。

70

架好"望远镜"，顶层设计重布局。
用好"显微镜"，查摆整改重细节。
握好"放大镜"，互融互通促合作。

71

理念指引，矢志遵循"方向标"。
领导重视，科学谋划"施工图"。
模式创新，实践走出"新路子"。
立足基层，众智合议"金点子"。
以人为本，夯实民生"压舱石"。
试点先行，率先种好"试验田"。

72

既要当"笔杆子"，又要当"外交官"。
既要当"指挥员"，又要当"战斗员"。
既要当"政工师"，又要当"经济师"。
既要当"打字员"，又要当"接待员"。

73

放宽视野，多学习，不做坐井观天的"井底蛙"。
放长视线，多思考，不做一叶障目的"找叶人"。
放大格局，多奉献，不做斤斤计较的"铁公鸡"。
放广视角，多走访，不做以偏概全的"摸象人"。

74

强化理论武装，浓厚手不释卷的"书香味"。
丰富活动形式，浓厚深入基层的"泥土味"。
抓好工作结合，浓厚真抓实干的"汗水味"。

75

育好"领头雁"，为事业发展赋能。
筑牢"桥头堡"，为事业发展聚力。
建强"人才库"，为事业发展集智。

76

把好廉洁自律的"前门"，强化信任不能代替监督意识。
守好家庭防线的"后院"，要把家风建设摆在重要位置。
筑牢监督预防的"外墙"，树立监督跟着工作走的理念。

77

有感情，是投身事业守初心的"压舱石"。
有热情，是激发动能向未来的"发动机"。
有豪情，是征程万里风正劲的"推进器"。
有激情，是启迪智慧增潜能的"催化剂"。

78

常喝理论"墨水"，浇灌理想信念之花。
常沾基层"泥水"，深扎为民服务之根。
常流苦干"汗水"，挺拔艰苦奋斗之姿。

79

紧握理想信念"信仰笔"，牢记艰苦奋斗"必答题"，写好新时代"答卷"。
常浇为民服务"民本水"，常施民生保障"兜底肥"，深扎初心为民"根"。
细穿绿水青山"生态针"，快引绿色发展"转型线"，密织和谐共生"网"。

80

找准"驱病治根"好方子，做到"宁静以致远"。
掌握"加压减负"辩证法，做到"相辅且相成"。
当好"塑形蓄能"破圈人，做到"厚积而薄发"。

81

聚力抓引领，激活五级联动"主引擎"。
聚力抓融合，建强纵横联动"助推器"。
聚力抓落实，打造攻坚示范"生力军"。
聚力抓监督，当好政策落地"压舱石"。

82

构建"严体系"，提升组织力。
配强"指挥员"，提升引领力。
当好"冲锋手"，提升战斗力。
擦亮"知名牌"，提升影响力。

83

练就"千里眼"，早做发现问题"吹哨人"。
练就"铁脚板"，锻造强村富民"金钥匙"。
练就"飞毛腿"，争做为民服务"实干家"。
练就"婆婆嘴"，架起干群之间"连心桥"。

84

"学"精神，读好一份"原味"报告。

"颂"精神，讲好一个"甜味"故事。

"践"精神，办好一批"家味"实事。

85

以政策为"基"，打造人才聚集的"强磁场"。

以产业为"媒"，厚植人才发展的"黑土地"。

以保障为"本"，当好人才服务的"店小二"。

86

施好"组织肥"强基础，让每一颗"石榴树"根系更发达。

施好"特色肥"挺腰杆，让每一粒"石榴籽"果肉更饱满。

施好"产业肥"促生长，让每一朵"石榴花"色泽更红艳。

87

描摹鲜明导向"写意画"，细琢战略布局"工笔画"，为非凡事业"开路"。

勾勒顶层设计"素描画"，填涂累累硕果"水彩画"，为非凡成就"提亮"。

共绘为民造福"人物画"，映照美美与共"风景画"，为非凡进程"发声"。

88

坚持"主动瘦身"，瞄准问题症结放权，促进××业蓬勃发展。

拒当"甩手掌柜"，加强事中事后监管，促进××业健康发展。

补齐"服务短板"，优化配套服务供给，促进××业安全发展。

89

"心到"基层用心讲，对应群众"听得懂"备好"开胃菜"，让××精神宣讲"热起来"。

"情到"基层暖心讲，对于群众"能领会"推出"招牌菜"，让××精神宣讲"实起来"。

"身到"基层创新讲，对焦群众"可吸收"炒好"特色菜"，让××精神宣讲"新起来"。

90

像父母真心爱护战士，切实构建温暖无私的"大家庭"。
像兄长热心帮助战士，切实撑起遮风挡雨的"保护伞"。
像老师精心培育战士，切实铺就全面成长的"快车道"。
像法官公心对待战士，切实营造风清气正的"好氛围"。

91

聚焦"责"字，点亮"除雾灯"。
强化"学"字，点亮"长明灯"。
注重"引"字，点亮"红绿灯"。
落实"评"字，点亮"探照灯"。
突出"活"字，点亮"闪光灯"。

92

启动"总开关"，劲唱解放思想的大戏。
吹响"冲锋号"，勇唱先行先试的大戏。
种好"试验田"，善唱开拓创新的大戏。
弹好"协奏曲"，共唱合力奋进的大戏。

93

立根固本打基础，埋置"地下桩基"，做筑牢理想、熔铸信念的"扎根者"。
强筋壮骨建主体，建好"结构框架"，做夯实内功、锤炼本领的"好学者"。
事不避难守本心，做好"常态监理"，做践行初心、砥砺品格的"追光者"。

二、数字类

　　数字类标题是对同类事物累计叠加以形成数字形式的词语的标题形式或巧妙地采用含数字的成语进行表达以突出特定内容的标题形式。这类标题的总结概括性很强，往往会给读者以权威性、概括性、通俗性的感受，更能吸引眼球。

1

加强统筹谋划、强化顶层设计，推进制度体系建设要"一以贯之"。

推进纵深发展、坚持从严治党，推进制度体系建设要"二话不说"。

直指形势要求、加快法治步伐，推进制度体系建设要"三日之别"。

坚决落实原则、坚持服务大局，推进制度体系建设要"四海皆准"。

2

做到"三个突出"，种好"责任田"。（突出组织领导，突出机制建设，突出结果运用。）

实施"三大工程"，唱响"主旋律"。（实施凝魂聚气工程厚植思想根基，实施凝心聚力工程讲好××故事，实施凝神聚智工程打造文化高地。）

注重"三项引领"，凝聚"正能量"。（注重思想引领，注重道德引领，注重典型引领。）

强化"三重保障"，筑牢"压舱石"。（强化经费保障，强化阵地保障，强化队伍保障。）

3

两面兼修，激活工作源头。（坚持内部育"苗"，坚持外部纳"贤"。）

三维并重，夯实工作基础。（点上抓底数，线上抓组建，面上抓巩固。）

四级联动，充实工作队伍。（市级设专办，县级设部门，社区派专人，企业聘专员。）

五措并举，推动工作提升。（做好保障，做好宣传，做好评优，做好示范，做好公益。）

4

做到"三点清楚"，明确努力方向。（清楚学习和资料的重要，清楚干完和干好的区别，清楚复盘和计划的可贵。）

养成"四勤习惯"，保持辛勤耕耘。（常学习，常动脑，常动手，常提升。）

搞好"五个结合"，提高工作质量。（结合工作经历，结合本职岗位，结合突出问题，结合上级精神，结合经验成效。）

用心"答好三题"，提交优秀答卷。（结合实际"选好题"，深思熟虑"破好题"，反复修改"答好题"。）

5

聚焦"一核引领"，推动组织引领贯穿社会治理全过程。

构建"三邻模式"，推动组织引领深入社会治理各方面。（吸纳近邻力量，融合近邻资源，打通近邻互助。）

实施"四翼共治"，推动组织引领对接社会治理精准细。（基层治理网扎紧织密，基层服务队规范运作，社情助理员发挥作用，治理联席会有力推行。）

推行"五步机制"，推动组织引领融合社会治理规范化。（有事随时"说"，有事立即"办"，有事大家"议"，好坏大家"评"，结果公开"晒"。）

6

前期准备工作做到"三个到位"。（排查整顿到位，任期审计到位，人选把关到位。）

启动实施落实"四个有力"。（安排部署有力，宣传发动有力，组织实施有力，严明纪律有力。）

推进过程坚持"三个紧盯"。（紧盯责任落实健全工作体制，紧盯底线任务强化监测帮扶，紧盯联系帮扶凝聚工作合力。）

7

聚焦两大任务，明确工作目标。（提高质量，提升形象。）

落实三个文件，从深化改革到高质量发展。（国家整体部署，上级部门相关指导文件，本级实施方案。）

突破四大重点，强化本职工作类型特色。（推动稳中有进，推进多样化发展，推动数字化升级，打造品牌特色。）

8

"三个坚持"抓实启蒙教育。（坚持"早启蒙"，坚持"早教育"，坚持"早引导"。）

"三个到位"引导端正工作动机。（思想引领到位，实践锻炼到位，教育培训到位。）

"三个细化"把好工作节奏。（计划精细化，工作精细化，管理服务精细化。）

"三个优化"创新工作机制。（优化工作格局，优化培养路径，优化组织设置。）

"三个带动"发挥先锋模范作用。（带动身边人履职尽责，带动身边人创新创业，带动身边人奋斗奉献。）

9

抓住一个关键，压实监督责任。（上级"一把手"以身作则，落实第一责任人责任。）

畅通两个渠道，着力抓早抓小。（公共微信群，情况通报简报。）

突出三个重点，规范用权行为。（突出重点对象，突出重点领域，突出重点环节。）

采取四项措施，强化日常监督。（印发清单明职责，走访指导建制度，强化督导促落实，组内备案知底数。）

10

严把"三道关口"准确识别干部，筑牢选任"防火墙"。（"动议关""推荐关""考察关"。）

建立"两种机制"夯实责任链条，防范用人"病原体"。（干部监督信息互通共享机制，党委成员联系工作机制。）

围绕"一个目标"激励担当作为，提振干事"精气神"。（单位工作目标。）

11

着力实现"三个转变"，持续提升监督深度。

围绕建立"四大体系"，有效拓宽监督领域。

创新开展"三项工作"，不断增强监督实效。

12

要高起点绘就"一张蓝图"，在更广的发展坐标中定位。（以"一张蓝图"精准回答好未来是什么、干什么、怎么干的问题。）

要高标准守牢"三条红线"，在更严的底线思维中发展。（纪律红线，执法红线，考核红线。）

要高效率实现"多规合一"，在更好的统筹协调中建设。（规划实施要体现前瞻性、协同性、持续性、强制性。）

13

突出"三建",充分重视一线。（加强基层组织、基础工作、基本能力建设。）

注重"三多",广泛收集信息。（多学,多看,多记。）

抓住"三点",提高工作质量。（突出重点,突出大局,突出创新。）

14

要抓住"一条主线",深入落实新时代思想建设总要求。

要做到"两个巩固",牢牢掌握宣传工作领导权。（巩固提升工作成效,巩固壮大传播阵地。）

要聚焦"三项重点",全面提升党的基层组织战斗力。（聚焦全面过硬,聚焦大抓基层,聚焦服务大局。）

要纠治"四风问题",坚决打好净化政治生态主动仗。（进一步强化制度建设,进一步加强监督制约。）

15

围绕"一个目标",推动经济发展新跨越。（全面提升,跨越发展。）

依靠"两大动力",打开项目建设新局面。（干部,制度。）

紧抓"三个重点",积蓄发展后劲新能量。（产业融合,创新驱动,民生民本。）

实现"四个提升",形成协同发展新格局。（经济发展有提升,管理水平有提升,干部素质有提升,工作成效有提升。）

16

筑牢思想防线,抓好"三教"强化工作针对性。（突出政治教育,突出业务培训,突出纪律学习。）

畅通暖心热线,提振"三气"强化工作主体性。（一马当先提"干气",下沉服务接"民气",凝聚一心促"和气"。）

严把法规准线,落实"三制"强化工作规范性。（落实队伍管理各项制度,落实公务接待各项制度,落实财物管理各项制度。）

坚守工作底线,严密"三管"强化工作时效性。（开展数据监管工作、开展流程监管工作、开展文书监管工作。）

17

实施"六大工程"，全力激发基层发展动能。（"创星工程"强组织，"头雁工程"强引领，"提升工程"强体系，"暖心工程"激活力，"风筝工程"强队伍，"先锋工程"树标杆。）

坚持"三化"标准，精准施策建强干部队伍。（多元化选用干部，专业化培育干部，目标化管理干部。）

突出"三个着力"，不断提升人才创新活力。（着力构建揽才引才的"主渠道"，着力打造聚集人才的"引力场"，着力优化用才留才的"生态圈"。）

18

"三送"转观念。（送政策、送温暖、送服务。）

"三学"提素质。（学政策理论、学法律法规、学实用技术。）

"三进"转作风。（进农村、进社区、进农户。）

"三问"谋发展。（问政于民、问需于民、问计于民。）

"三访"保稳定。（进村查访、带案下访、重点约访。）

19

紧扣一个目标，弘扬新风正气。（"围绕一个思路、坚持两条主线、突出三个重点、加强七项建设、完成一项任务"的"12371"工作目标任务。）

搭建两个平台，强化宣传阵地。（线上依托网站、微信公众号等新媒体开展宣传活动，线下注重发挥省级、市级阵地宣传成效。）

强化三大保障，夯实基层基础。（强化组织保障，强化制度保障，强化财经保障。）

20

要做"三观"明晰的干部，拥有正确的权力观、政绩观、事业观。

要做"四关"牢固的干部，守住金钱关、名誉关、亲情关、责任关。

要做"五官"端正的干部，嘴要正、手要正、腿要正、心要正、身要正。

21

抓组织领导，一盘棋统筹推进。

抓宣传策划，一主题深度点击。

抓资源整合，一张网联动覆盖。

抓信息管控，一口径集中引导。

抓基础条件，一条龙服务媒体。

22

实行三定，以实举措保障项目建设。（定职责，定机构，定人员。）

开展三比，以好姿态服务项目建设。（比优良作风，比业务能力，比项目推进。）

注重三看，以高标杆引导项目建设。（看工作用干部、看实绩用干部、看担当用干部。）

23

规划要坚持一张图。

内外要坚持一个音。

上下要坚持一盘棋。

宣传要坚持一口径。

24

建好"两大阵地"，推动教育培训走深走实。（线下打造"两链一带"教育新型阵地，线上搭建"云端模式"教育培训平台。）

创建"三大品牌"，推动教育培训提质增效。（打造"教育＋人文"品牌提振学员精气神，打造"教育＋服务港"品牌增强阵地辐射力，打造"教育＋产业链"品牌拓宽学员致富路。）

推出"四大精品"，推动教育培训转型升级。（精品课程专项教学，精品师资优质教学，精品模式多元教学，精品路线按需教学。）

25

抓好"三个步骤"，强化思想认识。（集中学习研讨"往深里走"，支部主题活动"往新里走"，开展警示教育"往实里走"。）

抓住"三个及时"，确保务实推进。（及时安排部署，及时成立机构，及时制定方案。）

抓实"三个聚焦"，推动自查自纠。（聚焦受众，精准传达要求；聚焦内容，精准查摆问题；聚焦效果，精准处理问题。）

26

突出"三选择"，精心培优。（供需双向选，拓宽领域选，上下结合选。）

做到"四到位"，切实管住。（组织领导到位，运行机制到位，考核监督到位，激励保障到位。）

坚持"五注重"，有效用活。（注重项目带动，注重技术推广，注重科技培训，注重效益驱动，注重创新示范。）

27

"一网"全面覆盖，以制度化促进监督检查规范化。（依托城乡网格化服务管理制度体系。）

"四级"协调联动，以信息化促进监督检查高效化。（市级、镇街、社区、基础网格。）

"三员"同防共控，以项目化促进监督检查精准化。（网格负责人、专职网格员和楼栋单元长。）

28

"五个确保"做好起步文章。（动员部署，学深悟透，掌握情况，检视问题，整改落实。）

"四个突出"做好推进文章。（提醒学习，协调运行，严督实导，氛围营造。）

"三轮驱动"做好特色文章。（强化统筹"促动"，联建联动"拉动"，主题研讨"驱动"。）

29

回顾这次培训，有三点难忘。（培训时间点很难忘，领导精心组织很难忘，融洽学习氛围很难忘。）

总结这次培训，有三点收获。（理念得到了进一步深化，知识储备得到了进一步丰富，业务能力得到了进一步提升。）

结束这次培训，有三点感悟。（培训有利于拓宽视野，培训有利于促进交流，培训有利于激发工作灵感。）

30

以"三联"为平台，扩大服务居民空间。（推行组织联建，推进文明联创，推行服务联办。）

以"十议"为支撑，凝聚为民服务力量。（七步议事、三项评议"十议"工作流程。）

以"四建"为保障，夯实互联互动基础。（建立事务共商机制，建立清单共建机制，建立信息公开机制，建立考评奖惩机制。）

31

"一考"强化动态管理。（月度干部绩效考评。）

"两培"提高能力素质。（上级、本级党组织两级跟踪培养。）

"三荐"拓宽来源渠道。（个人自荐、党员群众推荐、组织推荐。）

32

做大基数，"三早两覆盖"吸引优秀青年向党靠拢。（思想上早启发，政治上早引导，理论上早灌输；全面推行党课全覆盖，推行"云课堂"全覆盖。）

拉长链条，"三个做实"推动思想入党。（做实思想教育，做实发展对象的考察培养，做实毕业后的接续培养。）

严管实抓，"两个到位"促进党员作用发挥。（实践锻炼到位，关系接转到位。）

33

规划上做到"三个坚持"。（坚持目标导向，坚持问题导向，坚持开放联动。）

内容上做到"四个聚焦"。（聚焦规章制度，聚焦行业形势，聚焦本职主业，聚焦实际问题。）

成效上突出"五个提升"。（思想认识进一步提升，理论水平进一步提升，政治站位进一步提升，实务水平进一步提升，履职能力进一步提升。）

34

以"三定"压责任。（定人、定事、定责。）

以"三比"激活力。（比干劲、比成绩、比奉献。）

以"三考"助履职。（积分量考、巡查督考、民主评考。）

35

突出"一条主线"，搭建理论学习平台。（突出理想信念主线。）

凝聚"一股力量"，搭建"模范先锋"平台。（凝聚志愿服务力量。）

用好"一把戒尺"，搭建绩效考核平台。（用好积分"戒尺"。）

36

扭住"三大抓手"，增强工作导向性。（完善考核体系，注重实绩考核，擦亮亮点品牌。）

构建"三大平台"，激发工作生命力。（人才培育平台，干事创业平台，执法守纪平台。）

紧贴"三大任务"，提升工作辐射力。（服务大局抓，聚焦工作任务抓，紧扣时代主题抓。）

37

着力"三转"，形成大抓基层良好导向。（转理念，转方式，转作风。）

坚持"三抓"，不断提高基层工作质量。（抓组织力提升，抓标准化建设，抓长效发展。）

深化"三促"，推动发挥支部政治功能。（促党员作用发挥，促党群干群合力，促党务业务同向发展。）

38

坚持"一条主线"。（紧扣围绕中心、建设队伍、服务群众这条主线。）

实施"三项工程"。（实施堡垒提升工程，实施能力提升工程，实施质效提升工程。）

打造"八大机关"。（打造绝对忠诚的政治机关，打造深学笃行的学习机关，打造人民满意的服务机关，打造坚强过硬的标杆机关，打造风清气正的廉洁机关，打造文明诚信的和谐机关，打造齐抓共管的责任机关，打造开拓奋进的创新机关。）

三、重复类

重复类标题是在一组标题中将某一词句重复使用以造成形式上呼应的标题形式。这种标题由于使用一模一样的词语，所以能够起到强调、醒目的作用，往往更能引起人们的注意力。

1

一次宣誓，那是一生"绝对忠诚"的信仰。

一次宣誓，那是一生"为民服务"的信念。

一次宣誓，那是一生"奋斗终身"的信心。

2

强化阵地建设，提升新就业群体"安全感"。

强化服务到位，提升新就业群体"幸福感"。

强化融入治理，提升新就业群体"归属感"。

3

做到有棱有角、旗帜鲜明。

做到有理有据、能够服人。

做到有声有色、触及灵魂。

4

坚持"政治为先"标准，选用"信仰坚定、信念如磐"的年轻干部。

坚持"能力为基"标准，选用"人岗相适、素质过硬"的年轻干部。

坚持"实干为核"标准，选用"敢于斗争、勇于担当"的年轻干部。

坚持"立身为要"标准，选用"清正廉洁、为民服务"的年轻干部。

5

聚焦"航标"，让××"强"起来。

聚焦"诚信",让××"严"起来。

聚焦"民生",让××"暖"起来。

聚焦"开放",让××"活"起来。

6

从"特别能吃苦"中感悟扎根之路。

从"特别能战斗"中感悟奋斗之路。

从"特别能奉献"中感悟为民之路。

从"特别能攻关"中感悟创新之路。

7

从"向前一步"的"小动作"里汲取"敢为人先"的"大品质"。

从"携手并进"的"小动作"里汲取"团结合作"的"大品质"。

从"挥手谢绝"的"小动作"里汲取"清正廉洁"的"大品质"。

8

培根铸魂,树立"好作风"理念。

精准选人,明确"好作风"导向。

强化监督,维护"好作风"风气。

9

要有以身许国、绝对忠诚的家国情怀。

要有不忘初心、情系人民的为民情怀。

要有担当重任、再创辉煌的历史情怀。

要有奋勇争先、攻坚克难的英雄情怀。

要有修身慎行、清廉自守的本色情怀。

10

以制胜法宝发挥旗帜"引领力",使伟大事业永葆"最优"前行方向。

以制胜法宝激发人民"凝聚力",使伟大梦想彰显"最高"价值追求。

以制胜法宝催生自我"革命力",使伟大斗争绽放"最强"战斗力量。

11

这一抹红，是一片意志如铁、坚贞不屈的"信仰红"。
这一抹红，是一面鲜血换来、生命守护的"旗帜红"。
这一抹红，是一颗枝叶关情、心系群众的"初心红"。
这一抹红，是一心无惧艰险、勇毅前行的"奋斗红"。

12

要在落实责任中坚持为民。
要在依法行政中保障为民。
要在廉洁从政中掌权为民。
要在提高效能中突出为民。

13

用心标注"原点"，做坚守理想信念的"栋梁才"。
用心拉伸"横轴"，做心系人民冷暖的"栋梁才"。
用心延展"纵轴"，做永葆清正廉洁的"栋梁才"。

14

打通社区这道关，织牢基层网格"关爱网"。
打通思想这道关，织密网络空间"关爱网"。
打通政策这道关，织密社会教育"关爱网"。

15

"选"当"慎"，突出"德才兼备"，做到远见而明察。
"育"当"细"，注重"因材施教"，做到润物而入微。
"管"当"严"，践行"严管厚爱"，做到检束而厉色。
"用"当"实"，实现"人尽其才"，做到善任而守正。

16

汲取许党报国的信仰之力，为下一代成长铸"忠诚之魂"，强"爱国之基"。
汲取负重致远的担当之力，为下一代成长铸"奋斗之魂"，强"实干之基"。
汲取退而不休的奉献之力，为下一代成长铸"使命之魂"，强"为民之基"。

17

克服"病征"收"心"，元气满满展现"新气象"。

提振精神强"心"，勤学苦练增长"新本领"。

真抓实干尽"心"，踔厉奋发实现"新作为"。

为民服务践"心"，将心比心开创"新局面"。

18

"磨砺之雨"苦心志，后见信仰之"晴"。

"助民之雨"润无声，紧系为民之"情"。

"干净之雨"涤尘埃，筑牢廉洁之"清"。

19

把好"思想关"，激活"旗帜鲜明"的信仰伟力。

把好"制度关"，束紧"暗箱操作"的权力链条。

把好"监督关"，激发"一枝一叶"的前行动力。

20

做坚守为民初心的"忠诚虎"，时刻保持"赶考"的姿态。

做强化自律意识的"廉洁虎"，时刻保持"赶考"的谨慎。

做牢记肩负使命的"担当虎"，时刻保持"赶考"的拼劲。

21

苦练"基本功"，唱响学习"最强音"，争当"学习行动派"。

勇开"顶风船"，唱响实践"最强音"，争当"无畏斗争派"。

敢做"弄潮儿"，唱响开拓"最强音"，争当"改革促进派"。

22

要以公开促公信，让承诺践诺更加公开、更加透明地"亮出来"。

要以监督促落实，让承诺践诺更加规范、更加高效地"动起来"。

要以考核促提升，让承诺践诺更有力度、更有深度地"用起来"。

23

解好"学历≠能力"的不等式，要在基层淬炼中长本领。

解好"有位≠有为"的不等式，要在实践淬炼中有作为。

解好"付出≠回报"的不等式，要在为民服务中甘奉献。

24

从"好雨知时节"中感悟如磐信念，把忠诚立在心上。

从"如丝霡霂时"中感悟务实作风，把实干抓在手里。

从"润物细无声"中感悟奉献品格，把人民看在眼中。

25

"天下至德，莫大于忠"，擦亮组工人信仰里的忠诚"本色"。

"不慕虚荣，不图虚名"，擦亮组工人信仰里的干净"底色"。

"夙夜在公，只争朝夕"，擦亮组工人信仰里的担当"成色"。

26

年轻干部要带一粒"为民初心"的种子，以民为本、心系群众，收获满满真情。

年轻干部要带一粒"学无止境"的种子，内外兼修、学以致用，收获满满技能。

年轻干部要带一粒"脚踏实地"的种子，真抓实干、担当作为，收获满满成绩。

27

坚守绝对忠诚之心，争做政治坚定的"明白人"。

坚守勤政为民之心，争做服务群众的"贴心人"。

坚守务实进取之心，争做勇于担当的"带头人"。

28

经常"补火"，方能"焙"出"烈火焚烧若等闲"的坚忍。

经常"补火"，方能"焙"出"利禄不能动其心"的敬畏。

经常"补火"，方能"焙"出"俯首甘为孺子牛"的觉悟。

29

来一场加速成长的"如油春雨"，在雨里练一练自己的"基本功"。
来一场宁静致远的"绵绵细雨"，在雨里洗一洗自己的"浮躁气"。
来一场磨砺自身的"狂风暴雨"，在雨里治一治自己的"畏难病"。

30

所谓"天"，即上连天线，就是要密切关注"上情"。
所谓"地"，即下接地气，就是要紧密联系"县情"。
所谓"人"，即解码人文，就是要时刻不忘"民情"。

31

"好事尽从难处得"，走一条敢拼敢闯的青年之路。
"不破楼兰终不还"，走一条坚韧不拔的青年之路。
"心底无私天地宽"，走一条山容海纳的青年之路。

32

坚定"志存高远冲霄汉，壮志凌云彻九天"的理想信念，将沿途的"荆棘"编成信仰的"桂冠"。
持续"击鼓催征稳驭舟，踔厉奋发开新局"的顽强拼搏，将沿途的"荆棘"编成奋斗的"桂冠"。
保持"功成不必在我，功成必定有我"的无私奉献，将沿途的"荆棘"编成奉献的"桂冠"。

33

迎一场"细如丝"的春雨，浸润初心使命。
迎一场"润无声"的春雨，滋润为民情怀。
迎一场"晚来急"的春雨，祛除浮华作风。

34

在"选"字上"立标"，建强"后备军"。
在"育"字上"发力"，锻造"主力军"。
在"用"字上"谋划"，打造"强磁场"。

35

树牢选人用人"风向标",以过硬作风建强人才"主阵地"。

筑牢真抓实干"压舱石",以过硬作风打出为民"组合拳"。

拧紧廉洁自律"总阀门",以过硬作风筑牢担当"防火墙"。

36

把小事做"细",找到成长成才的"可行解"。

把小事做"精",找到成长成才的"基本解"。

把小事做"透",找到成长成才的"最优解"。

37

坚定理想信念始终"在状态",锤炼"不到楼兰终不还"的恒心。

勇于担当斗争始终"在状态",磨砺"咬定青山不放松"的魄力。

突破常规思维始终"在状态",树立"不畏浮云遮望眼"的闯劲。

38

比学赶超、比肩领跑,就是要不忘初心,闯出一片新天地。

比学赶超、比肩领跑,就是要咬定目标,实现一次新跨越。

比学赶超、比肩领跑,就是要精准对接,走出一条新路子。

比学赶超、比肩领跑,就是要驰而不息,干出一番新事业。

比学赶超、比肩领跑,就是要培根铸魂,锤炼一种新境界。

39

要做到脑中有根弦,就是时刻绷紧是非这根弦。

要做到胸中有盘棋,就是紧紧盯住大局这盘棋。

要做到心中有张图,就是精准绘好发展这张图。

40

牢记"国之大者"的初心所向,恪守为民初心。

牢记"绝对忠诚"的根本所在,坚定政治基石。

牢记"人才兴邦"的活力所在,助力建设发展。

41

做好政治上的明白人，护好忠诚之门。

做好理论上的取经人，拓宽学习之门。

做好工作上的勤快人，开启奉献之门。

做好规矩制度的执行人，守住严纪之门。

42

践行"两个维护"，做忠诚可靠的表率。

敢于担当作为，做干事创业的表率。

严守纪律规矩，做清正廉洁的表率。

43

解锁"学"字密码，多学习，会学习。

解锁"思"字密码，勤思考，常改进。

解锁"践"字密码，勇作为，敢担当。

解锁"悟"字密码，悟方法，感初心。

44

于"土膏脉动"中，解奋进之"语"。

于"忙栽抢种"中，解实干之"语"。

于"春雨涤荡"中，解廉洁之"语"。

45

摘一颗"星星"送给"你"，愿你"托起梦想，点亮纯粹初心"。

摘一颗"星星"送给"你"，愿你"聚光成芒，照亮岁月征程"。

摘一颗"星星"送给"你"，愿你"追光前行，擦亮奋斗底色"。

46

要突出发展争先。

要突出转型领先。

要突出改革率先。

要突出民生优先。

47

稳增长要出真招。
促改革要出新招。
调结构要出硬招。
惠民生要出实招。
防风险要出高招。
反腐败要出狠招。

48

党建引领坚强有力。
基础运行平稳有序。
事业发展稳中有进。
规范办学积极有为。
师资队伍提升有效。
体育事业有声有色。
安全工作管控有方。

49

从解决痛点入手，打造体制机制最顺的环境。
从攻克难点入手，打造服务水平最优的环境。
从畅通堵点入手，打造营商氛围最好的环境。
从找准基点入手，打造企业空间最大的环境。

50

多线并进，善抄近路。
多方参与，广开言路。
多措并举，拓宽思路。
多点发力，不留退路。

51

要让招商引资更有动感。
要让城市建设更有质感。

要让生态环境更有美感。
要让帮扶帮困更有情感。

52

要把好"方向舵",做坚定拥护者。
要做好"助推器",做积极推动者。
要当好"连心人",做忠实维护者。
要练好"基本功",做模范践行者。

53

思想上要清醒。
经济上要清楚。
工作上要清明。
作风上要清廉。
生活上要清白。

54

高远是就思想高度而言的。
深远是就历史深度而言的。
平远是就空间广度而言的。

55

"明责"机制确定责任范围。
"履责"机制界定责任权限。
"述责"机制认定责任作为。
"督责"机制判定责任成效。
"问责"机制评定责任得失。

56

因人施教,不断拓展培训对象。
因题施策,不断拓展培训方式。
因地制宜,不断拓展培训内容。

57

学铁匠，在强身健体中担当作为。
学木匠，在精雕细琢中开拓创新。
学泥匠，在统筹兼顾中把握平衡。

58

勇攀科技高峰，打造创新蓝海。
致力产业转型，打造创业热土。
集聚全球资源，打造创客家园。
提供最优环境，打造创富天堂。

59

在查问题上聚焦。
在讲政治上聚神。
在攻难点上聚力。
在促落实上聚责。
在抓活动上聚势。

60

规定动作出新。
新增工作出彩。
强压任务出效。

61

坚守文化本根，反对虚无主义。
坚持推陈出新，警惕复古主义。
坚信文化理想，抵制功利主义。
坚定开放包容，避免封闭主义。
坚持与时俱进，防止停滞主义。

62

如梅经霜傲雪，砥砺锐气。

如兰深谷幽香，涵养静气。
如竹坚忍不拔，永葆骨气。
如菊高风亮节，浩然正气。

63

提高思想站位，认清出发点。
找准角色定位，把握关键点。
立足各自本位，紧扣落脚点。

64

把优势做强。
把特色做特。
把规模做大。
把机制做活。
把环境做优。

65

坚持创新驱动。
坚持投资拉动。
坚持龙头带动。
坚持整体联动。
坚持人员齐动。

66

抓"产业提质"，壮大了综合实力。
抓"项目提速"，厚植了发展潜力。
抓"招商提效"，增强了造血能力。
抓"平台提优"，迸发了创新活力。
抓"管理提升"，彰显了实干合力。

67

坚持改革创新聚元气，让人心为稳定托底。

坚持改革创新鼓士气，让恒心为发展开路。
坚持改革创新增锐气，让雄心为改革添翼。
坚持改革创新强底气，让决心为小康圆梦。
坚持改革创新接地气，让初心为使命担当。

68

要突出高端化打造，提升品牌知名度。
要突出特色化发展，提升产业融合度。
要突出多元化参与，提升市场开放度。
要突出国际化合作，提升主体专业度。
要突出系统化推进，提升环境优良度。

69

关注重点，机制先行常态化。
抓住热点，保障民生创品牌。
瞄准焦点，严打高压促和谐。
突破难点，夯实基础谋长远。
聚焦痛点，群策群力保稳定。
打造亮点，创新引擎转方式。

70

理论学习讲"厚度"，工作推进求"深度"。
能力提升讲"广度"，工作水平求"高度"。
为民服务讲"温度"，工作成效求"满意度"。

71

提高精度，打好"主动战"。
加大力度，打好"攻坚战"。
聚焦速度，打好"保卫战"。
摆正态度，打好"整体战"。

72

扣好忠诚的第一颗扣子，立志做事而不是立志做官。
打牢干事创业的底子，本领过硬而不是本领恐慌。
敢挑攻坚克难的担子，甘入苦海而不是拈轻怕重。
走好服务群众的路子，身入心入而不是浮于表面。
常照清正廉洁的镜子，防微杜渐而不是逾规越矩。

73

咬定目标埋头干。
振奋精神加油干。
聚焦民生用心干。
守住底线踏实干。
凝聚力量携手干。

74

分析形势。
分清问题。
分解责任。
分步实施。
分外努力。

75

既要有念头，也要有看头。（在厘清思路的同时抓好落地。）
既要有块头，也要有龙头。（在做大规模的同时培育龙头。）
既要有劲头，也要有盼头。（在倡导干事的同时提供激励。）

76

打好"优势牌"，始终保持勇立潮头的朝气，把品牌做好。
打好"服务牌"，始终保持脚踏实地的风气，把内涵做实。
打好"机制牌"，始终保持严抓狠抓的勇气，把保障做强。

77

要担当发展主力。
要把握创新主线。
要突出生态主题。
要强化领导主责。

78

目标上，定位精准。
方案上，准备精心。
落实上，措施精细。
成效上，结果精彩。

79

腿要勤，要勤下基层"田坎"。
事好办，要降低办事"门坎"。
解难题，要走进群众"心坎"。

80

资源联享区域化，形成合力。
活动联动常态化，激发活力。
工作联建规范化，增强动力。
品牌联创典型化，提升实力。

81

加强学习，增进知识。
扎根一线，增长见识。
敢于担当，增强胆识。

82

提高认识，鼓足实劲。
瞄准目标，拿出实招。
扛起责任，务求实效。

83

要认清大势，把握趋势。

要转化劣势，发挥优势。

要壮大声势，赢得胜势。

84

要保持不断归零心态。

要保持奋发有为状态。

要保持竭诚服务姿态。

85

点上，要畅通招商渠道。

线上，要打通投资梗阻。

面上，要连通产业链条。

四、引用类

引用类标题是指部分或全部引用名人名言、古诗词、流行语、热点和大众常用语等的标题形式。引用名人名言、古诗词可以将内容表达得更高端；引用流行语和热点可以使文章更接地气；引用大众常用语能第一时间引起读者认同感，也更能吸引同类人群的关注，受众非常精准。

1

从党史学习中汲取"留取丹心照汗青"的"爱国之力"。

从党史学习中汲取"越是艰险越向前"的"斗争之力"。

从党史学习中汲取"上下同欲者胜"的"团结之力"。

2

"沧海横流显砥柱，万山磅礴看主峰"，坚定理想信念、提高党性修养，始终奋进向前。

"惊涛骇浪从容渡，越是艰险越向前"，坚持敢于斗争、勇于自我革命，始终与时同行。

"些小吾曹州县吏，一枝一叶总关情"，站稳群众立场、厚植家国情怀，始终与民同心。

3

叩响为民节拍，与"美好幸福万年长"的人民期盼同频共振。

叩响奋斗节拍，与"长空无崖任搏击"的事业发展同频共振。

叩响作风节拍，与"修身律己扬正气"的纪律要求同频共振。

4

乘"风雨不动安如山"的"信念之风"，在铸魂育人中把稳思想之"舵"。

乘"狭路相逢勇者胜"的"斗争之风"，在风险考验中高扬拼搏之"帆"。

乘"要留清白在人间"的"廉洁之风"，在拒腐防变中锁定自律之"锚"。

乘"俯首甘为孺子牛"的"为民之风"，在枝叶关情中划好初心之"桨"。

5

在思想淬炼中涵养"为有牺牲多壮志，敢教日月换新天"的斗争"底气"。

在政治历练中坚定"黄沙百战穿金甲，不破楼兰终不还"的斗争"意志"。

在实践锻炼中增强"孩儿立志出乡关，学不成名誓不还"的斗争"本领"。

6

铆足韧劲，擂响"一寸丹心向日明"的忠诚曲。

铆足闯劲，擂响"不破楼兰终不还"的担当曲。

铆足干劲，擂响"不待扬鞭自奋蹄"的奋进曲。

7

要"温暖如春"，躬身问需，涵养"一枝一叶总关情"的为民初心。

要"炙热如夏"，忠诚担当，涵养"臣心一片磁针石"的坚定信仰。

要"淡泊如秋"，心存敬畏，涵养"守土有责不动摇"的高尚品格。

要"冷酷如冬"，不畏权势，涵养"任尔东西南北风"的一身正气。

8

以"信念"为标尺，绘制"咬定青山不放松"的"忠诚"色彩。
以"清正"为标尺，绘制"两袖清风不染尘"的"干净"色彩。
以"民生"为标尺，绘制"一枝一叶总关情"的"为民"色彩。
以"发展"为标尺，绘制"行百里者半九十"的"担当"色彩。

9

"相看两不厌，只有敬亭山"，感谢你在前行路上的指引。
"欢愉恨日短，今宵别意长"，感动于你对组工干部的包容。
"意气消未尽，初心日渐明"，感念于我们对未来共同的努力。

10

"黄沙百战穿金甲，不破楼兰终不还"，矢志报国，坚定××背后的奋发志向。
"桂折一枝先许我，杨穿三叶尽惊人"，敢于超越，激活××背后的踔厉信念。
"路漫漫其修远兮，吾将上下而求索"，久久为功，感悟××背后的笃行作风。

11

以史铸魂，赓续"千磨万击还坚韧"的革命气概。
以史立德，传承"留取丹心照汗青"的忠诚品质。
以史修身，涵育"一枝一叶总关情"的为民情怀。
以史养气，锤炼"绝知此事要躬行"的实干精神。

12

解锁"敢教日月换新天"的初心力量，照亮"中国红"，筑牢信仰之基。
解锁"千万锤成一器"的耕耘力量，擦亮"金刚钻"，锤炼过硬本领。
解锁"万丈长缨缚鲲鹏"的拼搏力量，善做"拓荒牛"，永葆奋进之姿。

13

"毒刑拷打是太小的考验！竹签子是竹做的，共产党员的意志是钢铁铸成的。"

我们要厚植你们矢志不渝的理想信念。

"如果需要为共产主义的理想而牺牲，我们每一个人都应该，也可以做到脸不变色，心不跳。"我们要弘扬你们不怕牺牲的奉献精神。

"我是真理的信徒，我是正义的战士，我要永远永远，为人类的自由幸福而战！"我们要传承你们坚韧不屈的斗争意志。

14

胸怀"男儿何不带吴钩，收取关山五十州"的报国之情。
树立"不经一番寒彻骨，怎得梅花扑鼻香"的进取之心。
坚定"千淘万漉虽辛苦，吹尽狂沙始到金"的鸿鹄之志。

15

"天生我材必有用"，培养干部有"准度"。
"不拘一格降人才"，选拔干部有"广度"。
"愿公爱士如爱尊"，管理干部有"温度"。

16

对照榜样"不畏浮云遮望眼"的信仰画像，长成"一心向党"的栋梁之才。
对照榜样"咬定青山不放松"的斗争画像，长成"勇于担当"的栋梁之才。
对照榜样"但愿苍生俱饱暖"的奉献画像，长成"一心为民"的栋梁之才。

17

要有"谁与幽人暖直身，筠笼冲雪送乌薪"的"雪"中送炭情谊。
要有"事不三思终有悔，人能百忍自无忧"的大度包"容"心态。
要有"一花独放不是春，万紫千红春满园"的水乳交"融"理念。

18

"倾泻向人怀抱尽，忠诚为国始终忧"，要坚定理想信念，做一名心中有党、对党忠诚的组工干部。

"衙斋卧听萧萧竹，疑是民间疾苦声"，要厚植人民情怀，做一名心中有民、对民负责的组工干部。

"苟利国家生死以，岂因祸福避趋之"，要增强责任意识，做一名心中有责、担当作为的组工干部。

"自古清廉无遗祸，从来贪争有后殃"，要强化党性修养，做一名心中有戒、清正廉洁的组工干部。

19

以"开放包容"之姿，怀"风物长宜放眼量"的"同舟共济"之心。

以"开拓创新"之力，创"领异标新二月花"的"绿色发展"之新。

以"英勇拼搏"之势，承"栉风沐雨自担当"的"永不言弃"之行。

20

解密"约君切勿负初心，天上人间均一是"的炽热初心"劲儿"。

解密"千磨万击还坚劲，任尔东西南北风"的坚定耐心"劲儿"。

解密"龙翔凤翥入刀笔，宝晋山林风月寒"的磅礴匠心"劲儿"。

21

常持"敢为人先、不甘落后"的进取意识，才能在困难挫折中"撑得住"。

常存"滴水石穿、久久为功"的奋斗精神，才能在关键时刻点"顶得住"。

常兴"力戒空谈、马上就办"的务实作风，才能在风险挑战间"扛得住"。

22

让信仰"扎根"，擦亮"亦余心之所善兮，虽九死其犹未悔"的忠诚底色。

向使命"施肥"，涵养"一闻战鼓意气生，犹能为国平燕赵"的斗争意志。

用实干"结果"，锤炼"我自横刀向天笑，去留肝胆两昆仑"的无畏精神。

23

汲取"愿得此身长报国"的不屈力量，提振"至诚报国"的志气。

汲取"千磨万击还坚劲"的拼搏力量，锻造"攻坚克难"的骨气。

汲取"敢教日月换新天"的进取力量，增强"争当先锋"的底气。

24

以"兴酣落笔摇五岳"的豪迈之情，磨砺理想与信念的"笔尖"。

以"须教自我胸中出"的求新之志，握紧思考与研究的"笔杆"。

以"一语天然万古新"的真淳之美，充实人民与时代的"笔墨"。

25

从"拼尽全力的竞技风采"中感悟"战胜自我，超越自我"的拼搏奋斗精神。

从"热情友好的待客之道"中感悟"世界大同，天下一家"的团结友爱精神。

从"低碳简约的办奥实践"中感悟"科技助力，绿色赋能"的开拓创新精神。

26

汲取"宝剑锋从磨砺出，梅花香自苦寒来"的拼劲，练就破除懒惰的"破冰本领"。

汲取"黄沙百战穿金甲，不破楼兰终不还"的闯劲，练就破除保守的"破冰本领"。

汲取"千磨万击还坚劲，任尔东西南北风"的韧劲，练就破除浮躁的"破冰本领"。

27

"迎风冒雪"鼓足劲，壮心上下勇求索。

"雪中送炭"行不怠，为观奇景上高山。

"冰消雪融"庆丰收，敢教日月换新天。

28

要做"一心向党"的实用型干部，用"革命理想高于天"的坚定信仰树牢人生第一位忠诚。

要做"一心向前"的实用型干部，用"越是艰险越向前"的担当作为争创人生第一等工作。

要做"一心向公"的实用型干部，用"只留清气满乾坤"的严以律己扣好人生第一粒扣子。

29

从过去汲取"奋斗经验"，淬炼"梅花香自苦寒来"的成功智慧。

于现在锚定"奋斗坐标",心怀"千秋伟业添锦绣"的壮阔蓝图。

向未来高举"奋斗旗帜",保持"百舸争流奋楫先"的进取势头。

30

从"好雨知时节,当春乃发生"感悟掌握时机之道。

从"随风潜入夜,润物细无声"感悟乐于奉献之道。

从"晓看红湿处,花重锦官城"感悟责任落实之道。

31

铸"松"身,永葆"直待凌云砺剑锋"的坚毅本色。

着"竹"衣,涵养"金竹千年不变节"的清正底色。

酿"梅"心,擦亮"零落成泥碾作尘"的奉献成色。

32

把握"夙夜为公"的奉献心态,校准"一枝一叶总关情"的初心坐标。

保持"学无止境"的勤勉状态,校准"宝剑锋从磨砺出"的能力坐标。

摆出"负重致远"的奋斗姿态,校准"为官避事平生耻"的担当坐标。

33

饱含闯劲儿,练就"会当凌绝顶,一览众山小"的"根骨"。

铆足拼劲儿,练就"咬定青山不放松"的"硬骨"。

磨砺韧劲儿,练就"春蚕到死丝方尽"的"傲骨"。

34

铸牢"一颗红心永向党"的忠诚之魂,练就"如虎添翼"的本领。

铸牢"不破楼兰终不还"的奋进之魂,砥砺"虎斗龙争"的干劲。

铸牢"一枝一叶总关情"的为民之魂,涵养"虎啸山林"的豪情。

35

"涉浅水者见鱼虾,涉深水者观蛟龙",在实际调研中"知微"。

"牡丹花好空入目,枣花虽小结实成",在实干笃行中"知为"。

"历览前贤国与家，成由勤俭败由奢"，在检身自省中"知畏"。

36

汲取"少年当有凌云志"的信念力量，做勇攀高峰的"追梦人"。
汲取"同舟共济扬帆起"的团结力量，做同德一心的"追梦人"。
汲取"千磨万击还坚劲"的拼搏力量，做踔厉奋发的"追梦人"。

37

青春里，那一段"心之所向，无问西东"的梦想起航最"浪漫"。
青春里，那一段"脚下粘土，心中有情"的向光而行最"浪漫"。
青春里，那一段"不负韶华，只争朝夕"的拼搏奋斗最"浪漫"。

38

品读"安危不贰其志，险易不革其心"，感悟信念决定成败。
探讨"治国常富，而乱国常贫"，领悟担当决定发展。
解读"甘蔗同穴生，香茅成丛长"，悟道团结就是胜利。

39

以"书香味"润笔，达到"眼前直下三千字，胸次全无一点尘"的写作境界。
以"汗水味"提能，达到"多思多谋不多怨，争苦争累不争功"的处事境界。
以"人情味"凝心，达到"心注百机伏案处，寻常巷陌最关情"的服务境界。

40

从"胜利在望，死而无怨"中汲取为国奉献的赤血丹心。
从"我决不放下为贫苦人民奋斗的责任"中葆有一心为民的公仆情怀。
从"你要坚决斗争，直到胜利"中汇聚敢于斗争的磅礴力量。

41

不破不立，这是"山重水复疑无路，柳暗花明又一村"的"打破"常规之力。
破而后立，这是"千磨万击还坚劲，任尔东西南北风"的"攻破"困难之力。
晓喻新生，这是"不畏浮云遮望眼，自缘身在最高层"的"突破"自我之力。

42

在学习中坚定"人生自古谁无死，留取丹心照汗青"的理想信念。

在学习中赓续"黄沙百战穿金甲，不破楼兰终不还"的担当精神。

在学习中沁润"不要人夸颜色好，只留清气满乾坤"的廉洁品质。

43

读懂"直待凌云始道高"的"凌云意"，保持奋进"姿态"，确保本领"永在线"。

读懂"唯有青松耐雪霜"的"清廉意"，挺直做人"腰板"，确保初心"不褪色"。

读懂"自有青青松柏心"的"为民意"，厚植宗旨"情怀"，夯实民生"基本盘"。

44

学习贵在"专"，重视对行业书籍的阅读，要"术业有专攻"。

学习贵在"博"，重视对常备学问的涉猎，要"厚积而薄发"。

学习贵在"复"，重视对既有知识的回顾，要"温故而知新"。

45

候鸿雁来，以"握发吐哺，求贤若渴"的姿态招徕人才"济济一堂"。

候鹰化为鸠，以"蔓蔓日茂，芝成灵华"的耐心静候人才"破茧成蝶"。

候鸣鸠拂其羽，以"人尽其才，才尽其用"的导向放手人才"振翅高飞"。

46

埋下理想信念的"种子"，以"心不动于微利之诱"的心态长成"参天大树"。

深扎躬耕基层的"根系"，以"一枝一叶总关情"的状态不断"向下发展"。

萌发满怀热情的"嫩芽"，以"扶摇直上九万里"的姿态努力"破土而出"。

47

汲取"十年磨一剑，久久为功"的毅力为"肥料"，根植于人民沃土，以理想信念浇灌精神之苗。

汲取"四两拨千斤，举重若轻"的能力为"肥料"，致力于提升本领，以履职尽责盛开时代之花。

汲取"淡泊以明志，心无杂念"的定力为"肥料"，脱身于贪欲邪念，以清风正气培育收获之果。

汲取"偏向虎山行，勇往直前"的胆力为"肥料"，投身于急难一线，以使命担当深扎责任之根。

48

做一颗"精神火种"，不惧黑暗，激发"敢教日月换新天"的信仰力量。
做一颗"革命火种"，勇敢发光，锤炼"千磨万击还坚劲"的斗争意识。
做一颗"奉献火种"，照亮前路，涵养"一枝一叶总关情"的无私情怀。

49

"欣悦近闻泥土芳"，要在泥土芳香中汲取养分。
"宝剑锋从磨砺出"，要在摸爬滚打中淬火历练。
"长风破浪会有时"，要在沉淀升华中厚积薄发。

50

遇事不慌，磨炼"千锤万凿出深山，烈火焚烧若等闲"的定力。
来事能扛，淬炼"横眉冷对千夫指，俯首甘为孺子牛"的品格。
干事能成，锤炼"为有牺牲多壮志，敢教日月换新天"的气魄。

51

执信念之"笔"，书写"泰山在前而不见，疾雷破柱而不惊"的信仰坚定之心。
挥初心之"墨"，厚植"春蚕到死丝方尽，蜡炬成灰泪始干"的勤勉敬业之心。
展作风之"纸"，胸怀"不要人夸颜色好，只留清气满乾坤"的清正廉洁之心。
端担当之"砚"，砥砺"横眉冷对千夫指，俯首甘为孺子牛"的为民实干之心。

52

强化理论武装，补足"不鸣则已，一鸣惊人"的底气。
永葆奋斗姿态，铸造"初生牛犊不怕虎"的锐气。
涵养为民情怀，练就"青灯黄卷为传承"的静气。

53

坚定"沧海横流显砥柱，万山磅礴看主峰"的战略自信，争做"赶考"路上的发展"干将"。

秉持"打铁还需自身硬，无须扬鞭自奋蹄"的坚韧信念，争做"赶考"路上的改革"闯将"。

满怀"为有牺牲多壮志，敢教日月换新天"的巨大勇气，争做"赶考"路上的攻坚"猛将"。

54

扫尘土迎新春，感悟"先天下之忧而忧，后天下之乐而乐"的公仆情怀。

吃麻糖盼幸福，感悟"莫笑农家腊酒浑，丰年留客足鸡豚"的人民情怀。

沐清浴求福气，感悟"一身正气心坦荡，两袖清风守清廉"的廉洁情怀。

55

从小事小节上守起，要有"欲病救萌、防微杜渐"的慎初意识。

从小事小节上干起，要有"莫见乎隐、莫显乎微"的慎独精神。

从小事小节上做起，要有"堤溃蚁孔、气泄针芒"的慎微观念。

56

须挑灯勤学，学出"三更灯火五更鸡，正是男儿读书时"的真风貌。

须闭目细悟，悟出"不要人夸颜色好，只留清气满乾坤"的真作风。

须挠头善思，思出"苟利国家生死以，岂因祸福避趋之"的真信念。

须躬身实干，干出"纸上得来终觉浅，绝知此事要躬行"的真作为。

57

修成"千磨万击还坚劲"的斗争意志，坚守政治定力。

锤炼"踏平坎坷成大道"的斗争本领，积蓄攻坚战力。

涵养"一叶落知天下秋"的斗争睿性，提升打赢能力。

发扬"狭路相逢勇者胜"的斗争精神，激发前行动力。

58

保持"筚路蓝缕，以启山林"的奋进姿态，做到知难而进、迎难而上。

坚持"民惟邦本，本固邦宁"的人民理念，做到为了人民、依靠人民。

推进"刀刃向内，刮骨疗毒"的自我革命，做到革故鼎新、焕发生机。

59

展望美好蓝图，以"奔流到海不复回"的信念坚定逐梦路。
砥砺时代步伐，以"直挂云帆济沧海"的担当开拓奋进路。
跨越逐梦山海，以"俯首甘为孺子牛"的初心走好为民路。

60

吹响信念如磐的"出征号"，坚定理想信念，永葆"我以我血荐轩辕"的赤诚信仰。
吹响跋行千里的"冲锋号"，踏稳奋进节拍，砥砺"一身转战三千里"的昂扬锐气。
吹响枝叶关情的"集结号"，坚持人民至上，践行"不辞辛苦出山林"的为民初心。
吹响洁身自律的"警戒号"，守牢纪律底线，涵养"两袖清风朝天去"的浩然正气。

61

筑牢"立志为党洒热血"的理想信念，主动作为交出"信仰卷"。
传承"不破楼兰终不还"的干事精神，迎难而上交出"实干卷"。
牢记"一枝一叶总关情"的为民情怀，勇于担重交出"初心卷"。

62

稳理想之舵，做"革命理想高于天"的有志青年，谱写追逐梦想的信念篇章。
定担当之锚，做"泥犁拔舌自担当"的有德青年，谱写脚踏实地的作风篇章。
奋创新之楫，做"敢教日月换新天"的有胆青年，谱写敢想敢为的创业篇章。
扬实干之帆，做"立根原在群众中"的有为青年，谱写善作善成的服务篇章。

63

立足"过去"看"未来"，"雄关漫道真如铁，而今迈步从头越"。
立足"成绩"看"问题"，"择其善者而从之，其不善者而改之"。
立足"机遇"看"挑战"，"自信人生二百年，会当水击三千里"。
立足"思想"看"实干"，"纸上得来终觉浅，绝知此事要躬行"。
立足"岗位"看"担当"，"乔木亭亭倚盖苍，栉风沐雨自担当"。
立足"期盼"看"作为"，"横眉冷对千夫指，俯首甘为孺子牛"。

64

以"好家风"筑牢"清风两袖朝天去"的纪律防线。

以"好家风"树牢"革命理想高于天"的坚定信念。

以"好家风"滋养"一枝一叶总关情"的为民情义。

65

全面系统学，展现"读书不觉春已深"的专注。

沉浸身心悟，保持"吾将上下而求索"的执着。

脚踏实地做，拿出"绝知此事要躬行"的实干。

66

最大的忠诚来自"虽九死其犹未悔"的志向，是我们一颗红心的独白。

最高的标准来自"踏平坎坷成大道"的奋斗，是我们一心"赶考"的笃定。

最硬的作风来自"任尔东西南北风"的洗礼，是我们一如既往的坚守。

67

砥砺"风雨不动安如山"的忠诚信仰，让小我融入"一心为公、对党忠诚"的信念大潮。

厚植"一枝一叶总关情"的为民情怀，让小我融入"齐心协力、和衷共济"的团结大潮。

激发"越是艰险越向前"的实干担当，让小我融入"勇挑重担、笃行实干"的奋斗大潮。

68

"为民造福"不松劲，厚植"一片丹心映江山"的情怀，幸福图景再一笔。

"船到中流"不惧难，激扬"越是艰险越向前"的斗志，咬紧牙关再一功。

"逐梦山海"不停歇，坚定"有志始知蓬莱近"的决心，信心满怀再一程。

69

点亮登高赏梅的那一抹"信仰红"，品悟"墙角数枝梅，凌寒独自开"的理想信念，从奋斗历程中紧贴民生、体会民心。

点亮银装素裹的那一片"初心白"，品悟"西风满天雪，何处报人恩"的宗旨情怀，在基层一线中深入民众、了解民意。

点亮松柏长青的那一簇"砥砺绿"，品悟"盘石青岩下，松生盘石中"的实干担当，于磨炼奋斗中倾听民声、解决民题。

70

用"为民心"解锁"一枝一叶总关情"的"民生成就"。

用"使命心"解锁"虎踞龙盘今胜昔"的"实事成就"。

用"奋斗心"解锁"天工人巧日争新"的"发展成就"。

71

以"不辞辛苦出山林"的热心，"身体力行"出实招。

以"一枝一叶总关情"的真心，"雷厉风行"办实事。

以"踏石留印老黄牛"的恒心，"笃行不怠"求实效。

72

坚定斗争意志，以"捐躯赴国难，视死忽如归"的"忠诚信念"勇闯"基层江湖"。

树立斗争作风，以"出淤泥而不染，濯清涟而不妖"的"清廉本色"勇闯"基层江湖"。

增强斗争本领，以"苟利国家生死以，岂因祸福避趋之"的"主动担当"勇闯"基层江湖"。

73

要涵养"功成不必在我，功成必定有我"的精神境界，坚守初心使命，时刻准备着"接受祖国挑选"。

要铸就"宝剑锋从磨砺出，梅花香自苦寒来"的意志品质，锤炼过硬本领，时刻准备着"听从祖国召唤"。

要永葆"守得云开见月明，静待花开终有时"的乐观心态，永不放弃追求，时刻准备着"出征神秘太空"。

74

当好老百姓的官，以"甘为民仆耻为官"的奉献之心为民写诗。

锤炼自己的韧劲，以"劳苦之事则争先"的奋斗之姿扎根时代。

办好群众的心头事，以"敢教日月换新天"的敢当之魄开创未来。

75

做"有理想、堪大任、挑重担"的基层干部，就要学会在承受中面对困难，用"爬坡上坎"的精神在基层工作中行稳致远。

做"有理想、堪大任、挑重担"的基层干部，就要学会在矛盾中寻找突破，用"滚石上山"的作为给群众"送炭添花"。

做"有理想、堪大任、挑重担"的基层干部，就要学会在坚强中迎接风雨，用"春风化雨"的温暖与群众分享荣光。

76

厚植"一枝一叶总关情"的为民情怀，这是初心更是使命。

磨砺"越是艰险越向前"的干事毅力，这是历练更是成长。

练就"直挂云帆济沧海"的业务本领，这是职责更是能力。

77

汲取"共同富裕"的美好生活内涵，绘就"新炊麦饭满村香，实现千秋梦想"画卷。

汲取"和谐共生"的绿色生态内涵，绘就"天地与我并生，万物与我为一"底色。

汲取"和平发展"的独立自主内涵，绘就"天涯静处无征战，兵器销为日月光"蓝图。

78

以"我将无我、不负人民"的为民初心，让好日子过出"新滋味"。

以"滴水石穿、绳锯木断"的为民恒心，让好日子时刻"在线"。

以"想民所想、为民造福"的为民决心，让好日子"更上一层楼"。

79

"同"学盛会主题，奏响"千磨万击还坚劲"的初心旋律，涵养"我将无我"的民本情怀。

"同"创事业高峰，奏响"敢教日月换新天"的奋斗旋律，开创"鸿业远图"的伟大事业。

"同"享廉政清风，奏响"修身律己扬正气"的作风旋律，激发"刀刃向内"的自我革命。

80

锚定为民方向，心有"为官避事平生耻"的责任感，前行路上"不迷航"。

聚焦"精神坐标"，心有"越是艰险越向前"的意志力，前行路上"不迷航"。

擦亮"检视镜头"，心有"非淡泊无以明志"的纪律弦，前行路上"不迷航"。

81

用奉献升腾"心无忧虑笑颜开"的人间烟火气，印染出最蕴浓甘甜的"幸福味"。

用真情升腾"生活向阳倍温暖"的人间烟火气，印染出最鲜浓飘香的"幸福味"。

用奋斗升腾"丰年乐业硕果满"的人间烟火气，印染出最醇浓四溢的"幸福味"。

82

在"风雨同舟"中站稳人民立场，踏上"一枝一叶总关情"的"为民之路"。

在"风雨无阻"中保持斗争姿态，砥砺"不指南方不肯休"的"实干之路"。

在"风调雨顺"中守望世界发展，共赴"明月何曾是两乡"的"开放之路"。

83

锚定前行"风向标"，在坚毅笃定中唱响"许党报国、矢志不渝"的"嘹亮之歌"。

担起为民"千钧担"，在践行初心中唱响"我将无我、不负人民"的"嘹亮之歌"。

做好人才"大文章"，在同心协力中唱响"凝心聚力、奋发有为"的"嘹亮之歌"。

84

常怀忧患意识，以"君子检身，常若有过"的态度检视自我。

保持清醒笃定，以"初心如磐，使命在肩"的态度坚定自我。

锤炼斗争意志，以"百舸争流，奋楫者先"的态度激励自我。

85

青年需有"志"，心怀"直上青天揽日月，欲倾东海洗乾坤"的凌云志气，誓要"看万山红遍，层林尽染"。

青年需有"骨"，心存"我自横刀向天笑，去留肝胆两昆仑"的铮铮骨气，定要"指点江山，挥斥方遒"。

青年需有"底"，心持"千淘万漉虽辛苦，吹尽狂沙始到金"的从容底气，偏要"问苍茫大地，谁主沉浮"。

86

以"三步走"发展战略逐梦苍穹的工程荣光，照亮"少年何妨梦摘星？敢挽桑弓射玉衡"的基层敢为之路。

以"特别能吃苦、特别能战斗、特别能攻关、特别能奉献"的精神炬光，照亮"士不可以不弘毅，任重而道远"的基层担当之路。

以"永远做新时代中国航天事业的奋斗者、攀登者"的榜样焰光，照亮"成功不必在我，而功力必不唐捐"的基层坚守之路。

87

筑"登顶苍穹"之梦，"风雨亦兼程，苦乐皆精彩"，致敬"千磨万击不坠青云之志"的韧劲儿！

追"漫步寰宇"之梦，"冰霜正惨凄，终岁常端正"，致敬"千淘万漉不悔问天之情"的韧劲儿！

圆"一飞冲天"之梦，"待到凌云日，扶摇上九天"，致敬"千锤百炼不改奋进之心"的韧劲儿！

88

"圣人无常心，以百姓心为心"，巧用"天下为公"意象，诠释"我将无我，不负人民"的宗旨情怀。

"君子之守，修其身而天下平"，亮明"为政以德"标尺，展现"淡泊明志，宁静致远"的廉洁品格。

"沧海横流，方显英雄本色"，校准"自强不息"坐标，永葆"初心如磐，百折不挠"的斗争姿态。

89

以"报君黄金台上意，提携玉龙为君死"的信念，做好向阳而生的"葵花"。

以"春蚕到死丝方尽，蜡炬成灰泪始干"的觉悟，当好光合作用的"绿叶"。

以"一身转战三千里，一剑曾当百万师"的气魄，扮好深扎土壤的"主根"。

90

追逐"丹心一寸凌霜雪"的"信仰之光"，行稳"磐石无转移"之路。

追逐"但愿苍生俱饱暖"的"实干之光"，行稳"爱众而亲仁"之路。

追逐"敢教日月换新天"的"斗争之光"，行稳"壮志凌苍穹"之路。

91

以"远近高低各不同"的视角，识"在平时"，绘就干部"全身像"。

以"切磋琢磨成美玉"的耐心，培"在平时"，锤炼干部"硬身板"。

以"盛年不再日难晨"的紧迫，用"在平时"，激活干部"一池水"。

92

致敬"千锤百炼始成钢"的刻苦钻研精神密码，浇灌精益求精的"青春之花"。

致敬"干一行爱一行专一行"的潜心研究精神密码，浇灌一丝不苟的"青春之花"。

致敬"惟变所出，万变不从"的开拓创新精神密码，浇灌追求卓越的"青春之花"。

93

旗帜鲜明"讲政治"，在"补钙铸魂"中循"臣心一片磁针石"的忠诚之道。

刀刃向内"严自律"，在"两袖清风"中循"要留清白在人间"的清廉之道。

实事真办"惠民生"，在"矢志为民"中循"不辞辛苦出山林"的奉献之道。

94

用心用情又用力，学习榜样见行动，在"梅花香自苦寒来"中乘坐"追光号"。

务学务实务勤劳，勇挑担子赴山海，在"号角声声催奋起"中乘坐"追光号"。

真抓真改求真效，常照镜子明得失，在"青春赛道我接力"中乘坐"追光号"。

多思多干多磨炼，勤于写作常自律，在"不负时光不负卿"中乘坐"追光号"。

发扬发愤再发威，汲取精神和力量，在"逐梦飞天写续篇"中乘坐"追光号"。

95

以"不忘初心、牢记使命"为纲，从"革命理想高于天"的思想淬炼中牢牢站稳"以人民为中心"的鲜明立场。

以"谦虚谨慎、艰苦奋斗"为目，从"九万里风鹏正举"的实践锻炼中阔步走稳"以奋斗为主题"的前进方向。

以"敢于斗争、善于斗争"为魂，从"斗罢艰险又出发"的现实历练中深刻把握"以实干为导向"的客观要求。

96

把稳"方向盘"，筑牢"任尔东西南北风"的坚定理想，心有所信努力寻"梦"。

看准"信号灯"，涵养"只留清气满乾坤"的清正作风，心无旁骛奋力追"梦"。

挂稳"加速挡"，昂扬"不待扬鞭自奋蹄"的自信斗志，心向远方竭力圆"梦"。

97

从"常思奋不顾身"读懂高度负责的态度，党员干部要推开"老三门"，练就干事担责的"宽肩膀、硬脊梁"。

从"千磨万击还坚劲"读懂过关斩难的力度，党员干部要推开"隔断门"，争做突出重围的"急先锋、火炬手"。

从"日新月异世纪迁"读懂沧海桑田的速度，党员干部要推开"新三门"，争当建功立业的时代"弄潮儿、红旗手"。

98

"追风赶月莫停留，平芜尽处是春山"，读懂筑梦人背后"一犁耕到头"的奋进精神。

"满眼生机转化钧，天工人巧日争新"，读懂筑梦人背后"创新永不休"的进取精神。

"先天下之忧而忧，后天下之乐而乐"，读懂筑梦人背后"一个都不能少"的为民精神。

五、对称类

对称类标题从内容上来说概括力极强，能够宏观地概括出主要的内容，观点明确，角度清晰。从形式上来说，动词对动词、名词对名词，结构一致，字数相同，语素对称，朗朗上口。这是最能体现公文形式美的标题。

1

加强道德建设，共筑和谐家园。
坚持绿色发展，破解转型困局。
继承读书传统，建设书香社会。

2

抓拍"特写照"，刻画"立体相"。
参考"得票率"，慎待"有争议"。
捕捉"潜台词"，听得"弦外音"。

3

厚植"红色基因"，实现"提质增效"。
夯实"红色根基"，实现"全面覆盖"。
激发"红色动能"，实现"共融互促"。

4

挥好多元共治"指挥棒"，构建基层治理"新格局"。
建好引贤聚才"蓄能池"，激活基层治理"内生力"。
用好党建引领"助推器"，夯实基层治理"主阵地"。

5

用好"理论铸魂"之笔，绘好思想政治"主线"。
用好"固本强基"之笔，绘好基层组织"实线"。

用好"开放创新"之笔，绘好自我革新"曲线"。
用好"头雁领航"之笔，绘好干部队伍"专线"。
用好"提质强能"之笔，绘好人才工作"长线"。

6

铆定组织"圆心"，夯实战斗堡垒。
描实机制"线条"，激发治理活力。
拓展服务"半径"，提升治理效能。

7

探索"新路径"，推广"新模式"。
灌注"源头水"，增强"支撑力"。
锻造"主心骨"，激活"新动能"。

8

坚持政治引领，凝聚发展共识。
维护组织核心，筑牢阵地根基。
强化队伍建设，提升合作活力。

9

破思想迷茫之"害"，立理想信念之"志"。
破作风懈怠之"害"，立勤政廉政之"志"。
破畏难不前之"害"，立踔厉奋斗之"志"。

10

实施三大行动，打造特色品牌。
加速换挡升级，助推高质发展。
凝聚干群合力，发挥联动力量。

11

留得住缘分，抓得住机会。
扛得起责任，拿得出优势。

经得起重塑，称得上强大。

12

保持坚守初心的"韧性"，杜绝恣意放纵的"任性"。
保持脚踏实地的"韧性"，杜绝好高骛远的"任性"。
保持攻坚克难的"韧性"，杜绝半途而废的"任性"。

13

读懂"红色信仰"，擦亮"忠诚底色"。
读懂"为民情怀"，校准"初心坐标"。
读懂"斗争精神"，淬炼"如磐之志"。

14

"看得见"稳定向好的希望，"摸得着"巩固拓展的成果。
"看得见"生产生活的变化，"摸得着"高效便捷的幸福。
"看得见"富裕富足的未来，"摸得着"乡村振兴的实惠。

15

怀务实之心，引领军之才。
怀发展之心，育潜龙之才。
怀宽容之心，掘紧缺之才。

16

凝聚奋斗力量，书写坚守人生。
牢记为民初心，涵养博大情怀。
增强使命担当，激发奋斗力量。

17

党味浓，主食香。
辣味足，调料正。
趣味多，菜品鲜。
阵地新，摆盘美。

18

抓好"现在时"，实现"新目标"。

学好"知识点"，提升"新技能"。

用好"绣花功"，把握"新机遇"。

19

举"信念"钢斧，斫"困境"之柴。

持"准则"粗绳，捆"言行"之枝。

踏"使命"草履，拾"实干"之薪。

扛"人民"箩筐，装"共济"之心。

20

乘"坚定信念"之风，除"理想动摇"之心。

乘"为民务实"之风，除"为官不为"之私。

乘"严规肃纪"之风，除"损规破矩"之举。

21

少进会场，多到现场。

少在上层，多到基层。

少些繁复，多些方便。

22

思想再解放，标准再提高。

定位再精准，力度再加大。

活力再迸发，作风再强硬。

方法再创新，成效再突出。

23

关注"衣食住行"，抓好"基本民生"。

关切"生老病死"，保障"底线民生"。

关爱"安居乐业"，强化"热点民生"。

24

夯实基层基础，筑牢振兴根基。
锻造过硬队伍，强化人才支撑。
推进民意反馈，提升治理水平。

25

强化业务学习，夯实工作基础。
坚定理想信念，燃烧奉献激情。
提升服务意识，拉近干群关系。
突出正负激励，激发担当活力。
培育创新思维，打造工作亮点。
完善制度约束，树立标杆形象。

26

聚焦调查研究，制订发展计划。
聚焦政治培养，加强培训力度。
聚焦全面摸底，建立人才队伍。
聚焦发展重点，改善队伍结构。
聚焦创新举措，壮大党员队伍。

27

政治建设强起来，党员身份亮起来。
标准规范严起来，问题整改实起来。
示范典型树起来，创先争优带起来。
主体责任扛起来，作风建设强起来。

28

精心谋划定方案，学用结合重实干。
动员部署抓落实，打响开局"第一枪"。
领导小组强保障，以上率下树标杆。
线上线下两手抓，全员学习促成效。

29

构建责任体系，强化统筹覆盖。
健全工作机制，解决突出问题。
加强督查考评，促进工作落实。

30

建红色基地，立培训平台。
创红色课堂，活培训载体。
育红色品牌，塑培训精品。

31

抓传达学习，促学深悟透。
抓基层调研，促守正创新。
抓自身建设，促奋勇争先。

32

聚焦思想统一，强化舆论宣传。
聚焦标准规范，强化流程指导。
聚焦短板弱项，强化制度保障。
聚焦工作实效，强化过程监管。
聚焦载体创新，强化作用发挥。

33

凝心聚力帮扶，实干担当攻坚。
保持决战态势，压实政治责任。
持续用力攻坚，增强帮扶实效。
突出严管厚爱，激励担当作为。

34

盘活沉睡资源，打造示范工程。
选好第一书记，动员多方参与。
结对帮扶帮建，促进模范带头。

35

抓学习教育，提思想素质。
抓制度建设，提工作水平。
抓活动内容，提工作激情。
抓品牌创建，提工作档次。

36

强化组织引领，健全服务体系。
加强阵地建设，完善服务功能。
聚焦民生期盼，丰富服务途径。
优化网格设置，提升服务能力。

37

突出政治引领，筑牢理论根基。
注重制度建设，巩固内生动力。
创新学习方式，提高学习质量。

38

输好"思想液"，打好"动力针"。
保障"人财物"，攻克"重灾区"。
擦亮"监督镜"，挥好"问责剑"。

39

搭建"云"平台，提高"云"技能。
运用"云"媒介，打通"云"链接。
扩大"云"交易，助力"云"就业。

40

带着执着信念学，学出忠诚与自信。
带着强烈责任学，学出使命与担当。
带着实践要求学，学出方法与路径。

六、谐音类

谐音类标题利用谐音来表达隐含的意思，可以使语言表达活泼诙谐，新颖别致，既有词语的表面意思，也有深层次的含义，让很平常的语言产生意想不到的传播效果。但要注意，在讲话稿中不应用这类标题，防止造成听众困扰。

1

"将就"还是"讲究"，检验党性成色。
"将就"还是"讲究"，衡量为民情怀。
"将就"还是"讲究"，体现担当意识。

2

选出能"筛"的头雁，既能筛人也能筛事，做到好共事、不出事。
选出能"赛"的头雁，既能赛态度也能赛水平，做到勤干事、会干事。
选出能"晒"的头雁，既能晒承诺也能晒成果，做到想干事、干成事。

3

创新先"声"夺人。
布局有"声"有色。
发展风"声"水起。
影响"声"价倍增。
支持掷地有"声"。

4

以党章为镜培育"党心"。
以党章为镜规范"党行"。
以党章为镜牢记"党姓"。
以党章为镜塑造"党形"。

5

组织融合化，凝聚"心"力量。
阵地点阵化，共享"芯"资源。
活动精准化，展现"新"作为。

6

要找准位置，不要迷茫。
要放眼未来，志存高远。
要仰望蔚蓝，心胸宽广。

7

要虚心、同心、全心。
要踏实、务实、诚实。
要想事、干事、成事。
要公正、勤政、廉政。

8

通过"学网"，不断提升穿"帧"引"线"基本功。
通过"懂网"，深刻把握穿"帧"引"线"技术活。
通过"用网"，深入展现穿"帧"引"线"真功夫。

9

要静，静心学习。
要净，干净做事。
要尽，尽职尽责。
要敬，敬畏法纪。
要镜，以民为镜。

10

保持恪守使命的"韧性"，杜绝恣意放纵的"任性"。
保持踔厉奋发的"韧性"，杜绝好高骛远的"任性"。
保持笃行不怠的"韧性"，杜绝半途而废的"任性"。

11

"新"，新时代新使命新作为。

"心"，守初心聚人心得民心。

"馨"，黍稷非馨明德惟馨。

"辛"，经风雨沐霜雪历艰辛。

12

要想"针不戳"，就要"真去做"，把"做"与"论"统一起来。

要想"针不戳"，就要"真去做"，把"实"与"虚"统一起来。

要想"针不戳"，就要"真去做"，把"开"与"合"统一起来。

要想"针不戳"，就要"真去做"，把"动"与"静"统一起来。

要想"针不戳"，就要"真去做"，把"扬"与"抑"统一起来。

13

以"引"为切入点，汇集人才同心共"赴"。

以"育"为着力点，精雕细琢接续共"赋"。

以"干"为落脚点，兴业增收走向共"富"。

14

严格选人标准，莫让"驻村"成"蛀村"。

突出工作导向，莫让"驻村"成"住村"。

健全保障机制，莫让"驻村"成"贮村"。

15

莫让"网"事随风，要勤学网，常上网看看。

莫让"网"事随风，要深懂网，真观网冲浪。

莫让"网"事随风，要善用网，精治网绣花。

16

身沉一线"巡"视，瞄准目标"走下去"。

实事求是"询"视，切中要害"开口问"。

跟踪问效"循"视，巩固提升"回头看"。

17

从实现"不可能"中见证"一定能"，做不负韶华、只争朝夕的"赶路人"。
从实现"不可要"中见证"一定要"，做不忘初心、牢记使命的"感路人"。
从实现"不可行"中见证"一定行"，做敢于斗争、敢于胜利的"敢路人"。

18

在忙碌中"扩容"知识，达到"忙而不茫"。
在忙碌中找准"方向"，做到"忙却不盲"。
在忙碌中善使"巧劲"，实现"忙但不蛮"。

19

加一点"言"味，让工作"活"起来。
加一点"盐"味，让工作"实"起来。
加一点"严"味，让工作"辣"起来。

20

文章要"静一静"，以静气涵养底气。
文章要"净一净"，以净化加强实效。
文章要"精一精"，以精琢绘就精品。

21

添一划"笃信好学"，终身学习"请"教。
添一划"真情实感"，始终奉献真"情"。
添一划"一廉如水"，永葆一身"清"正。

22

"典"亮"对党忠诚"之灯。
"典"亮"学思践悟"之灯。
"典"亮"竭诚奉献"之灯。

23

临"近"时的我疑"惑"重重。

心"静"时的我"豁"然开朗。

走"进"后的我"获"益匪浅。

24

吸收沁人的"墨"香，在"阅读"中增"知"。

徜徉浩瀚的"书"林，在"月读"中长"智"。

流连精妙的"文"意，在"悦读"中汇"源"。

25

在党性分析中"善为"，让自我净化多一点"涩味"。

在相互批评中"敢为"，让自我革命多一点"辣味"。

在整改落实中"作为"，让自我提升多一点"甘味"。

26

"乡约"为民，诉一番"最真"的"奉献心语"，田间地头许下"兴愿"。

"乡约"为民，诉一番"最热"的"奋进心语"，跋山涉水追逐"兴愿"。

"乡约"为民，诉一番"最恒"的"必胜心语"，全力以赴实现"兴愿"。

27

重修身，强化修身之"义"。

会修身，领悟修身之"意"。

善修身，打造修身之"艺"。

七、复合类

　　复合类标题一般集多种修辞（如比喻、排比、引用等）于一体，是其他某几种类型标题的复合体。当较为熟练地使用其他类型标题时，可以大胆自创复合类标题。

1

愿你秉承"先天下之忧而忧，后天下之乐而乐"的热忱初心，将纯真长成忠诚的模样。

愿你书写"有花堪折直须折，莫待无花空折枝"的奋斗岁月，将好奇变成知识的海洋。

愿你淬炼"黄沙百战穿金甲，不破楼兰终不还"的坚韧意志，将勇气化成自信的翅膀。

2

拧紧理想信念的"总开关"，提振"革命理想高于天"的坚定意志。

对准初心使命的"指南针"，锚定"一枝一叶总关情"的核心任务。

看清攻坚克难的"发力点"，练就"千磨万击还坚劲"的斗争本领。

3

坚定"革命理想高于天"的坚定信念，补足精神之"钙"。

坚持"越是艰险越向前"的斗争精神，锻造意志之"矛"。

坚守"一枝一叶总关情"的为民初心，锚定奋斗之"向"。

4

"温杯烫盏"，拧紧人员思想"螺丝钉"。

"乌龙入宫"，筑牢信息机制"防火墙"。

"分杯敬客"，打通经济发展"大动脉"。

5

用好"问号"，常思"没有梧桐树，哪来金凤凰？"

用好"叹号"，笃信"千金易得，良将难求！"

用好"句号"，做到"人尽其才，百业兴盛。"

6

以"咬定青山不放松"的信念，校准砥砺前行的"航向标"。

以"千磨万击还坚劲"的作风，弘扬艰苦奋斗的"传家宝"。

以"非淡泊无以明志"的政绩，练成竭诚为民的"排头兵"。

7

凝聚"长风破浪会有时，直挂云帆济沧海"的魄力，争当信念坚定的钢铁战士。

凝聚"千磨万击还坚劲，任尔东西南北风"的能力，争当执着担当的能工巧匠。

凝聚"横眉冷对千夫指，俯首甘为孺子牛"的毅力，争当作风过硬的辛勤园丁。

8

把稳车头，以"直挂云帆济沧海"筑牢理想。

奋踩踏板，以"千磨万击还坚劲"锤炼本领。

平衡车身，以"静坐常思己过"砥砺作风。

9

饮一壶理想信念的"醇酒"，唱响"丹心照汗青"的忠诚之歌。

饮一壶艰苦奋斗的"烈酒"，唱响"枝叶总关情"的务实之歌。

饮一壶洁身自好的"清酒"，唱响"清气满乾坤"的廉洁之歌。

10

容颜上"衣带渐宽终不悔，为伊消得人憔悴"，美在用奉献"护肤"。

灵魂上"赤胆忠心为工农，气壮山河志不移"，美在用忠诚"铸魂"。

身姿上"养活一团春意思，撑起两根穷骨头"，美在用清廉"塑形"。

11

搞清楚"为何学"，增添衣物，晒晒太阳，让学习教育的初心"升升温"。

弄明白"学什么"，沉心静气，端正态度，让学习教育的主题"升升温"。

想透彻"怎么学"，深入了解，结合书籍，让学习教育的理念"升升温"。

12

擦亮眼，在识人用人时做到"更新观念，科学辨才"。

多方听，在识人用人时做到"兼听则明，全面了解"。

实地量，在识人用人时做到"深入一线，综合考察"。

13

这是一幅"红色信仰图"，赓续的是"不坠青云之志"的坚定决心。

这是一幅"人民至上图",赓续的是"初心尽不违"的坚定信念。

这是一幅"求真务实图",赓续的是"绝知此事要躬行"的务实之心。

14

用好双"耳",常记"金杯银杯不如群众的口碑",以"赤忱"之心聆听百姓之音。

竖起双"肩",秉承"士不可以不弘毅",立"担难"之心提升干事本领。

管住双"手",践行"官多一分廉民增一分福",树"廉洁"之心涵养清正风气。

15

寒天冻地风雪路,群山浸染杜鹃血,勇于担当、不畏牺牲的奉献精神根植于"枕木"中。

穿透峻岭通大道,荡平激浪踏飞虹,攻坚克难、艰苦奋斗的实干精神贯注于"风枪"中。

巍耸桥墩渊涧立,绵延钢轨碧云连,开拓进取、勇于创新的登高精神延伸于"钢轨"中。

16

做"蜡炬成灰泪始干"的"教书匠",铸魂育人守初心,照亮童真的梦想。

做"甘为孺子育英才"的"大先生",炼树人授业本领,挺起教育的脊梁。

做"尽育桃李绽芬芳"的"中国风",践行丹心献教育,传承奉献的火焰。

17

以全心全意的"为民心"为景框,为"天下兴亡匹夫有责"做好定位。

以担当作为的"事业心"为画笔,为"鞠躬尽瘁死而后已"画好素描。

以砥砺前行的"进取心"为颜料,为"更上一层楼"添彩亮色。

18

杜绝"浓妆艳抹",挖掘"返璞归真"的"素颜美"。

杜绝"品行不端",挖掘"德艺双馨"的"品行美"。

杜绝"腐化堕落",挖掘"冰清玉洁"的"傲骨美"。

19

会前"照镜子、正衣冠",通经活络。

会上"红红脸、出出汗",除邪扶正。

会后"洗洗澡、治治病",激活免疫。

20

以"问需于民"勾线,描画"官声誉起为民事"的为民骨架。

以"问计于民"点染,增添"得民心者得天下"的为民细节。

以"问效于民"着色,渲染"知政失者在草野"的为民意境。

21

"组织为核"搭好小区建设"四梁八柱"。(构建"街道+社区+片区+网格+小区楼栋长+中心户"六级组织体系。)

"多方共治"延伸基层治理"神经末梢"。(构建小区业委会、物委会、挂联单位、居民等多方参与的"共治"融合新格局。)

"三变显效"变出小区建设"幸福家园"。(从"脏"变"美",从"散"变"聚",从"无"变"有"。)

22

"三必联"确保每一位干部有人问有人管。(建立"三必联"干部工作制度。)

"四必送"确保精准服务更加人性化、亲情化。(开展领导干部送关怀、党支部送学习、医务人员送健康、社区送服务等"四必送"活动。)

"五必看"确保每一位干部老有所依、老有所乐。(设立重大节日必看、住院必看、有特殊困难必看、有信访诉求必看、遗属必看等"五必看"原则。)

23

打造"一个平台"实现"一个码"全程通办,推动群众办事从"东奔西跑"向"指尖一点"转变。(便民服务平台。)

组建"两支队伍"实现"一张网"全域覆盖,推动群众诉求从"无人问津"向"一个不漏"转变。(组建网格员队伍、志愿者队伍。)

凝聚"多元合力"实现"一条心"全力攻坚,推动疑难杂症从"互踢皮球"向"主动接球"转变。(多个部门联动发力。)

24

人在"网"中走，事在"格"中办，变"心动"为"行动"。

做好"伯乐人"，广纳"千里马"，变"独奏"为"合奏"。

兜住"钱袋子"，盯住"账本子"，变"压力"为"动力"。

25

常喝"理论墨水"，浇灌"臣心一片磁针石"的"信念之花"。

常沾"实干泥水"，浇灌"绝知此事要躬行"的"民生之花"。

常流"勤政汗水"，浇灌"斗罢艰险又出发"的"斗争之花"。

26

做实"一核引领"，基层组织与企业发展同向发力，筑牢发展"堡垒"。（树牢一切工作到支部的鲜明导向。）

做深"双翼支撑"，载体创新和高效服务同频共振，激活发展"源泉"。（以园区党校和综合性党群服务中心为支撑。）

做优"四轮驱动"，行业优势和社会责任同轴共转，强劲发展"动能"。（建立健全企业家联盟、服务企业联盟、人力资源党建联合体、村企党建联合体四个平台。）

27

以"集中动员、多级发力"招式扫除思想之"弊"。

以"把脉问诊、对症施策"招式立好制度之"篱"。

以"专题剖析、刀刃向内"招式绘出自省之"像"。

以"民生起底、首问负责"招式厚植为民之"心"。

以"评估问效、现场验靶"招式握紧纪律之"尺"。

28

当执好"险夷不变应尝胆，道义争担敢息肩"的"信仰"之笔，书写"忠诚"底色。

当执好"长风破浪会有时，直挂云帆济沧海"的"责任"之笔，勾勒"担当"线条。

当执好"唯正己可以化人，唯正心所以修身"的"廉洁"之笔，彰显"清正"神韵。

29

常怀"江河万里总有源，树高千尺也有根"的为民情怀，真抓实干，视基层工作为"炼金功"而不是"镀金法"。

常持"清风两袖朝天去，免碍阎罗话短长"的政治本色，克己奉公，视手中权力为"悬顶剑"而不是"保护伞"。

常存"埋骨何须桑梓地，人生无处不青山"的豪情壮志，百折不挠，视重重难关为"试金石"而不是"拦路虎"。

30

积"甘当绿叶衬红花"的气度，当好"幕后英雄"。

积"长风破浪会有时"的风度，当好"超级替补"。

积"摘月追星圆国梦"的速度，当好"冠军队员"。

八、提问类

提问类标题以提问的方式提出"是什么""为什么""怎么办"的问题，引起读者的注意，从而给人带来深刻的印象。

1

问一问，面对"两个大局"的交织激荡，高点站位、高位谋划的格局胸怀够不够？

问一问，面对机遇叠加的"时"与"势"，扛旗争先、比学赶超的进取意识够不够？

问一问，面对人民群众日益增长的美好生活需求，一心为公、执政为民的无私情怀够不够？

2

聚焦坚定理想信念，是否践行"一心为公、竭诚为民"的为民初心？

聚焦练就过硬本领，是否践行"虚心请教、敏而好学"的求学诚心？

聚焦关心群众冷暖，是否践行"履职尽责、担当作为"的敬业恒心？

3

如何确保流动人员不"流学"？

如何确保务工人员不"误学"？

如何确保退休人员不"退学"？

4

驻村"为什么"？要站稳政治立场，争做头脑清醒的"明白人"。

驻村"怎么干"？要扛起时代重任，争做干事创业的"带头人"。

驻村"和谁干"？要以百姓心为心，争做心系群众的"贴心人"。

5

问"只奔前程"还是"胸怀大业"？

问"遇难则退"还是"迎难而上"？

问"纸上谈兵"还是"真抓实干"？

6

自己的本职工作是否干得好，是否践行"履职尽责、担当作为"的敬业之心？

自己的知识水平是否有厚度，是否践行"虚心请教、敏而好学"的求学之心？

自己的工作作风是否够扎实，是否践行"深入调研、倾听民声"的为民之心？

7

我们要问一问自己，我们在思想意识上，是"高高在上做官老爷"，还是"心系群众当老百姓的官"？

我们要问一问自己，我们在责任落实上，是"坐而论道，等靠要拖"，还是"从我做起，舍我其谁"？

我们要问一问自己，我们在平时工作上，是"做一天和尚撞一天钟"，还是"但有十分力绝不用九分"？

我们要问一问自己，我们在监督检查上，是"雨过地皮湿"，还是"一竿子插到底"？

8

是什么让你选择了足下这片土地？信仰，投身一份伟大事业的信仰。

你将怎样践行初心使命？立足岗位，履职尽责。

你将为百姓留下些什么？匆忙的背影，踏实的脚印。

9

对标"忠诚"，常问"思想铸魂"是否做到入脑入心？答好"忠诚可靠"必答题。

对标"宗旨"，常问"百姓所盼"是否件件落实解决？答好"造福百姓"必答题。

对标"自律"，常问"自我革命"是否走前列当表率？答好"清正廉洁"必答题。

10

是否有"千磨万击还坚劲，任尔东西南北风"的坚定信念？

是否有"为有牺牲多壮志，敢教日月换新天"的斗争精神？

是否有"衣带渐宽终不悔，为伊消得人憔悴"的学习追求？

是否有"些小吾曹州县吏，一枝一叶总关情"的为民情怀？

是否有"清风两袖朝天去，免得闾阎话短长"的廉洁意识？

11

回望来时路，溯源追问："坚守初心"为什么？

凝望脚下路，扪心自问："践行使命"干什么？

展望前行路，躬身再问："离任转岗"留什么？

12

问思想认识是否到位，"功成有我"的信心与决心足不足？

问自身能力是否过硬，"建功立业"的学识与本领够不够？

问理想信念是否坚定，"公而忘私"的作风与精神强不强？

13

问"班子强了吗？"要建强"主心骨"。

问"生活富了吗？"要鼓起"钱袋子"。

问"群众笑了吗？"要温暖"心窝子"。

14

对照入党誓词，我的初心使命是否遗忘？

对标革命先烈，我的意志信念是否坚定？

对表新时代新使命新任务，我的能力素质是否过硬？

15

有没有成为"中"流砥柱的底气？
有没有鼓起"秋"实春华的勇气？
有没有怀抱"节"节向好的志气？

16

忆往昔峥嵘岁月，问自己，先辈精神是否记得？
看今朝伟大时代，问自己，初心使命如何践行？
寄将来民族复兴，问自己，振兴之路可曾有你？

17

"只奔前程"还是"胸怀大业"？
"遇难则退"还是"迎难而上"？
"空谈理想"还是"真抓实干"？

18

发问"理论学习有收获"，能力素质提升了吗？
发问"思想政治受洗礼"，崇高信仰坚定了吗？
发问"干事创业敢担当"，使命意识强化了吗？
发问"为民服务解难题"，党员形象树立了吗？
发问"清正廉洁作表率"，先锋模范当好了吗？

19

开展"初心之问"，问一问自己的理想信念牢不牢？
开展"能力之问"，问一问自己的业务能力专不专？
开展"担当之问"，问一问自己的担当劲头足不足？
开展"落实之问"，问一问自己的工作成效实不实？
开展"作风之问"，问一问自己的工作作风好不好？
开展"为民之问"，问一问自己的群众感情真不真？

20

是否更加精益求"精"，将高质量发展牢记在心、践之于行？

是否更加心"气"十足，干事创业激情满怀、动力澎湃？

是否目光炯炯有"神"，干事创业充满热切渴望和满腔斗志？

21

问一问理想信念根基筑得牢不牢？

问一问拒腐防变防线守得严不严？

问一问政绩观立得正不正？

问一问能力本领练得硬不硬？

问一问担当和斗争精神够不够？

问一问联系群众紧不紧？

22

能否一叶知秋、见微知著，当"思考者"？

能否心系群众、执政为民，当"孺子牛"？

能否勇立潮头、踏浪前行，当"排头兵"？

23

常问"学什么"？让学习教育更有"凝聚力"。

常问"干什么"？让学习教育更有"促进力"。

常问"怎么干"？让学习教育更有"落实力"。

24

"从哪里来、要到哪里去"？要用"耳"听民声，架起干群连心桥。

"中国共产党人是干什么的、已经干了什么、还要干什么"？要留"心"体民情，树立奋斗航向标。

"为什么能够成功、未来怎样才能继续成功"？要躬"身"解民忧，打造伟大复兴桥头堡。

25

"沉舟侧畔千帆过，病树前头万木春"？要常常"回头看"思怎么办。

"别裁伪体亲风雅，转益多师是汝师"？要频频"看别人"谋怎么干。

"长风破浪会有时，直挂云帆济沧海"？要时时"往前看"知会怎么样。

26

老百姓会不会替你们求情？这是群众满不满意的责问！
老百姓会不会替你们求情？这是群众认不认可的追问！
老百姓会不会替你们求情？这是群众接不接受的诘问！

27

问自己"革命理想高于天"的崇高信念坚定否？
问自己"三更灯火五更鸡"的勤奋之姿树牢否？
问自己"打铁还需自身硬"的庄严承诺践行否？

28

勤"问"书本，是否"悟原理，强筋骨"？
常"问"同志，是否"找差距，促提升"？
乐"问"群众，是否"践初心，真成长"？

29

问自己是否人在身在？
问自己是否身在心在？
问自己是否心在情在？

30

扪心自问"为什么"？复盘"昨天"的失利，把问题找出来。
经常叩问"干什么"？抓紧"今天"的时光，把本领提起来。
善于反问"有什么"？布局"明天"的辉煌，把斗志扬起来。

31

"谦虚谨慎、不骄不躁"的嘱托忘却否？汲取"满招损，谦受益"的政治智慧。
"依靠人民、扩大监督"的传统传承否？牢记"讲民主，国运昌"的历史定律。
"逆水行舟，不进则退"的警钟长鸣否？铆足"思奋进，谱新篇"的干事劲头。

32

是否有"一闻边烽动，万里忽争先"的担当？

是否有"靡不有初，鲜克有终"的坚守？

是否有"运筹帷幄之中，决胜千里之外"的高强？

33

敢于吃苦，不惧挑战，你是否经受住考验践行了当初的承诺？

勇挑重担，不负期待，你是否以实际行动赢得了老百姓的信任？

踔厉奋发，笃行不怠，你是否有能力在未来的道路上坚定前行？

34

第一个问题：我们应当为党的事业做出些什么？这是一份必须用忠诚之心书写的答卷。

第二个问题：我们应当给××广大人民带来些什么？这是一份必须用富民成果交出的答卷。

第三个问题：我们应当在××的发展史上留下些什么？这是一份必须用创新实践做好的答卷。

35

夯实工作基础，着力解决好"扶持谁"的问题。

瞄准短板弱项，着力解决好"扶什么"的问题。

对接落实项目，着力解决好"怎么扶"的问题。

统筹工作力量，着力解决好"谁来扶"的问题。

抓好督促验收，着力解决好"如何扶"的问题。

九、单字类

单字类标题并非只有一个字，而是每个小标题都突出"一个字"。它干脆利落、简洁生动，让人印象深刻、回味无穷，常用于总结成果、列明措施和梳理经验。

1

思想上充了"电"。
精神上补了"钙"。
工作上加了"油"。
（电、钙、油）

2

一片赤诚"引"，构建人才"洼地效应"。
千方百计"育"，厚植人才"森林效应"。
着眼需求"用"，释放人才"乘数效应"。
（引、育、用）

3

从主要指标看，"稳"的态势在持续。
从发展势头看，"新"的动能在增长。
从经济结构看，"进"的力度在加大。
从发展质量看，"好"的因素在累积。
（稳、新、进、好）

4

学习教育"深"，征求意见"广"。
对照检查"准"，开展批评"诚"。
整改落实"真"，建章立制"实"。
（深、广、准、诚、真、实）

5

在"急"的一线增强应变能力。
在"难"的一线增强协调能力。
在"险"的一线增强驾驭能力。
在"重"的一线增强执行能力。
（急、难、险、重）

6

用好"眼",让投机钻营之风"吹"不起。

用好"鼻",让攀龙附凤之风"吹"不进。

用好"耳",让花言巧语之风"吹"不动。

（眼、鼻、耳）

7

把握一个"高"字,以政策规划作为引领。

瞄准一个"新"字,以创新驱动作为动力。

坚持一个"实"字,以实干落实作为支撑。

（高、新、实）

8

在思想情感上,要体现一个"爱"字。

在自身形象上,要树立一个"正"字。

在工作作风上,要坚持一个"实"字。

在工作方法上,要突出一个"细"字。

在领导力量上,要形成一个"合"字。

（爱、正、实、细、合）

9

"严"字当头,作风建设是永恒课题。

"学"字为先,勤奋学习是成事之基。

"干"字为重,干事创业是人生追求。

"实"字为要,取得实效是衡量标准。

"廉"字为荣,清风正气是最高操守。

"贤"字为尺,公道用人是重要职责。

（严、学、干、实、廉、贤）

10

用好"学"字诀,在夯实真学真懂这个基础上不动摇。

用好"做"字诀,在抓住笃行求实这个关键上不懈怠。

用好"改"字诀，在掌握即知即改这个方法上不打折。

用好"促"字诀，在落实担当作为这个责任上不停歇。

用好"常"字诀，在扭住支部建设这个重点上不放松。

用好"领"字诀，在强化组织领导这个保障上不松劲。

（学、做、改、促、常、领）

11

突出"尊"，树立"人才为本、人才优先"理念。

突出"全"，树立"人尽其才、才尽其用"理念。

突出"实"，树立"不求所有、但求所用"理念。

（尊、全、实）

12

落在"细"上，坚持细处着眼、润物无声。

落在"小"上，注重小处着手、以小见大。

落在"实"上，倡导实处着力、知行合一。

（细、小、实）

13

在"统"字上下功夫。

在"融"字上做文章。

在"新"字上求突破。

在"深"字上见实效。

（统、融、新、深）

14

高扬理想之"旗"，筑牢信念之本，行稳致远向未来。

研读求是之"书"，练就奋斗之力，勤学务实勇担当。

绘好发展之"画"，造就民生之福，笃行不怠谱华章。

厚植为民之"情"，坚定为民之心，不忘初心担使命。

（旗、书、画、情）

15

以制度落实强化管理，突出"严"字。

以关心关爱疏导情绪，体现"暖"字。

以群防群治提升党群关系，达到"和"字。

（严、暖、和）

16

以"酸"开阔胸襟，勤学方长本领。

以"甜"内视自省，自律方能自强。

以"苦"磨砺意志，疾风方知劲草。

以"辣"锤炼品格，坚定方得初心。

（酸、甜、苦、辣）

17

"人"字居上，要始终秉持"人民至上"的服务理念。

"一"字居中，要坚决贯彻"集中统一"的首要原则。

"口"字作底，要牢牢把握"广开言路"的重要方法。

（人、一、口）

18

"制"字为典，坚持统筹协调，画好培训路线图。

"育"字为本，坚持多措并举，拓宽培训覆盖面。

"红"字为范，坚持因地制宜，打造培训必修课。

"实"字为靶，坚持有的放矢，提升培训内生力。

（制、育、红、实）

19

要善于"望"，以档案材料为"底卷"，勾勒干部"轮廓线"。

要严于"闻"，以群众评价为"笔墨"，素描干部"平面图"。

要勤于"问"，以工作实绩为"颜料"，点缀干部"色彩画"。

要实于"切"，以综合分析为"技法"，雕琢干部"立体像"。

（望、闻、问、切）

20

真学真信写好"守"字，夯实理想信念之基。
善作善成写好"干"字，凝聚干事创业之力。
一心一意写好"民"字，提升实事工程之效。
（守、干、民）

21

在岗位磨炼中知"辛"，懂得"采得百花成蜜后，为谁辛苦为谁甜"。
在岗位磨炼中树"信"，懂得"心中有信仰，脚下有力量"。
在岗位磨炼中立"行"，懂得"我生待明日，万事成蹉跎"。
（辛、信、行）

22

形象要"真"、避免泛化，做到读后"如见其人"。
工作要"实"、避免空谈，确保评价"言之有物"。
语言要"准"、避免虚化，实现描摹"恰如其分"。
（真、实、准）

23

以忠诚为"舵"，心怀"国之大者"，把准青春梦想"航向"。
以干净为"帆"，心怀"敬畏戒惧"，提升廉洁为民"时速"。
以担当为"桨"，心怀"强国有我"，凝聚砥砺奋进"动能"。
（舵、帆、桨）

24

"断"无用信息，聚焦主业精通学。
"弃"利己思想，守住初心自主学。
"离"舒适空间，持之以恒积累学。
（断、弃、离）

25

筑牢理想信念之"基"，答好不忘初心的"思想题"。

坚守担当斗争之"本"，答好干事创业的"实践题"。
守牢廉洁自律之"线"，答好防腐拒变的"保险题"。
（基、本、线）

26

突出"实"字，建强振兴堡垒，推动责任落实"常态化"。
突出"活"字，培育振兴队伍，推动人才培育"集聚化"。
突出"新"字，激活振兴动能，推动集体经济"多元化"。
（实、活、新）

27

拓宽"选"的视野，不拘一格选人，确保数量充足、储备合理。
纵深"育"的途径，因需施教育人，确保政治过硬、本领高强。
突出"用"的统筹，人尽其才用人，确保用当其人，用当其时。
（选、育、用）

28

"锻"忠诚魂，铸牢理想信念之基。
"挑"千斤担，凝结创业干事之能。
"存"敬畏心，常修清正廉洁之德。
（锻、挑、存）

29

工作作风要突出一个"严"字。
工作措施要突出一个"实"字。
工作节奏要突出一个"快"字。
工作状态要突出一个"好"字。
（严、实、快、好）

30

在思想情感上，要体现一个"爱"字。
在自身形象上，要树立一个"正"字。

在方式方法上，要突出一个"细"字。
在工作作风上，要坚持一个"实"字。
在统筹部署上，要形成一个"合"字。
（爱、正、细、实、合）

31

"严"字当头，作风建设是永恒课题。
"学"字为先，勤奋学习是成事之基。
"干"字为重，干事创业是人生追求。
"廉"字为荣，清正为官是最高操守。
"贤"字为尺，公道用人是重要职责。
"实"字为要，取得实效是衡量标准。
（严、学、干、廉、贤、实）

第二编

//

按用途与工作场景速查

本编将公文标题示例按照用途与工作场景进行归类，包括总结成绩、分析问题、传达学习、仪式致辞、统一思想、部署工作、经验交流、心得体会、汇报工作、上任表态、离任演讲、述职报告、年度总结、信息简报和调查研究，基本涵盖了公文的主要使用场景，读者可根据具体需求速查。

一、总结成绩

1

最喜人的是经济水平平稳提高。
最振奋的是项目建设加快推进。
最直观的是城乡面貌不断变化。
最给力的是主导产业持续壮大。
最欣慰的是群众生活日益改善。
最难得的是社会大局持续稳定。

2

这一年，产业发展实现大迈进。（产业格局大幅优化，产业升级成效明显，产业项目支撑增强，产业园区实力提升。）

这一年，城乡面貌实现大蝶变。（城镇提质加快推进，乡村振兴深入实施，基础条件不断夯实。）

这一年，生态环境实现大改善。（污染防治力度空前，节能减排推进有力，生态创建成效显著。）

这一年，政府职能实现大转变。（依法行政不断强化，政务服务持续优化，工作作风明显改进。）

这一年，民生福祉实现大提升。（脱贫攻坚目标任务如期完成，社会保障不断加强，社会事业全面进步，社会大局保持稳定。）

3

坚持稳增长、调结构，综合实力不断提升。
坚持从严管、从实抓，组织建设不断加强。
坚持扩开放、攻项目，沿海开发不断深化。
坚持强法治、促改革，发展活力不断增强。
坚持抓统筹、惠民生，社会事业不断进步。

4

坚持拼搏奋斗，经济实力更加雄厚。
坚持接续发力，改革创新更具活力。
坚持倾力投入，民生福祉更为殷实。
坚持精雕细琢，城乡建设更显质感。

5

致力谋发展，经济运行稳中有进。
着力促转型，发展动力明显增强。
聚力抓统筹，城镇建设有序实施。
持续惠民生，社会发展和谐稳定。
着眼增活力，重点改革有序突破。

6

发展动能大幅提升。
发展活力大幅提升。
城市品质大幅提升。
群众幸福指数大幅提升。

7

主动谋事，参政履职能力迈上新台阶。
主动担当，落实主责力度实现新突破。
主动加压，办文办会质量展现新成效。
主动发力，服务中心成效形成新亮点。
主动作为，服务保障水平呈现新风貌。

8

抓重点、攻难点，示范建设加压奋进。
稳增长、促转型，经济发展稳中有进。
惠民生、促和谐，社会建设协调推进。
抓统筹、优环境，城乡融合稳步前进。
强基础、转作风，组织建设全面加强。

9

工作举措更加务实，我们树立了高标杆。
把握关键更加有力，我们取得了新进展。
为民导向更加鲜明，我们惠及了大民生。
党建引领更加突出，我们锤炼了好作风。

10

底气来自于经济运行的稳中向好。
底气来自于招商引资的发展态势。
底气来自于城市面貌的可喜变化。
底气来自于历史问题的有效化解。
底气来自于生态环境的持续改善。
底气来自于民本民生的和谐稳定。
底气来自于作风建设的扎实推进。

11

聚焦项目促投入，发展后劲进一步增强。
紧扣重点抓创新，经济架构进一步优化。
注重统筹创特色，城市品质进一步提升。
办好实事惠民生，生活质量进一步改善。
从严从实转作风，组织活力进一步增强。

12

强化精准施策，推动了经济平稳增长。
强化改革创新，增强了转型发展动力。
强化专项治理，改善了城乡环境面貌。
强化法治建设，提升了依法治理水平。
强化民生保障，促进了社会和谐稳定。
强化从严治党，凝聚了干事创业合力。

13

我们稳增长促转型，经济实现稳中有进。

我们优环境强保障，发展条件持续改善。
我们保稳定惠民生，百姓生活更加美好。
我们深改革抓党建，赶超动力得到提升。

14

坚持以抓组织保持政治定力，政治生态更加清明。
坚持以深改革增强内生动力，各项改革蹄疾步稳。
坚持以促转型挖掘增长潜力，产业层次显著提升。
坚持以抓统筹彰显环境魅力，城乡面貌焕然一新。
坚持以惠民生激发发展活力，社会大局安定祥和。

15

围绕"实力更强"，量质并举抓投入。
围绕"方向更明"，破立结合促转型。
围绕"生态更美"，标本兼治优环境。
围绕"满意更多"，全力以赴惠民生。
围绕"基础更实"，从严从实强党建。

16

转型发展的步伐进一步加快。
重大项目建设的成效进一步凸显。
经济发展的质效进一步提升。
科技创新的成果进一步显现。
大众创业的活力进一步释放。

17

主动适应发展新常态，经济发展迈上新台阶。
坚持绿色发展不动摇，转型升级迈出新步伐。
抢抓对外开放新机遇，项目引建取得新突破。
释放转型跨越新动力，深化改革实现新进展。
致力推动发展一体化，城乡环境展现新面貌。
顺应人民群众新期盼，改善民生取得新成效。

18

凝心聚力抓项目、强产业，高质发展的底蕴更加深厚。
持之以恒抓创建、强基础，城市建设的面貌更加美好。
全力以赴固成果、促振兴，共同富裕的步伐更加坚实。
坚持不懈守底线、惠民生，人民至上的理念更加彰显。

19

这一年，我们咬定青山不放松，经济社会保持高质量发展。
这一年，我们朝花夕拾琢美玉，城市名片得以进一步擦亮。
这一年，我们一片冰心在玉壶，民生福祉得到进一步增进。

20

城市管理抓落实，营造了良好发展环境。
转变作风抓落实，打造了文明执法队伍。
宣传教育抓落实，创造了良好社会氛围。

21

工作氛围日益浓厚。
专项工作有声有色。
改革创新卓有成效。
检查督导扎实有力。

22

下果决之心，聚焦主业调结构。
立雄壮之心，千方百计拓市场。
聚工匠之心，想方设法促升级。
有防范之心，稳健经营控风险。
用专注之心，谋划发展新动力。
留精细之心，多措并举强管理。
持恒久之心，聚精会神抓党建。
坦真诚之心，主题活动聚合力。

23

着力防汛抗灾，社会大局和谐稳定。

着力项目攻坚，水利基础不断夯实。

着力改革创新，行业能力全面提升。

着力创先争优，工作质效实现突破。

24

旗帜鲜明讲政治，在学习教育中提升队伍"忠诚度"。

严管厚爱带队伍，在激浊扬清中焕发培养"新气象"。

融入发展开新局，在借力搭车中跑出发展"加速度"。

防范风险保安全，在精准施策中开创防控"新局面"。

聚焦实战强本领，在提质强能中锤炼创业"硬实力"。

夯基垒台固根本，在求真务实中吹响奋进"集结号"。

25

具有里程碑意义的全校教育大会在忠诚与感动中成功召开。

优先发展的教育环境在思想碰撞中深刻变化。

教育奋进之笔在攻艰克难中结出累累硕果。

全校教师获得感、幸福感、安全感在狠抓落实中明显增强。

教育服务经济社会发展的能力在主动融入中稳步提升。

党对教育工作的全面领导在"具体抓，抓具体"中全面加强。

26

经济发展的基本面更趋稳固、活力增强。

资本驱动的新路径逐步清晰、加快推进。

项目建设的实效性明显提升、成效显现。

27

万山磅礴，必有主峰，我们忠诚践行新思想，接受了一场触及灵魂的思想洗礼。

千年夙愿，今朝梦圆，我们致力突破瓶颈制约，开辟了一条后发赶超的跨越之路。

时代洪流，奋楫者先，我们矢志不移深化改革开放，奏响了一曲革故鼎新的主题曲。

政之所兴，在顺民心，我们坚持以人民为中心的发展思想，交出了一份群众满意的民生答卷。

不忘初心，坚守致远，我们坚决巩固发展风清气正的政治生态，激扬了一股忠诚干净担当的浩然正气。

28

我们握紧民主政治"拳头"，统领全局，协调各方，凝聚力量，法治、平安××建设深入推进。

我们擦亮宣传思想"镜头"，高举旗帜，弘扬正气，引导舆论，新时代主旋律在××更加响亮。

我们瞄准广大群众"盼头"，回应期盼，倾情服务，增进福祉，全心全意当好人民的勤务员。

29

坚持大视野布局，形成了"优"的工作格局。

坚持前瞻性考虑，制定了"高"的标准体系。

坚持多层次塑造，展示了"特"的队伍形象。

坚持全方位提升，构建了"强"的基层基础。

坚持科学化管理，营造了"好"的发展环境。

30

立足"专+精"，走出了一条专业化的发展道路。

立足"选+培"，走出了一条差异化的发展道路。

立足"深+熟"，走出了一条属地化的发展道路。

立足"严+细"，走出了一条效益化的发展道路。

立足"强+大"，走出了一条规模化的发展道路。

立足"管+控"，走出了一条集约化的发展道路。

31

举旗帜，抓好理论武装，筑牢了推动发展的思想基础。

聚民心，抓好教育引导，集聚了拼搏奋进的精神动力。

育新人，抓好队伍建设，开创了青春洋溢的崭新局面。

兴文化，抓好活动开展，打造了更具特色的文化品牌。

展形象，抓好宣传工作，展现了积极向上的良好形象。

32

筑牢"对党忠诚"的思想根基，以"学习者"的姿态坚定理想信念不动摇。

恪守"纪律严明"的政治品格，以"应考生"的态度标定改革方向不偏航。

明晰"赴汤蹈火"的主业主责，以"主人翁"的精神聚焦××事业不放松。

对标"竭诚为民"的标杆立尺，以"实干者"的标准守好纪律要求不懈怠。

33

聚焦"高标"，阵地建设规范化，推进活动阵地整体提升。

聚焦"核心"，部门设置标准化，推进管理功能整体提升。

聚焦"常态"，工作制度体系化，推进载体效果整体提升。

聚焦"活力"，管理服务精细化，推进人员素质整体提升。

34

上下一心，深化思想认识，部门地位不断提升。

里外同步，明确专人专抓，部门工作落实更加到位。

内外联动，加强交流互动，部门工作活力充分发挥。

多措并举，注重知行合一，学习教育持续深化。

开源节流，严控廉洁风险，部门作风建设全面推进。

35

勇举责任明晰之纲，××工作推进有力。

全张规范管理之目，制度体系趋于完善。

力挈学习教育之领，队伍素质稳步提升。

归溯主责主业之本，服务中心效应凸显。

36

以提升向心力为导向，推动思想建设展现新气象。

以提升组织力为重点，推动基础建设迈上新台阶。

以提升战斗力为目标，推动队伍建设实现新突破。

以提升净化力为核心，推动风气建设开创新局面。

37

聚焦市场优化破困局，突出"结构+质量"。
聚焦生产攻坚稳增长，突出"做实+受控"。
聚焦提质增效求突破，突出"品质+效益"。
聚焦夯实基础促发展，突出"引领+助力"。

38

战略得法。
方法得当。
领导得力。
处理得体。

39

产业筋骨"壮起来"。
城乡面貌"靓起来"。
民生福祉"厚起来"。
改革开放"快起来"。
××建设"强起来"。

二、分析问题

1

发展空间受到限制，反映出我们区域规划亟待优化。
主要指标互不匹配，反映出我们经济质量尚待提高。
县域经济实力不强，反映出我们区域发展还不协调。
底线问题时有突破，反映出我们基层基础还不牢实。
民生领域短板不少，反映出我们政策保障还不到位。

2

总体进度还不够快。
项目质量还不够高。
单位之间还不够平衡。
发展的环境还不够优。

3

工业经济总量太小。
农业结构调整不快。
财政状况不容乐观。
招商引资任务艰巨。
稳定形势依然严峻。

4

从"开门红"的情况来看，"红"的成色还不够；
从"攻坚战"的情况来看，攻坚的力度还不够；
从"大比拼"的情况来看，比拼的态势还不够；
从"精气神"的情况来看，实干的状态还不够。

5

要充分认清境界格局上的"最大差距"。
要充分认清基层基础、示范表率"两大短板"。
要勇敢面对风险防范不精准、能力素质不过硬、队伍管理不托底"三大考验"。

6

思想上不想转，对转型的长期性、艰巨性和复杂性认识不足。
能力上不会转，循着一张旧地图找不到新大陆。
支撑上不系统，在资源配置上缺乏整体统筹规划。

7

在风险防范上还有洼地。
在打赢制胜上还有弱项。

在管理教育上还有短板。

在能力素质上还有差距。

8

最紧迫的问题是风险预判不够。

最现实的问题是盈利能力不强。

最突出的问题是运营水平滞后。

最关键的问题是内部管理松散。

最核心的问题是激励机制缺失。

最根本的问题是队伍素质不强。

9

要清醒看到，局部差距依然存在。

要清醒看到，个性化、多样化需求仍未有效满足。

要清醒看到，人才供给结构性矛盾尚未解决。

要清醒看到，如何遏制××、促进××的问题，仍然没有很好解决。

要清醒看到，整体提升××水平还任重道远。

要清醒看到，基础性制度还不健全。

10

对工作认识还不够深刻。

工作运行机制不够科学畅通。

对人员管理不敢叫真碰硬。

抓党建带队伍的力度还不够。

抓大事议大事的力度还不够。

11

思维理念的短板制约着发展的高度。

基层基础的短板制约着发展的质量。

能力素质的短板制约着发展的速度。

12

××理念还不能很好适应现代化的需求。

××结构和布局还不尽科学合理。

××保障能力有待进一步提升。

××方面安全稳定风险多。

13

结构性矛盾比较突出，加快发展的基础亟待巩固。

社会性问题比较突出，整体发展的环境亟待优化。

多重性压力比较突出，争先进位的意识亟待强化。

14

政策统筹不到位。

规划执行不到位。

财税监管不到位。

城市管理不到位。

民生保障不到位。

15

动能转换任务非常艰巨。

乡村振兴仍然任重道远。

风险防范压力不断加大。

干部作风建设有待加强。

16

工作思路与新形势新要求还不相适应。

能力素质与承担的使命任务还不相适应。

履职担当与双向发力的标准还不相适应。

17

学习教育成效不够均衡。

规定动作完成不够全面。

创新活动载体不够丰富。

18

面对新挑战，我们缺乏应有的认识。

面对新形势，我们缺乏应有的警醒。

面对新政策，我们缺乏应有的敏锐。

面对新问题，我们缺乏应有的创新。

面对新矛盾，我们缺乏应有的担当。

19

学习宣传不够广泛深入，思想认识仍有偏差。

汇报沟通不够积极主动，各方合力仍未形成。

组织覆盖不够结合实际，支部设立不尽合理。

工作监督机制不够健全，监督管理仍有盲区。

20

思想认识有待进一步提高。（政治意识有待加强，机制实施有待规范。）

组织力有待进一步增强。（组织生活泛化问题时有发生，组织管理涣散现象仍然存在。）

党组织作用发挥有待加强。（党员思想理论教育力度不大，管党治党力度不够大。）

21

从经济领域看，基础创新资源能力偏弱。

从社会领域看，优质公共服务供给不足。

从文化领域看，社会文明程度有待进一步提升。

从生态领域看，经济增长对资源环境要素路径依赖依然存在。

从安全领域看，传统安全和非传统安全挑战加大。

22

领导干部政治站位还不够高，统筹协调推进不力。

工作进展还不够平衡，存在冷热不均现象。

有些问题组织查处还不到位，跨部门联动环节薄弱。

顽疾排查还不够彻底，整改建制仍有待完成。

23

有的人认识不高，得过且过的消极心理拉低了思想站位。
有的人信心不足，安于现状的思维定式制约了发展步伐。
有的人突破不大，见好就收的短视行为影响了集聚效应。
有的人措施不硬，根深蒂固的惯性思维削弱了改革基础。
有的人创新不够，照本宣科的机械运转降低了工作标准。

24

存在领导弱化的问题。
存在目标虚化的问题。
存在责任淡化的问题。
存在思维固化的问题。

25

从四周看差距。
省自身找差距。
与一流比差距。
促发展补差距。

三、传达学习

1

要提高思想认识。
要深入学习领会。
要全面贯彻落实。
要加强统筹融合。

2

要提高站位，确保责任压紧压实。

要查漏补缺，确保任务落小落细。
要巩固成果，确保机制常态长效。

3

要提高站位，聚力聚焦。
要深学细悟，入脑入心。
要学以致用，见行见效。

4

要切实增强政治自觉。
要切实领会精神实质。
要切实抓好工作落实。
要切实保障法制实施。
要切实确保安全稳定。

5

要提高思想认识，增强政治自觉。
要紧密联系实际，科学研究谋划。
要坚持党的领导，凝聚发展合力。

6

要提高认识，高度重视。
要认真学习，深入领会。
要把握重点，狠抓落实。
要加强保障，确保成效。

7

要提高政治站位，坚决捍卫政治安全。
要开展专项整治，全力维护社会安定。
要坚持抓早抓小，积极化解社会矛盾。
要坚持从严治警，着力打造过硬队伍。

8

要逐级传达学习。

要健全预案方案。

要完善制度机制。

要加强检查指导。

要严抓安全管控。

9

要从讲政治的高度进一步加强对党的创新理论的学习。

要从结合工作实际的角度深入学习贯彻××精神。

要以更大的力度推进近期重点工作。

10

要在"示范领学"上下功夫。

要在"高开高起"上下功夫。

要在"走深走实"上下功夫。

要在"统筹推进"上下功夫。

要在"氛围营造"上下功夫。

要在"实践转化"上下功夫。

11

要培育忠诚之"心"。

要夯实理论之"基"。

要常修为民之"志"。

要扛起担当之"责"。

12

要以顺应时势、敏锐研判、坚定方略之胆魄经略新局。

要以严明法纪、落实规矩、刮骨疗毒之勇气维护新局。

要以把握规律、抢抓机遇、聚焦主业之智慧成就新局。

要以严实作风、求真务实、昂扬斗志之姿态推进新局。

13

要弘扬优良学风，促进成果转换。
要站位两个大局，做好思想引导。
要立足本职岗位，改进工作作风。

14

要规范学习内容。
要突出学习成效。
要跟进质效检验。

15

要旗帜鲜明讲政治，以更高站位把握政治方向。
要不忘初心担使命，以更实举措维护安全稳定。
要砥砺奋进勇争先，以更大力度推进改革发展。
要严明纪律守规矩，以更硬作风树立良好形象。

16

要进一步提高政治站位，强化政治自觉。
要进一步整合内外资源，创新方式方法。
要进一步突出实践牵引，强化效果导向。

17

要提高政治站位，深刻领会重大意义。
要强化学习举措，全面掀起学贯热潮。
要坚持学用结合，切实抓好成果转化。

18

要严抓关键少数"领学"。
要细抓交流研讨"悟学"。
要活抓研究阐释"促学"。
要实抓难点攻坚"践学"。

19

要吃透会议精神，在统一思想上下功夫。

要充分履职尽责，护航经济社会健康发展。

要深化"放管服"改革，助推经济社会高质量发展。

要坚持依法从严治警，不断提高执法公信力。

20

要扎实学，学出理论武装新高度。

要深刻悟，悟出干事创业新境界。

要努力干，干出融合发展新气象。

21

加大组织部署力度。

拓宽宣传覆盖广度。

突出知行合一深度。

22

学习"系统化"，在学懂悟透上下功夫。

宣传"贴心化"，在广学乐学上下功夫。

落实"精细化"，在实际工作中下功夫。

23

学深悟透把准内涵。

全面覆盖系统宣传。

笃行务实以学促干。

24

观看直播原文学。

召开会议深入学。

主题党日集中学。

25

要提高政治站位，深刻领会精神实质。
要加强组织引导，凝聚思想政治共识。
要围绕中心工作，全面深入贯彻落实。

26

加强学习宣传，把精神领会到位。
结合自身职责，把工作谋划到位。
强化责任担当，把任务落实到位。

27

要在"学"的质量上下功夫。
要在"悟"的高度上抓精髓。
要在"践"的效果上出实招。

28

要提升理论素养，明确学习目的。
要提高政治站位，端正学习态度。
要联系基层实际，把握学习效果。

29

全面深入学习要"学深入"。
全面深入宣传要"讲清楚"。
全面深入贯彻要"落到位"。

30

"唱"出心声，匠心励文心。
"念"出真诚，真心换真情。
"做"出实绩，实干出实效。
"打"出天地，天真变天生。

31

提高"学"的质量，在真学深学、全面系统上下功夫。
抓住"悟"的精髓，在改造思想、提升思维上下功夫。
浓厚"讲"的氛围，在通俗通达、生动阐释上下功夫。
加大"用"的问效，在学以致用、知行合一上下功夫。

32

啃书本，解惑释疑经常学。
勤研究，学以致用重点学。
重实效，着眼实际突出学。

33

坚持在"系统化"领悟中把握精髓要义。
坚持在"精准化"组学中增强落实效果。
坚持在"通俗化"解读中抓好平台对接。
坚持在"具体化"践行中促进深化转化。

34

务必先学深学。
务必弄通贯通。
务必做实落实。

35

学深悟透，做到入耳入脑入心。
广泛宣传，做到有声有影有形。
知行合一，做到笃信笃行笃用。

36

创新载体，构筑学习的组织平台。
创新方式，探索学习的组织途径。
创新机制，破解学习的组织难题。

37

要入脑入心，以最快速度传达学习。
要见行见效，以最实作风推进工作。
要问责问效，以最严标准抓好落实。

四、仪式致辞

1

这座城的情怀，源自厚重悠久的历史传承。
这座城的情怀，源自书香濡染的文教底蕴。
这座城的情怀，源自风光秀美的宜居环境。
这座城的情怀，源自敢为人先的开放特质。

2

架起产业合作之桥，开创发展新前景。
架起金融合作之桥，增添发展新动力。
架起服务合作之桥，开辟发展新空间。
架起市场合作之桥，打造合作新舞台。

3

希望大家做我们的最燃投资人，让"资本"归来。
希望大家做我们的最铁合伙人，让"人才"归来。
希望大家做我们的最美代言人，让"美誉"归来。
希望大家做我们的最佳献策人，让"智慧"归来。

4

发展高质量离不开人才高层次。
发展一体化离不开人才一体化。

发展新格局离不开人才大格局。

5

好就好在全面翔实、厚重深刻，值得深入思考用心体悟。
新就新在全景全时、身临其境，应当认真总结不断发扬。
大就大在反映现实、贴近群众，必须周密组织增强效果。

6

青春的活力正加快迸发。
融合的格局正加快呈现。
鲜明的特色正加快形成。
独特的魅力正加快彰显。

7

学习他忠于祖国、关注民族命运、投身进步事业的坚定信仰。
学习他反映人民心声、赞颂人民奋斗、为人民演出的高尚品格。
学习他善于继承借鉴、勇于开拓创新、敢于超越前人的宝贵精神。
学习他立身先于立言、人品艺品统一、追求德艺双馨的崇高风范。

8

我们的家乡历史悠久，文化兴盛。
我们的家乡钟灵毓秀，物华天宝。
我们的家乡英雄辈出，人杰地灵。
我们的家乡充满激情、充满活力。

9

××是革命圣地。
××是交通要地。
××是生态胜地。
××是旅游福地。
××是投资宝地。

10

要提升境界，彰显大学之大。
要追求卓越，矢志奉献国家。
要拓展视野，担当全球责任。

11

要以"工匠精神"全面打造精品工程。
要以"人文精神"全面打造文化工程。
要以"协作精神"全面打造同心工程。
要以"创新精神"全面打造亮点工程。

12

要完善品德，学会为人。
要勤奋学习，学会认知。
要勇于创新，学会做事。
要敢于挑战，学会拼搏。

13

要坚持党的领导，加强党的建设。
要发挥制度优势，落实国家战略。
要坚持稳字当头，践行稳中求进。
要强化系统观念，促进管理提升。

14

正直是走向成功的心灵因素。
坚持是走向成功的精神条件。
沟通是走向成功的桥梁纽带。

15

利用持续的扎根，完成从优秀到卓越的进阶。
保持永久的好奇，尝试从单一到交叉的研究。
构建开阔的格局，实现从小我到大我的转变。

修炼安静的定力，追求从冗杂到极简的沉淀。

16

要一门心思聚产业。
要一刻不停推项目。
要一以贯之优环境。

17

坚定理想，寻找自律的动力。
坚守内心，养成自律的习惯。
坚持自律，实现自由的人生。

18

在"统"字上讲体系，统一思想、统一行动、统筹发展。
在"深"字上见实效，深耕领域、深耕现场、深耕发展。
在"融"字上下功夫，融入属地、融洽关系、融合发展。
在"新"字上求突破，创新思维、创新管理、创新发展。

19

做贯彻上级重要指示精神的"践行者"。
做落实新发展理念、推进高质量发展的"奋进者"。
做开展前瞻性共建合作、抢抓发展机遇的"推进者"。
做坚持底线思维、防范化解重大风险的"守护者"。

20

要政治引领，把牢正确方向。
要健全治理，着力强基固本。
要聚焦主业，助力乡村振兴。

21

统一思想，把握改革新形势。
提高站位，积极担当新使命。

凝心聚力，打造过硬新班子。

开拓进取，实现发展新作为。

务实清廉，展示政府新形象。

22

坚持保持速度、确保质量，持续提高经济大市的成色。

坚持教育筑基、文化铸魂，持续强化人文大市的底蕴。

坚持民之所望、政之所向，持续提升和谐大市的温度。

坚持守住底线、理性发展，持续擦亮绿色大市的底色。

坚持内引外联、多维拓展，持续拓展开放大市的空间。

23

谱写新篇章，我们必须坚持改革开放不止步。

谱写新篇章，我们必须坚持改善民生不懈怠。

谱写新篇章，我们必须坚持从严管理不松劲。

24

砥砺奋进写新篇，忠诚的信念要更加坚定。

砥砺奋进写新篇，发展的答卷要更加亮丽。

砥砺奋进写新篇，改革的脚步要更加铿锵。

砥砺奋进写新篇，民生的指数要更加温暖。

砥砺奋进写新篇，实干的姿态要更加昂扬。

25

要始终牢记"国之大者"，保持忠诚本色。

要始终牢记为民宗旨，擦亮服务底色。

要始终牢记职业职责，绘就最美色彩。

26

要"扣牢"扣子，常怀忠诚之心。

要"扣正"扣子，筑牢忠诚之魂。

要"扣实"扣子，践行忠诚之为。

27

锚定战略目标，凝心聚力挑战"不可能"。

认清发展主流，协同发展赢取"主赛道"。

淬炼匠人匠魂，慎思笃行发现"新自我"。

28

弘扬一种精神：负重奋进，敢于争先。

树立一种导向：有为有位，奖优罚劣。

发扬一种作风：迎难而上，实干担当。

展现一种效率：抓早抓紧，抓快抓实。

29

忠诚爱国，做家国情怀的践行者。

坚定自信，做勇毅坚韧的追梦人。

拼搏进取，做担当有为的新青年。

30

"破茧"，要从抱怨者的角色转变成反省者的角色，停止抱怨。

"破茧"，要从关注外物变成更关注自己内心的真正需求，驱除心魔。

"破茧"，要从负能量心态转向正能量，积极向前。

"破茧"，要从小我的生存理想转向有"我将无我，不负人民"的使命担当，
与祖国一起迈向美好未来。

31

心有所向，眼里有光。

情有所钟，成其之美。

目之所及，皆为美好。

行于果决，披荆以往。

32

要有从头学和不断学的准备。

要有不怕吃苦的精神和创新意识。

要真诚待人，善待自己。

要保持简朴和儒雅的生活方式。

33

不要侥幸投机，创新创业是一种人生态度。

不要好高骛远，创新创业的梦想需要接地气的实干精神。

不要轻言放弃，创新创业需要坚持，坚持，再坚持。

不要惧怕困难，人生最大的敌人其实就是自己。

34

无论在哪里，请做一个负责的、拥有爱己之心的人。

无论在哪里，请做一个清醒的、保持慎独之心的人。

无论在哪里，请做一个独特的、富有创造能力的人。

无论在哪里，请做一个高尚的、怀有远大理想的人。

35

希望你们拥抱自我，选择心灵的真善美。

希望你们拥抱理想，达到事业的新高度。

希望你们拥抱家庭，追求和谐美好生活。

希望你们传承传统，坚守××人的品质。

36

衷心感谢。感谢××的领导和广大干部对××经济建设与发展的大力支持。

真心感恩。感恩所有父老乡亲多年以来对我的栽培和鼓励。

诚心希望。希望××经济更上一层楼，村民生活日益幸福美好。

五、统一思想

1

是当前和今后一个时期的重大政治任务。

是确保全面完成全年目标任务的现实客观需要。

是解决当前发展瓶颈制约问题的有效途径。

2

是推动政治建设的铸魂工程。

是净化政治生态的固本工程。

是促进高质发展的赋能工程。

3

"志存高远成大事"，唯有高标定位方能赢得大局。

"思路一变天地宽"，唯有改革创新方能抢占先机。

"众人拾柴火焰高"，唯有团结拼搏方能成就事业。

"功夫不负有心人"，唯有笃行不怠方能不辱使命。

4

加快推进教育现代化、建设教育强省是服务教育强国建设大局的必然要求。

加快推进教育现代化、建设教育强省是推动经济高质量发展的迫切需要。

加快推进教育现代化、建设教育强省是人民群众的殷切期盼。

5

回望来时的路，这是立足根本、顺应民意的主动选择。

看清脚下的路，这是转型发展、赶超跨越的迫切选择。

借鉴成功的路，这是顺应大势、遵循规律的必然选择。

远眺前行的路，这是抢抓机遇、赢得未来的战略选择。

6

是推进港口建设、努力做到经济强市的迫切需要。

是树立鲜明导向、铸造高素质干部队伍的迫切需要。

是推进长治久安和高质量发展走在全省前列的迫切需要。

7

是传承红色基因、坚定理想信念的重要方式。

121

是牢记初心使命、强化履职为民的重要抓手。

是强化责任担当、推进事业发展的重要保证。

8

作为砥砺初心使命、锤炼党性修养的磨刀石。

作为践行建党精神、推进干事创业的助推器。

作为聚焦富民强县、聚力赶超跨越的动力源。

9

从历史看，加强××研究意义深远。

从现实看，加强××研究势在必行。

从本地看，加强××研究正当其时。

10

是全面贯彻××要求的重要部署。

是推进××常态化制度化的重大实践。

是全面加强队伍建设的重要举措。

11

必须坚定不移争先进、走前列。

必须驰而不息打基础、利长远。

必须敢为人先抓创新、谋发展。

12

对标新思想，着力解决"坐地自划"的问题。

对标新任务，着力解决"坐井观天"的问题。

对标新要求，着力解决"坐享其成"的问题。

对标新机遇，着力解决"坐而论道"的问题。

对标新挑战，着力解决"坐观其变"的问题。

13

是巩固深化学习教育活动成效的迫切需要。

是应对外部环境变化的思想准备的迫切需要。

是激励干部增强干事创业精气神的迫切需要。

14

深刻领会全国××工作会议精神，增强使命感。

充分认识××工作的极端重要性，增强责任感。

充分认识我市××工作的短板，增强紧迫感。

15

是贯彻中央部署、诠释对党忠诚的实际行动。

是坚持刀刃向内、解决突出问题的迫切需要。

是坚守初心使命、强化宗旨意识的内在要求。

16

答好时代之问要认清发展形势、突出作风整治。

答好时代之问要结合工作实际、突出作风整治。

答好时代之问要查找反思整改、突出作风整治。

17

高水平建设××，是准确把握新发展阶段的战略之举。

高水平建设××，是更好融入新发展格局的制胜之道。

高水平建设××，是深入贯彻新发展理念的跨越之路。

18

招商引资是强市的必由之路。

招商引资是补短板的迫切需要。

招商引资是我市经济社会发展的重要支撑。

19

是总结以往经验、谋划今年工作的现实需要。

是提升自身素质、履行岗位职责的现实需要。

是加强作风建设、振奋干部精神的现实需要。

20

站在新起点，迈向新征程，必须紧紧扭住第一要务、推动高质量跨越式发展。

站在新起点，迈向新征程，必须坚持走群众路线、扎实推动共同富裕。

站在新起点，迈向新征程，必须弘扬担当实干精神、充分彰显勤廉本色。

21

统一目标，明确方向，树立拼搏工作干劲。

统一行动，群策群力，科学高效推进工作。

统一思想，同心同德，加强作风能力建设。

22

革除"负资产"，跳出"思想误区"，摆脱"刻板印象"，增强思想破冰的政治自觉、行动自觉。

力破"心中之贼"，以思想大解放、作风大改进、能力大提升、改革大突破、发展大突围为高质量发展赋能添彩。

23

思想上要"求正防偏"。

学习上要"求是防躁"。

工作上要"求实防虚"。

24

要提高政治站位，充分认识到开展×××是有效解决群众急难愁盼问题的有力抓手。

要明确目标任务，全面知晓领悟×××的安排部署和工作要求。

要压实压紧主体责任、第一责任人职责和"一岗双责"，团结带领并督促全体党员干部全力抓好×××。

要做到融会贯通，把×××与金融重点工作任务紧密结合起来。

25

要提高政治站位，把握根本遵循，充分认识×××的重大意义。

要全面学习把握，深刻领悟内涵，迅速统一思想凝聚共识。

要立足使命担当，加强组织领导，迅速掀起学习宣传热潮。

要紧扣中心大局，精准对标对表，推动贯彻落实成效转化。

26

鼓足干劲、奋勇争先，以×××活动推动××发展迈上新台阶。

打开窗口、展示形象，以×××活动提升××知名度、美誉度。

撸起袖子、乘势而上，全面开启×××劳动竞赛。

27

把握大势、乘势而上，进一步坚定做好×××建设的信心和决心。

抓住重点、抓住关键，全力以赴推动×××建设取得重大突破。

转变作风、狠抓落实，为×××建设落地见效提供坚强保障。

28

统一思想、顺势而为，切实增强抓好×××建设的责任感使命感和紧迫感。

明确方向、突出重点，以×××建设的实效推动地区经济高质量转型发展。

厘清思路、转变作风，为抓好×××建设提供一流的组织保障和营商环境。

29

提高站位、强化认识，切实推动××活动入脑入心。

对标对表、靶向施策，切实推动××活动见行见效。

凝心聚力、务实重干，切实推动××活动走深走实。

30

充分肯定成绩，清醒认识当前安全生产工作面临的严峻形势。

提高政治站位，扎实开展安全生产大检查大整治大提升行动。

深刻吸取教训，全面抓好安全风险防控和值班值守等各项工作。

31

清醒认识××的发展水平。

清醒认识××落后的原因。

清醒认识××的发展机遇。

清醒认识××的发展优势。

清醒认识××的发展方略。

清醒认识××转型的战略突破点。

清醒认识我们的初心使命。

32

提高思想认识，确保上级部署落实落地。

持续加强学习，切实吃透政策文件精神。

全面落实整改，深刻把握×××总体要求。

强化队伍管理，着力淬炼纪律严明的××铁军。

33

要增强机遇意识，敏锐发现机遇，主动抢抓机遇，巧妙用好机遇，确保把机遇优势转化为发展胜势。

要增强进取意识，围绕×××的目标任务，积极争先进位，推动形成争先创优、比学赶超的良好态势。

要增强担当意识，把使命放在心上，把责任扛在肩上，积极作为，全力以赴，切实以强烈的责任担当推动工作高效落实。

要增强市场意识，把握市场规律，善用市场力量，通过市场这只"无形之手"破局解困、推动发展。

要增强全局意识，一切力量向大局聚焦，一切工作向大局靠拢，齐心协力将××事业不断向前推进。

34

要充分认识到，×××对于改进领导方式、提高工作能力不可替代。

要充分认识到，×××对于推进经济繁荣、推动事业发展不可替代。

要充分认识到，×××对于推进综合改革、促进转型升级不可替代。

35

发展的任务非常繁重，必须增强重视度竞争力。

城建的任务非常繁重，必须增强集聚度承载力。

民生的任务非常繁重，必须增强满意度认可度。

经济的任务非常繁重，必须增强辐射力带动力。

36

基础建设是经济工作的第一抓手，这是一场必须打好的总体战。
基础建设是重构经济版图的关键力量，这是一场必须打好的争夺战。
基础建设是打基础利长远的战略任务，这是一场必须打好的持久战。
基础建设是干事成事的舞台平台，这是一场必须打好的攻坚战。

37

要把起草文稿作为大事来对待。
要把起草文稿作为要事来对待。
要把起草文稿作为难事来对待。
要把起草文稿作为喜事来对待。

38

看贡献：提高了知名度，扩大美誉度。
看地位：是第一资源，是不竭动力。
看责任：遇到困难、面临挑战。

39

实施工程是解决问题的关键一招。
实施工程是巩固阵地的根本之策。
实施工程是推动建设的有效抓手。
实施工程是增强动力的创新举措。

40

要充分认识这是"加课"，而不是"补课"，我们务必坚定信心、充满自信。
要充分认识这是"加课"，更是"加压"，我们务必保持清醒、更有作为。
要充分认识这是"加课"，更要"加分"，我们务必抓住机遇、再创经验。

41

从理论意义上看。

从实践意义上看。
从历史意义上看。
从世界意义上看。

六、部署工作

1

贴近市场、深耕客户，夯实可持续发展根基。
专业创新、敢为人先，打造差异化竞争优势。
综合施策、精准服务，满足多样化金融需求。
一轨支撑、协同发力，提升精细化管理水平。
风险筑防、合规固本，筑牢高质量发展屏障。

2

抓整章建制，力争在规范管理上有新突破。
抓业务培训，力争在素质提升上有新突破。
抓统筹联动，力争在风险防范上有新突破。
抓工作载体，力争在品牌创建上有新突破。
抓责任落地，力争在作风建设上有新突破。

3

从严从实抓班子。
聚精会神带队伍。
主动作为抓整改。
真抓实干谋发展。

4

使进取之力，拓业务。
聚转型之力，谋未来。
竭管控之力，防风险。

集精细之力，优管理。

用群团之力，聚人心。

借改革之力，保稳定。

融党建之力，促发展。

5

要以敢为人先的闯劲，坚决打赢深化改革攻坚战。

要以久久为功的钻劲，坚决打赢产业振兴攻坚战。

要以虎口夺食的拼劲，坚决打赢项目建设攻坚战。

要以矢志不渝的干劲，坚决打赢民生改善攻坚战。

要以坚如磐石的韧劲，坚决打赢环境优化攻坚战。

6

在价值取向上，要凸显农业农村的经济价值、生态价值、美学价值这"三个价值"。

在整体布局上，要优化新城、镇域、乡村这"三个空间"。

在发展阶段上，要认清空间稳定、地位凸显、功能复合这"三个趋势"。

7

要干有精神，时不我待加压奋进，拿出一流的工作状态。

要干有目标，全力以赴争先进位，拿出一流的工作业绩。

要干有重点，集中火力狠抓经济，拿出一流的竞争力。

要干有章法，抓纲带目统筹兼顾，拿出一流的协同力。

8

要从学习全会精神中深刻认识党的百年奋斗重大成就，自觉坚定历史自信、坚守理想信念。

要从学习全会精神中深刻认识党的百年奋斗历史经验，不断增强奋斗新时代、奋进新征程的意志和本领。

要从学习全会精神中深刻认识以史为鉴、开创未来的重要要求，力争早日实现×××的奋斗目标。

9

构筑产业优势，增拓转型空间，培育经济发展"新动能"。
坚持改革引领，推进万众创新，打造转型升级"新引擎"。
加强建设管理，提升功能品位，彰显现代城市"新形象"。
倡导绿色发展，做优环境形象，创建生态建设"新名片"。
提升幸福指数，推进共建共享，构建和谐发展"新局面"。

10

要加强政治建设，努力做到思想上"零偏差"。
要注重统筹实施，努力做到推进上"零温差"。
要做好结合文章，努力做到发展上"零落差"。
要勇于自我革命，努力做到行动上"零时差"。

11

坚持优化产业生态，培育先进制造业新优势。（强化产业优势，狠抓产业项目，壮大产业园区，促进产业融合。）
坚持创新驱动发展，激发高质量发展动能。（加强创新能力建设，激发人才创新活力，推动科技成果转化，改革创新体制机制。）
坚持融入新发展格局，建设内陆地区开放强市。（推动消费升级，强化投资拉动，狠抓招商引资，提升开放水平。）
坚持农业农村优先发展，全面推进乡村振兴。（提高农业发展质效，实施乡村建设行动，巩固拓展脱贫成果。）
坚持建设精致城市，提升城镇集聚和承载能力。（强化规划引领，完善城市功能，加强精细管理，健全城镇体系。）
坚持推动绿色发展，促进生态环境持续改善。（打好污染防治攻坚战，提升生态系统质量，增加生态产品供给，推动绿色低碳发展。）
坚持以人民为中心，改善城乡群众生活品质。（办好重点民生实事，加强就业和社会保障，优先发展教育事业，推进健康××建设，繁荣发展文体事业，统筹发展其他事业。）
坚持统筹发展和安全，建设更高水平的平安××。（防范化解重大风险，切实加强安全生产，维护社会和谐稳定。）

12

思想观念要往"新"里转，让创新精神成为"强引擎"。
产业结构要往"高"里转，让转型升级成为"主旋律"。
城乡建设要往"优"里转，让文明和谐成为"金招牌"。

13

要将整改落实成效体现到提升思想觉悟上。
要将整改落实成效体现到解决实际问题上。
要将整改落实成效体现到推进高质量发展上。
要将整改落实成效体现到干部作风和形象上。

14

加大招引的力度，确保引进一批新的项目。
加大落地的力度，确保签约项目尽快落地。
加大服务的力度，确保发展环境更加优越。
加大考核奖惩的力度，确保招商引资任务落到实处。
加大带头的力度，确保招商动力不断增强。
加大宣传的力度，确保舆论氛围更加浓厚。

15

率先实现新突破，必须在高举旗帜中勇毅前行。
率先实现新突破，必须在服务全局中主动作为。
率先实现新突破，必须在把握大势中加快发展。
率先实现新突破，必须在为民尽责中坚守初心。

16

进入新发展阶段，必须总结得失补短强弱。
践行新发展理念，必须走稳走实绿色发展之路。
融入新发展格局，必须主动应变顺势而为。

17

要练就过硬本领，勇立时代潮头。

要深化作风整训，赋能改革发展。
要严守纪律规矩，永葆清正廉洁。

18

必须坚持提高站位，旗帜鲜明讲政治。
必须坚持第一要务，全力以赴促发展。
必须坚持敢试敢闯，勇于改革做示范。
必须坚持人民立场，全心为民谋福祉。
必须坚持转变作风，凝心聚力求突破。
必须坚持清正廉洁，树立标杆当表率。

19

要向高而攀，立志做顶天立地的大企业。
要向新而生，立志做出类拔萃的强企业。
要向远而行，立志做思源思报的好企业。

20

要稳字当头，以稳中求进论英雄。
要拉高标杆，以奋勇争先论英雄。
要聚焦问题，以创新创造论英雄。
要坚守初心，以为民造福论英雄。
要从严从实，以勇于自我革命论英雄。

21

牢记发展这个"第一要务"。
牵住招商引资这个"牛鼻子"。
突出项目建设这个"总抓手"。
把握服务企业这个"着力点"。
强化环境优化这个"关键点"。
注重民生改善这个"落脚点"。

22

突出主官职责，强化顶层设计。
突出地方实际，强化产业扶贫。
突出薄弱环节，强化基础设施建设。
突出素质提升，强化技术培训。
突出找准穷根，强化精准扶贫。

23

要前瞻谋划思考，增强"融"的行动自觉。
要突出生态优先，彰显"融"的鲜明底色。
要致力协同创新，激发"融"的强劲动能。
要推动共建共享，打造"融"的幸福家园。

24

着眼开拓创新，改进思想作风。
坚持学以致用，改进学习作风。
立足求真务实，改进工作作风。
恪守为民之责，改进领导作风。
务求廉洁自律，改进生活作风。

25

常想立身之本，既要有本事，还要守本分。
常修为官之德，既要掌好权，还要用好权。
常思贪欲之害，既要会干事，还要不出事。
常怀律己之心，既要重大节，还要慎小节。
敢担当勇作为，坚决破除"等靠要"。
强效能优服务，坚决整治"庸懒散"。
抓落实重执行，坚决反对"做虚功"。

26

着眼提速增效，大造工业跨越之势。
着眼培优扶强，大造农业跨越之势。

着眼扩容提质，大造城镇跨越之势。
着眼碧水蓝天，大造生态建设之势。
着眼民计民生，大造社会建设之势。

27

加强领导，形成抓落实的合力。
强化宣传，营造抓落实的氛围。
加强制度建设，形成抓落实的机制。
强化督察，硬起抓落实的手腕。

28

讲和谐，统筹发展。
讲团结，凝聚力量。
讲纪律，强化保障。

29

坚持执政为民，把为民务实清廉作为作风建设的出发点。
坚持领导带头，把求真务实态度作为机关作风建设的关键点。
坚持整改创新，把机关服务高效作为机关作风建设的着力点。
坚持群众评议，把人民满意作为衡量机关作风建设的落脚点。

30

在勤学善思中谋高质量发展之策。
在抢抓机遇中行富民强基之举。
在拼搏奋进中务干事创业之实。
在践行宗旨中收造福人民之效。
在团结协作中造群策群力之势。
在廉洁自律中树勤政廉政之风。

31

虚心学习，以识修身。
专心工作，以勤补拙。

真心待人，以和行政。

公心处事，以廉律己。

32

加强队伍建设，从组织上保障文明。

促进社会和谐，从取向上体现文明。

繁荣特色文化，从品位上塑造文明。

提高市民素质，从内涵上展示文明。

33

创新驱动，打造新引擎。

改革促动，激发新活力。

开放带动，拓展新空间。

34

重视学习，做勤学善思的表率。

锐意进取，做干事创业的表率。

关注民生，做执政为民的表率。

齐心协力，做团结协作的表率。

严于律己，做勤政廉洁的表率。

35

要坚持目标导向，加压倒逼落实机制。

要突出战术策略，完善应对困难机制。

要注重服务企业，强化狠抓落实机制。

36

狠抓运行，拼出工业加速度。

紧盯项目，激活增长新动能。

化危为机，抢抓产业新风口。

37

推动产业转型，加快多链融合，全面提升经济发展新高度。
强化科创引领，加快要素融合，持续激发县域发展新动力。
深化改革开放，加快跨江融合，积极增创区域竞合新优势。
坚持绿色协调，加快城乡融合，全域打造宜居宜业新高地。
围绕共建共享，加快功能融合，更好满足人民生活新期待。
聚焦善治善成，加快系统融合，大力产出社会治理新成效。

38

把稳政治方向之舵，让理想信念引领奋斗征程。
昂扬拼搏奋斗之志，让担当实干融入精神血脉。
突出固本强基之举，让战斗堡垒更加坚强有力。
绷紧纪律规矩之弦，让风清气正成为鲜明底色。

39

要着眼原点。
要直面痛点。
要突出重点。
要攻克难点。

40

思想上，认识要再加深。
任务上，项目要再加力。
机制上，保障要再加固。
统筹上，调度要再加强。
力度上，落实要再加码。

41

要求要从高从紧。
推进要从快从优。
督导要从细从实。
问责要从重从严。

42

做优第一产业。
做强第二产业。
做大第三产业。

43

认清形势，加压奋进。
突出重点，强力推进。
齐抓共管，携手共进。

44

在战略部署上"扣扣子"。
在责任履行上"担担子"。
在工作落实上"钉钉子"。

45

要有"背水一战"的思想认识。
要有"步调一致"的工作安排。
要有"独当一面"的责任担当。

46

项目建设要"高出一筹"。
招商引资要"快人一拍"。
人才培养要"不拘一格"。

47

要摸清底数，做到有根有据。
要协调配合，做到有分有合。
要宣传发动，做到有声有色。
要考核督办，做到有奖有惩。

48

要立行立改，绝不姑息。
要加力加码，绝不打折。
要依法执法，绝不手软。
要督责问责，绝不含糊。

七、经验交流

1

紧盯工作"重点"，让联结纽带更紧密。
打通联动"堵点"，让作用发挥更顺畅。
找准长效"支点"，让常态运转更规范。
聚力成效"亮点"，让活力迸发更强劲。

2

突出担当作为，树好用人导向。
坚持严管厚爱，激发队伍活力。
注重比武竞赛，倒逼争先进位。

3

聚焦落实见效，强化保障措施，让鲜明导向树起来。
聚力规范提升，坚持抓细抓实，让基层基础实起来。
突出全域全链，深度融合聚合，让统领引领强起来。

4

牢记嘱托，坚定不移净化美丽环境。
凝心聚力，坚持不懈发展美丽经济。
共建共享，久久为功推动共同富裕。

5

聚焦产与城融合，打造"动能转换"升级版。（以产兴城、腾笼换鸟，以城促产、筑巢引凤。）

聚焦城与乡融合，打造"大建大美"示范区。（推进城乡环境品质化，推进城乡服务均衡化。）

聚焦人与城融合，打造"文化××"金名片。（以"千年古县"传承城市印记，以"敢闯敢试"厚植城市精神。）

6

立足三个层面，夯实晋升基础。

坚持三个导向，细化晋升举措。

健全三项机制，倍增晋升成效。

7

以红色引擎激发共同富裕内生动力。

以改革闯关探索共同富裕实践路径。

以高质量发展夯实共同富裕最强基石。

8

直面突出问题，以定力治顽症。

全员下沉一线，以服务提效能。

搭建攻坚平台，以实干论英雄。

9

实施红色领航，做强加快发展的大引擎。

发扬红色精神，激发创新创业的新动能。

赓续红色血脉，凝聚共同富裕的强合力。

10

坚持组织引领，构筑基层治理的"金字塔"。

拓展制度模式，绘就多元共治的"全景图"。

强化数字赋能，打造治理现代化的"新引擎"。

11

在"硬"字上下功夫，着力提升把方向、统全局的引领力。
在"强"字上下功夫，着力提升筑堡垒、聚人心的感召力。
在"实"字上下功夫，着力提升带队伍、促发展的助推力。
在"新"字上下功夫，着力提升强素质、树形象的影响力。

12

以"党建优"引领"治理优"，推动制度重塑、多跨协同。
以"党建强"带动"发展强"，推动创新赋能、破圈跨越。
以"党建实"彰显"作风实"，推动唯实惟先、善作善成。

13

科学规划，高起点绘制蓝图。
挂图作战，高效率推进整治。
严把质量，高标准建设项目。

14

以组织建设"一盘棋"统领县域经济治理改革。
以干部队伍"新能力"建设迭代升级营商环境。
以全球"揭榜挂帅"引才激活发展内生动能。

15

"组团式攻坚"打破部门横向壁垒，提高重点工作落实效率。
"模块化整合"打破乡镇条线壁垒，激发乡镇行政运行效能。
"融治理协同"打破网格内外壁垒，增强基层治理服务效力。

16

党建引领新经济新业态强根铸魂。
建强队伍助推中小企业裂变发展。
创新服务优化民营经济发展环境。

17

聚焦精神引领，大力锻造新时代挺进师。
聚焦整体智治，全力竞速数字化改革。
聚焦争先创优，奋力加快跨越式发展。

18

观点"小论坛"，抓实专题教育。
身边"小故事"，强化励志教育。
掌上"小灵通"，实施在线教育。
学习"小讲台"，深化互动教育。

19

强化体制机制，全域统筹协调。
加强政策保障，实现全域布局。
完善公共服务，提升项目引力。
丰富旅游供给，强化驱动保障。
提升品牌影响，塑造城市形象。

20

决策共谋，推动党建联动。
资源共享，推动信息联通。
党员共管，推动联创联建。
文化共兴，推动融合发展。
典型共育，推动效应辐射。

21

以"吹哨报到"及时回应群众关切。
以"现场办公"及时解决百姓诉求。
以"领导带头"集中攻坚痛点难点。

22

实施"头雁工程"，铸牢发展建设"主心骨"。

实施"鸿雁工程"，盘好用活基层"土专家"。
实施"归雁工程"，注入在外人才"新动能"。
实施"雁阵工程"，奏响基层人才"大合唱"。

23

实施"聚心"工程，创建温馨和谐之家。
实施"贴心"工程，建设爱心帮扶之家。
实施"同心"工程，建设组织信赖之家。
实施"暖心"工程，创建职工满意之家。
实施"安心"工程，创建平安喜乐之家。

24

网格驿站"建"起来。
机制保障"用"起来。
驿站服务"活"起来。

25

聚焦"红色课堂"，做到学有"新"氛围。
聚焦"掌上课堂"，实现学有"新"阵地。
聚焦"实践课堂"，确保学有"新"成果。

26

"三个加"，必修＋选修、线上＋线下、走出去＋请进来。
"两结合"，分类分级相结合、共性个性相结合。
"一提升"，提升培训质量效果。

27

综合集成，让信息"聚起来"。
数字赋能，让资源"活起来"。
科学规范，让管理"便起来"。
坚持常态长效，让制度"久起来"。

28

把微治理延伸到百姓家门口。

把支部建在最小管理单元。

把奋进力量凝聚在鲜艳党旗下。

29

以建强组织体系为基础，实施"组织塑形"，筑牢战斗堡垒。

以提升队伍素质为根本，实施"雁阵工程"，夯实基层基础。

以构建善治体系为重点，实施"精耕细作"，提升治理水平。

以工作实绩为标尺，实施"铁军锻造"，提升发展动力。

30

提升基层创造力，唱响"爱党爱国爱家乡"好声音。

增强社会凝聚力，振奋"强国复兴有我"精气神。

激发群众向心力，彰显"勇当排头兵"新作为。

31

强化党建引领，组建一个团队，变"多条线"为"一股绳"。

凝聚治理力量，用活四支队伍，变"单一管"为"多元治"。

紧盯群众期盼，突出三个牵引，变"粗放型"为"精细化"。

32

一颗子激活一盘棋。

一个实体闯出一片天。

一台车服务一方百姓。

一路高歌唱响一个品牌。

33

抓"产业提质"，壮大了综合实力。

抓"项目提速"，厚植了发展潜力。

抓"招商提效"，增强了造血能力。

抓"平台提优"，迸发了创新活力。

抓"管理提升"，彰显了实干合力。

34

心贴心交流，解决"一层纸"问题。
送服务上门，解决"一厘米"问题。
急群众所急，解决"一分钟"问题。

35

以大白话讲清大道理。
以正气歌凝聚正能量。
以新办法占领新阵地。
以好队伍打造好作品。

36

坚持"一号挂帅"抓领导。
坚持"一马当先"抓拼搏。
坚持"一流标准"抓落实。

37

困难在一线解决。
矛盾在一线化解。
感情在一线联络。
能力在一线培养。
作风在一线磨炼。
工作在一线推进。
政策在一线宣传。

38

制定一套系统全面的方案。
编制一本内容精准的手册。
建立一支精干过硬的队伍。
搭建一个比学赶超的擂台。

打造一批坚强有力的组织。

增加一个细化量化的考评。

出台一套导向鲜明的标准。

39

全民总动员抓工作。

全域齐攻坚促发展。

全程不停歇补短板。

40

面向经济主战场，合力攻硬核。

链接产业链创新链，重塑供应链。

抢占产业竞争制高点，勇闯无人区。

41

大项目是产业之本，必须谋深做实。

大投资是发展之源，必须全心全力。

大保障是落地之要，必须做精做优。

42

顺势而为谋产业。

瞄准龙头抢项目。

扬优补短打基础。

真诚服务解难题。

八、心得体会

1

要守住根和魂，锤炼绝对忠诚的政治品格。

要带头闯和干，强化担当作为的使命责任。

要用足心和情，保持爱民为民的公仆本色。

要做到严和实，坚守清正廉洁的从政底线。

2

抓班子、带队伍，扛稳"第一责任"。（聚力提升能力，聚力建强班子，聚力队伍建设。）

抓发展、惠民生，推动"第一要务"。（强力实施脱贫攻坚，绘好高质量发展底色；强力实施项目建设攻坚，强化高质量发展支撑；强力实施全域康养攻坚，丰富高质量发展内涵。）

抓治理、保稳定，筑牢"第一防线"。（以自治聚合力，以德治树新风，以法治正民心。）

3

要统筹并联，不要排队串联。

要找准切入点做好大文章，不要胡子眉毛一把抓。

要"钉钉子"抓落实，不要"翻烧饼"瞎折腾。

要充满激情、增强动能，不要四平八稳、拖拖拉拉。

要借势发力、乘势而上，不要左顾右盼、不知所措。

要众人拾柴，不要单打独斗。

要善于比较、赶超先进，不要坐井观天、夜郎自大。

要典型引路、以点带面，不要泛泛动员、无序推进。

要一线工作、现场办公，不要遥控指挥、闭门造车。

要敢为人先、创新突破，不要循规守旧、按部就班。

要为成功想办法，不为失败找理由。

要领导带头、率先垂范，不要坐而论道、当甩手掌柜。

4

读懂党史，守住初心，不忘"来时路"。

学透党史，坚定信心，眺望"未来路"。

用好党史，淬炼匠心，走好"脚下路"。

5

提高政治能力，做对党绝对忠诚的发声者。
提升业务素养，做自身本领过硬的传播者。
加强作风建设，做正风肃纪反腐的引路人。

6

把稳思想之舵，做铸魂育人的实践者。
拓展创新平台，做铸魂育人的开拓者。
唱响主题基调，做铸魂育人的奋斗者。
管好宣传工作，做铸魂育人的守卫者。

7

要学习他们坚守初心、不辱使命的政治品格。
要学习他们勇于担当、爱岗敬业的优秀品质。
要学习他们严守纪律、清正廉洁的优良作风。
要学习他们人民至上、一心为民的公仆情怀。

8

从深浸骨髓的忠诚风骨中见"信仰之红"。
从砥砺奋进的不懈拼搏中见"斗争之红"。
从无我奋斗的躬身姿态中见"奉献之红"。

9

要坚定信念，加强职责感。
要掌握关键，实现新跨越。
要创新机制，探索新路径。

10

巡视工作要坚持政治巡视定位，在思想认识上"跟进"。
巡视工作要坚持实事求是原则，在工作作风上"跟进"。
巡视工作要坚持提高监督质量，在方式方法上"跟进"。

11

穿好思想建设之"线"，做不断学习的"勤务兵"。

拿稳集体经济之"针"，做增收致富的"领头羊"。

织好乡村治理之"布"，做为民服务的"大管家"。

12

强理论，明航向，当好事业发展的"舵手"。

乐奉献，真担当，当好事业发展的"划手"。

聚民心，强士气，当好事业发展的"鼓手"。

13

以学习促认知，筑牢信念根基。

以实践促实干，练就过硬本领。

以创新促发展，激励担当作为。

14

对标要求"真实干"，拒光说不练的"假把式"。

遇到挑战"抢着干"，拒不推不动的"等靠式"。

调研走访"弯腰干"，拒高高在上的"老爷式"。

15

坚决破除成长路上的"麻痹思想"拦路虎。

坚决破除成长路上的"厌战情绪"拦路虎。

坚决破除成长路上的"侥幸心理"拦路虎。

坚决破除成长路上的"松劲心态"拦路虎。

16

铆足"水滴石穿，绳锯木断"的"韧劲儿"，争做"滚石上山"的奋斗者。

铆足"不驰于空想，不骛于虚声"的"实劲儿"，争做"奋楫笃行"的实干者。

铆足"民之所盼，政之所向"的"真劲儿"，争做"万家灯火"的守望者。

17

保持"循序渐进"的学习态度，为能干事"赋能"。

保持"细致入微"的思想态度，为会干事"护航"。

保持"脚踏实地"的工作态度，为干成事"提速"。

18

要"知不足"，做勤奋好学的年轻干部。

要"不知足"，做超越自我的年轻干部。

要"能知足"，做知足常乐的年轻干部。

19

在学习中感悟信仰的力量，进一步坚定理想信念，做到对党负责。

在学习中感悟情怀的力量，进一步树牢宗旨意识，做到对群众负责。

在学习中感悟奋斗的力量，进一步擦亮育人初心，做到对事业负责。

20

坚持人民至上，要有"一枝一叶总关情"的情怀。

紧紧依靠群众，要有"政之所兴在顺民心"的境界。

不断造福人民，要有"大庇天下寒士俱欢颜"的理想。

牢牢植根人民，要有"当以激浊扬清"的精神。

21

坚持政治引领，增强政治自觉和思想自觉。

坚持守正创新，切实提升履职效能。

坚持人民至上，全面把握××工作职能。

22

坚持我所热爱，热爱我所坚持。

生逢伟大时代，身处灿烂时光。

怀揣满腔热血，手捧赤子之心。

23

坚定勇于担当的"事业心"。
践行为民服务的"初心"。
永葆对法纪的"敬畏心"。

24

坚定理想信念，做胸怀大局的先锋。
提高业务水平，做爱岗敬业的表率。
从严要求自己，做锐意进取的典范。

25

着眼宏伟蓝图愿景，开启干事创业新旅程。
立足基层民生福祉，绘就幸福底色新画卷。
致力法治政府建设，共谱基层治理协奏曲。
围绕法治宣传教育，谱写法治环境新篇章。

26

深刻领会蕴含其中的真理伟力，把握"万物得其本者生"的正确方向。
深刻领会蕴含其中的人民立场，践行"治国有常民为本"的初心使命。
深刻领会蕴含其中的廉政理念，保持"只留清气满乾坤"的优良作风。

27

以学为先，培养上接天线的意识。
全心为民，落实下接地气的行动。
创造业绩，树立践行正确政绩观。

28

要在学习贯彻精神中履行起"实干争先"新使命。
要在强基固本工程中彰显出"红色根脉"新担当。
要在模范机关建设中激发出"红色管家"新作为。

29

拓展教育培训途径，将能力建设牢牢抓住。
端正选人用人导向，让优秀人才脱颖而出。
创新考核评价机制，把"指挥棒"校准用好。
坚持激励约束并重，使严管厚爱成为常态。

30

弹好求是琴，在感知中建立干群情。
下好政策棋，在落子中彰显大格局。
练好学习书，在提笔中提升精气神。
绘好民生画，在画卷中描出点线面。

31

为信仰尽忠。
为人民尽心。
为事业尽责。

32

善当决策的助手，积极建言献策。
争当发展的能手，勇于开拓进取。
肯当群众的扶手，践行宗旨意识。
甘当事业的副手，正确看待名利。

33

总结发展新成就，让人倍增信心。
拓展理论新境界，让人倍感振奋。
开启圆梦新征程，让人备受鼓舞。
顺应群众新期待，让人倍添动力。
提出纪律新要求，让人倍加清醒。

九、汇报工作

1

树立职责意识，认真履行工作职责。

坚持从严治党，抓好干部队伍建设。

抓好工作创新，打造基层工作品牌。

落实工作经费，优先保障基层工作开展。

做好帮扶工作，进一步增强组织亲和力。

强化正风肃纪，营造良好的政治生态。

2

引路子，倡导向上的目标。

出点子，设计合理的途径。

压担子，提供良好的机遇。

3

学习是基础。

实干是根本。（以上率下干，坚定信心干，久久为功干。）

团结是保障。（要用人所长，要用心关爱，要鼓励激励。）

依靠群众是法宝。

4

狠抓"一个冲刺"，文化旅游加快融合发展。

狠抓"两个强攻"，经济发展后劲持续增强。

狠抓"三个提速"，县域发展格局更加优化。

狠抓"四个推进"，发展动力活力不断迸发。

5

聚焦"党建+共建"，构筑一核引领的组织体系。（夯实主阵地，当好先锋队，共筑朋友圈。）

聚焦"自转+公转"，健全多元参与的治理机制。（完善"三方协调"，深化"百姓议事"，推进"力量下沉"。）

聚焦"大脑+大妈"，优化社区服务的供给模式。（突出智慧化，突出标准化，突出品牌化。）

6

抓好一个关键。（突出乡镇特色，确定工作定位是乡镇发展的关键。）

坚持两个方法。（"白天说走干"，"晚上读写思"。）

破解三个难题。（破解工作标准定位难题，破解土地难题，破解资金难题。）

带好四支队伍。（带好班子队伍，带好机关干部，带好村级队伍，带好党员队伍。）

7

以质量效果为导向，强化滴灌式精准服务。（驻企管家蹲点帮办，专班团队专事专办，领导领衔难事包办。）

以企业提能为追求，强化定制式深度服务。（分层分类强梯队，聚焦聚力防风险，因时因势促转型。）

以系统观念为引领，强化闭环式全程服务。（建立问题汇集机制，建立问题交办机制，建立问题督考机制。）

8

分类组建，扩大××工作覆盖面。

整章建制，健全××工作机制。

政治激励，提升××工作活力。

加强协调，拓宽发挥作用途径。

9

用理想信念点亮青春。

用奋斗拼搏闪耀青春。

用品德修养守护青春。

10

贯通"一条路"搞活"一片海"，破困局解难题。
打好"一套拳"办好"一本证"，降成本减负担。
深化"一工程"建立"一机制"，助振兴保平安。

11

突出项目为王，一张蓝图干到底。
拼抢高端要素，打造强劲增长极。
铁腕整治提升，重塑空间促蝶变。

12

在组织安排上下实功。
在宣传发动上出实招。
在成果转化上求实效。

13

干在大局需要处，推动"沉睡资源"转为"活的资源"。
想到群众心坎里，推动"问题清单"转为"满意清单"。
坐到基层板凳上，推动"要我负责"转为"我能负责"。

14

聚焦战略落实。
聚焦环境优化。
聚焦政策供给。
聚焦项目攻坚。

15

下好形势研判先手棋，建立新机制。
当好改革开放攻坚队，拓展新空间。
打好市场开拓组合拳，全力保份额。
练好转型升级基本功，提升竞争力。

16

企业改革有诉求，就坚决改。

企业期待好生态，就真心抓。

企业成长有烦恼，就马上帮。

企业需要被赋能，就主动做。

17

担好政治之责，把握宣传工作主导权。

借好理论之势，奏响宣传工作主旋律。

建好文化之园，增强宣传工作影响力。

发好舆论之声，传播宣传工作正能量。

18

以"翻篇归零"的心态寻标对标，定位××强市目标。

以"赛跑赶超"的境界推进实施，突破××重点项目。

以"不忘初心"的理念综合施策，打造作风建设机制。

以"跳起摸高"的思维自我加压，加速民生项目建设。

19

坚持党建引领，塑造队伍美。

深化文明创建，构建全域美。

加快产业发展，增强内涵美。

推进乡村建设，夯实基础美。

20

坚持以规划为引领，高站位校准"导航仪"。

坚持以产业为核心，高质量打好"组合拳"。

坚持以市场为导向，高效率解决"销售难"。

坚持以人才为支撑，高水平当好"领头雁"。

21

做好定位文章，让创建工作"实"起来。

做好联动文章，让创建工作"响"起来。
做好融合文章，让创建工作"活"起来。

22

构建"最小单元"作战体系，筑牢防范一道墙。
完善"最小单元"作战功能，扎紧治理一张网。
用活"最小单元"作战理念，下好经济一盘棋。

23

优队伍，派强帮扶力量。
定制度，理顺工作机制。
抓培训，提升履职能力。
严管理，推动真抓实干。
强保障，激励担当作为。

24

坚持"聚"字当头，下好人才队伍建设"先手棋"。
坚持"育"字为先，下好人才队伍建设"关键棋"。
坚持"用"字着力，下好人才队伍建设"中盘棋"。
坚持"留"字托底，下好人才队伍建设"制胜棋"。

25

聚焦堵点痛点，找准×××问题症结。
聚焦问题症结，推进×××改革突破。
聚焦改革突破，提升×××变革能力。

26

实体前移，强化孵化基地"辐射"功能，把"巢"筑到××。
服务前移，强化优惠政策"引导"功能，把"凤"引入××。
赋能前移，强化创业主体"造血"功能，把"技"留在××。

27

聚焦"筑巢引凤"，持续优化创新生态。

聚焦"腾笼换鸟",不断彰显创新刚性。
聚焦"凤凰涅槃",全面释放创新动能。

28

稳进提质促发展,激活改革创新源动力。
精准发力抓统筹,厚植均衡协调新优势。
全心全意办实事,提升人民群众获得感。

29

不忘初心,筑牢信仰之基。
牢记使命,扛起服务之责。
奋发有为,当好参谋助手。
强化作风,锻造党办铁军。

30

坚持标准选好人。
强化培训育好人。
建立制度管好人。
立足实际用好人。

31

创新驱动,打造新引擎。
改革促动,激发新活力。
开放带动,拓展新空间。

十、上任表态

1

新的赶考路上,我将坚持政治挂帅,提升落实执行能力。

新的赶考路上，我将坚持担当尽责，锤炼埋头苦干作风。
新的赶考路上，我将坚持人民至上，恪守为民公仆情怀。
新的赶考路上，我将坚持团结协作，凝聚跨越追赶合力。
新的赶考路上，我将坚持廉洁从政，营造干净干事氛围。

2

做坚定政治方向的先锋队，提高站位、向党看齐。
做奔跑发展大道的攻坚队，跨步向前、奋勇争先。
做践行群众路线的施工队，脚踏实地、举步留印。

3

旗帜鲜明讲政治，做到绝对忠诚。
咬定目标不放松，当好××发展的龙头。
坚守为民情怀，不断增进人民福祉。
崇尚实干实绩，营造干事创业浓厚氛围。
从严管党治党，保持清正廉洁政治本色。

4

恪守忠诚之心。
保持奋进之心。
厚植为民之心。
坚守法治之心。
常怀敬畏之心。

5

自觉把干事创业作为我们的核心价值。
必须把理想追求作为我们的前进动力。
自觉把抢抓机遇作为我们的精神准备。
自觉把职业精神作为我们的基本建设。
必须把制度创新作为我们的发展支点。
自觉把勇于负责作为我们的道德品质。
自觉把善于思考作为我们的修炼要素。
自觉把团结协调作为我们的催化试剂。

6

以为民情怀抓实学史力行，大力弘扬伟大建党精神。

以强烈担当推动高质量发展，落实××战略定位和使命任务。

以严明纪律做好换届工作，认真贯彻新时代党的组织路线。

7

秉持"风雨不动安如山"的政治定力，对标对表做到"紧跟看齐"。

坚持"咬定青山不放松"的实干作风，高质高效推动经济发展。

保持"一枝一叶总关情"的赤诚情怀，用情用力增进民生福祉。

守持"官清赢得梦魂安"的价值追求，从严从实筑牢清廉底线。

8

高举旗帜、感恩奋进，全力交出忠诚可靠的"政治答卷"。

实干担当、勇争一流，全力交出创新转型的"发展答卷"。

初心如磐、一心为民，全力交出温暖厚重的"民生答卷"。

依法行政、接受监督，全力交出规范高效的"法治答卷"。

修身律己、干净干事，全力交出风清气正的"廉洁答卷"。

9

始终牢记重托、担当作为，奋力推动高质量发展行稳致远。

始终不忘初心、造福人民，不断实现人民对美好生活的向往。

始终忠于宪法、依法行政，全面推进法治建设。

始终严于律己、清正廉洁，永葆共产党人政治本色。

10

以为民作为宗旨。

以诚信作为品牌。

以效率作为生命。

以勤政作为基石。

以严格作为标准。

以认真作为灵魂。

以学习作为动力。

以清廉作为表率。
以务实作为根本。

11

筑牢思想之堰，初心不改、笃行不怠。
筑高发展之堰，择高而立、向上而行。
筑实民生之堰，重心下沉、固本强基。
筑稳廉洁之堰，防微杜渐、常修不止。

12

讲政治、顾大局，做绝对忠诚的表率。
讲责任、担使命，做实干担当的表率。
讲情怀、践初心，做勤政为民的表率。
讲原则、重品行，做公道正派的表率。
讲团结、聚合力，做精诚合作的表率。
讲纪律、守规矩，做清正廉洁的表率。

13

永葆忠诚之心，旗帜鲜明讲政治。
永葆进取之心，勇立潮头谋发展。
永葆为民之心，全力以赴惠民生。
永葆敬畏之心，以身作则守底线。

14

坚持政治为先，一腔忠诚守初心。
坚持发展为要，一往无前勇担当。
坚持民生为本，一心一意为人民。
坚持廉洁为基，一身正气树形象。

15

做忠诚可靠的老实人。
做善谋行远的实干者。

做心系群众的勤务员。

做一身正气的清白官。

16

坚定信念，把使命责任牢牢扛在肩上。

厘清思路，把发展蓝图绘在青山绿水间。

凝心聚力，把全部力量放在脱贫攻坚最前沿。

17

始终牢记缘何出发信仰，以坚如磐石的信念，守初心、担使命，做到"风雨不动安如山"。

坚决扛起高质量发展大旗，以开拓进取的精神，谋发展、破难题，做到"不兴伪事兴务实"。

时刻秉持勤政为民宗旨，以为民造福的情怀，办实事、惠民生，做到"以百姓之心为心"。

全面营造风清气正生态，以包容坦荡的胸襟，讲团结、聚合力，做到"众人拾柴火焰高"。

处处严守纪律规矩红线，以从严从实的作风，作表率、带队伍，做到"目不眩于五色之惑"。

18

坚决扛起守护绿水青山这一责任。

紧紧抓牢做大金山银山这一要务。

始终坚守推动共同富裕这一追求。

19

坚持把"讲政治"作为第一要求，以绝对忠诚之心恪守为政之德。

坚持把"抓发展"作为第一要务，以奋发进取之心厚植兴邦之势。

坚持把"惠民生"作为第一追求，以枝叶关情之心增进民生之福。

坚持把"重法治"作为第一标准，以尊崇敬畏之心夯实治理之基。

坚持把"严自律"作为第一信条，以清正廉洁之心铸牢立身之本。

20

加强政治建设，把政治能力作为工作的首要能力。

牢记人民至上，把为民造福作为工作的最大政绩。

恪守法治精神，把依法行政作为工作的基本准则。

锐意改革创新，把求真务实作为工作的共同取向。

压实主体责任，把廉洁从政作为工作的最重要底线。

21

强化政策理论学习，提高综合素质。

抓好党委班子建设，管好干部队伍。

围绕经济发展大局，实现创新强省。

牢固树立政治意识，自觉接受监督。

严格落实第一责任，加强廉洁自律。

22

以坚如磐石的信念，坚定不移讲政治。

以时不待我的精神，开拓进取勇担当。

以包容坦荡的胸怀，精诚团结聚合力。

以从严从实的作风，清正廉洁作表率。

23

在思想上求"新"。

在工作上求"实"。

在作风上求"严"。

在廉洁上求"律"。

24

增强"想干事"的自觉，把"使命担当"扛在肩上。

锤炼"能干事"的本领，把"充电提能"当成常态。

创造"干成事"的实绩，把"实干担当"作为追求。

25

坚定信念，永葆绝对忠诚的政治品格。

践行宗旨，永葆为民服务的赤子情怀。

拼搏奉献，永葆干事创业的奋斗姿态。

廉洁奉公，永葆勤政廉政的公仆本色。

26

始终保持忠诚之心，旗帜鲜明讲政治。

始终保持进取之心，凝心聚力谋发展。

始终保持为民之心，坚持不懈惠民生。

始终保持敬畏之心，清正廉洁守底线。

27

少烧三把火，多上三把锁。（"新官上任三把火"改为"新官上任三把锁"：政治上跟党走、经济上莫伸手、作风上不丢丑。）

少提空口号，多干实在事。

少讲给我冲，多喊跟我干。

少求面上光，多务民生实。

少些小格局，多点大胸怀。

少做任性事，多怀敬畏心。

28

始终坚持对标对表。

始终坚持知重负重。

始终坚持创新创造。

始终坚持从严从实。

29

始终以"咬定青山不放松"的信念，坚定不移把准政治方向。

始终以"生态兴则文明兴"的眼界，坚定不移抓好治理工作。

始终以"不用扬鞭自奋蹄"的担当，坚定不移推动民生实事。

始终以"众人拾柴火焰高"的觉悟，坚定不移增进班子团结。

始终以"不畏浮云遮望眼"的心境，坚定不移加强学习调研。

30

夯实思想之基，把稳政治方向。
加强自身学习，提升履职能力。
适应角色转变，找准工作定位。
坚持严以自律，做到廉洁从政。

31

固本培元，切实加强思政建设。
以身作则，切实加强班子建设。
忠于职守，切实做到秉公执法。
勤奋工作，切实带出"铁军"队伍。
廉洁自律，切实保持奋发状态。

32

以坚如磐石的信念，守初心、担使命。
以开拓进取的精神，谋发展、破难题。
以为民造福的情怀，办实事、惠民生。
以包容坦荡的胸襟，讲团结、聚合力。
以从严从实的作风，作表率、带队伍。

33

上下同欲抓发展。
点面结合抓改革。
内外兼修抓环境。

34

坚守爱民境界，全心全意为人民服务。
追求无我境界，坚定意志服务大局。
恪守廉洁境界，自觉践行从政道德。

35

切实增强创新意识，激情干事。
切实增强责任意识，勤勉干事。
切实增强落实意识，踏实干事。

36

把心思集中在"真干事"上。
把本领用在"多干事"上。
把目标放在"干成事"上。

37

在实干中攻坚克难。
在苦干中磨炼意志。
在善干中多出成果。
在巧干中实现突破。

38

坚持不忘初心，满怀激情干事。
坚定发展信心，带头务实干事。
坚决维护核心，带头团结干事。
坚守一颗丹心，带头清廉干事。

39

努力成为善于统揽全局和把握大势的"明白人"。
努力成为注重苦干加巧干的"有心人"。
努力成为能够举一反三、触类旁通的"开窍人"。

40

永葆忠心，答好看齐追随的政治卷。
永葆真心，答好为民服务的民生卷。
永葆恒心，答好奋勇前行的责任卷。
永葆匠心，答好追求一流的专业卷。

永葆静心，答好立身固本的政德卷。
永葆戒心，答好干净干事的廉政卷。

41

我将会虚心、同心、全心。
我将会踏实、务实、诚实。
我将会想事、干事、成事。
我将会公正，勤政，廉政。

42

始终把忠诚铸入灵魂，坚守为政之道。
始终把责任扛在肩上，提升发展之势。
始终把人民铭记心中，增进民生之利。
始终把清廉融入血脉，筑牢立身之本。

十一、离任演讲

1

这份牵挂，是满怀的期待。
这份牵挂，是深深的眷恋。
这份牵挂，是不变的承诺。

2

有收获在望的喜悦。
有难以弥补的遗憾。
有依依不舍的牵挂。
有满怀深情的寄托。

3

有一种幸福叫奋斗。回首××，×年风雨同行路，披荆斩棘、问心无愧。
有一种热爱叫融入。离别××，情深他乡即故乡，满心不舍、些许遗憾。
有一种牵挂叫守望。展望××，砥砺奋进新征程，未来可期、信心满满。

4

情深他乡即故乡，离开××尽是不舍、尽是眷恋。
×年风雨同行路，回首××几多收获、几多遗憾。
乘风破浪终有时，展望××满怀信心、满怀希望。

5

永远难忘的，是这方灵动秀美、底蕴深厚的热土。
永远难忘的，是重情重义、可亲可敬的××人民。
永远难忘的，是敢打敢拼、善作善成的××干部。
永远难忘的，是昼夜兼程、风雨无阻的奋斗岁月。

6

几年来，我们倾心倾力谋划发展，努力在顺势而为中抢抓重大机遇。
几年来，我们倾心倾力推动发展，努力在真抓实干中集聚奋进动能。
几年来，我们倾心倾力共享发展，努力在补短强弱中增进百姓福祉。
几年来，我们倾心倾力保障发展，努力在协作共事中昂扬奋斗激情。

7

今生有幸有缘来××，我满怀感恩感谢。
今生无怨无悔为××，我深感安慰欣慰。
今生难舍难忘念××，我诚挚祝愿祝福。

8

回顾×年奋斗历程，最弥足珍贵的是这里沧桑巨变的生动局面。
回顾×年奋斗历程，最令人珍惜的是这段激情燃烧的美好时光。
回顾×年奋斗历程，最值得珍藏的是这份同甘共苦的深厚情谊。

9

此时此刻，难离别的是这份同志情。
此时此刻，难报答的是这份百姓情。
此时此刻，难割舍的是这份故乡情。

10

难忘××这×年，一切实践和探索，都是最无悔的追求。
难忘××这×年，一切努力和拼搏，都是最生动的实践。
难忘××这×年，一切信任和包容，都是最深切的感动。

11

我最想说，有一种热爱叫融入。
我最想说，有一种牵挂叫守望。
我最想说，有一种幸福叫奋斗。
我最想说，有一种温暖叫情谊。

12

此时此刻，我怀着无限的感动与感恩！
此时此刻，我怀着无比的欣喜与欣慰！
此时此刻，我怀着无尽的留恋与眷恋！
此时此刻，我怀着无边的祝福与祝愿！

13

有一种感慨叫不容易。
有一种见证叫不平凡。
有一种追忆叫不舍得。

14

这座城市"奋发赶超"的发展基因深深融入我的血脉里。
这里的人民"宽厚包容"的淳朴品质深深融入我的血脉里。
这里的干部"实干担当"的奋斗精神深深融入我的血脉里。

15

之所以难舍，是因为这里有我的成长足迹。

之所以难舍，是因为这里有我的精神家园。

之所以难舍，是因为这里有我的美好记忆。

16

首先我想说的是——过往种种，难忘故土情深，对于××，我不说再见。

其次我想说的是——前路漫漫，正待披荆斩棘，因为××，我不惧风雨。

我更加想说的是——离愁切切，感恩一路相伴，心系××，我不忘来路。

17

留下了深情厚意。（感激四套班子成员的大力支持，感激基层组织的努力工作，感激人民群众的充分理解，感激同志们的宽容和体谅。）

留下了历史记忆。

留下了期待和祝愿。（祝愿经济更快发展，祝愿社会和谐安康，祝愿班子更加团结。）

18

回首这段岁月，我深感欣慰的是……

回首这段岁月，我深受感动的是……

回首这段岁月，我深觉内疚的是……

19

时间的意义，不在于亘古久远，而在于只争朝夕、撸起袖子加油干的执着与坚守。

时间的意义，不在于厚积薄发，而在于不负韶华、一天当成两天干的激情与担当。

时间的意义，不在于朝朝暮暮，而在于志同道合、握指成拳合力干的情结与情怀。

20

难以忘怀与同志们一道推动重大国家战略落地落实。

难以忘怀与同志们一道推动高质量发展。

难以忘怀与同志们一道努力增进民生福祉。

难以忘怀与同志们一道在敢于斗争、善于斗争中应对风险挑战，在乘风破浪行船中育先机、开新局。

21

最为难忘的历程是奋斗。
最道不尽的话语是感谢。
最想表达的心愿是祝福。

22

坚决服从组织决定，听从组织安排。
衷心感谢××人民对我的支持鼓励、对我的谅解和宽容。
感谢××，让我的人生因此而丰富多彩。

23

永难忘，领导的信任、上级的关怀。
永难忘，班子的坚强团结、同事的勠力同心。
永难忘，各部门的守土尽责、各单位的鼎力相助。
永难忘，职工的顽强拼搏、同志的理解支持。

24

第一句话是怀念。
第二句话是感谢。
第三句话是祝愿。
第四句话是希望。

25

感激的是，发展的每一次进步和跨越，得益于大家同舟共济，得益于各位老领导、老同志的悉心指导，得益于干部群众的充分信任。
感动的是，同志们的勤勉作为、担当尽责、攻坚克难，我们迎来了一个又一个收获的喜悦。
遗憾的是，有的工作与标准要求有差距，与人民群众期盼有差距。
内疚的是，自己还有许多不足，我诚恳地向大家表示深深的歉意、深深的谢意、深深的敬意！

26

我们青山一道、共担风雨，在拼搏奋斗中感受幸福。

我们同甘共苦、相濡以沫，在朝夕相处中建立友谊。

我们虽说再见、还会重逢，在眷恋不舍中满怀牵挂。

27

第一句话，船总是要停靠码头的。今天站在码头上，回顾这几年走过的路，我和同志们干成了几件有滋有味的事情，度过了一段可圈可点的岁月。在这里，我对同志们这些年给予我的帮助关怀和支持，表示衷心的感谢！

第二句话，今天站在码头上，反思这些年，我们办成了一些事情，有些事情还在过程中，有的事也可能会留下一些遗憾，对此，我向同志们表示深深的歉意！

第三句话，今天站在码头上，展望未来，我对××的明天充满信心。

十二、述职报告

1

以德正身，提升境界修养。

以能强身，增强实战本领。

以勤修身，提高工作水平。

以绩立身，力求工作实效。

以廉律身，保持公仆本色。

2

狠抓学习强素质，自身综合能力不断提高。

紧扣大局抓重点，整体工作水平有效提升。

强化管理树形象，干部队伍建设得到加强。

廉洁自律做表率，党风廉政建设深入开展。

3

在思想建设中提神、提能。

在作风建设中提劲、提速。
在制度建设中提质、提效。

4

注重理论学习，努力紧跟新思想。
注重提能强质，努力融入新时代。
注重履职尽责，努力挖掘新实践。
注重守正创新，努力推进新发展。
注重遵规守纪，努力甘于新常态。
深刻领悟初心使命，夯实信念之基。
深入践行初心使命，扛实主业之责。
始终坚守初心使命，绷紧纪律之弦。

5

知行合一拧紧责任链条。
学做结合夯实基层堡垒。
围绕中心抓实党建引领。
严管厚爱强化激励保障。

6

盘点工作"较准、较实、较好"。
反思不足"不细、不全、不快"。
体会感悟"用心、用力、用情"。

7

推动发展勇担当，冲锋在前不退缩。
统筹兼顾抓谋划，聚焦主业不含糊。
严把三关抓航向，行稳致远不走样。
实心实政抓落实，担当作为不懈怠。
夯实基础抓保障，提升效能不知足。
引才育才抓服务，强化支撑不停步。
头雁引领抓关键，以上率下不放松。

8

强化履职尽责，在强责任固根基上下功夫。

加强队伍建设，在强素质提能力上下功夫。

夯实基层基础，在抓重点攻难点上下功夫。

注重载体创新，在搭平台促服务上下功夫。

9

在"固本铸魂、看齐追随"上用力。

在"敬畏法度、严守规矩"上用力。

在"主动尽责、担当干事"上用力。

在"严格自律、树好形象"上用力。

10

努力把"学习"作为提升素质、推动工作的助力点。

始终把"责任"作为履行使命、完成任务的出发点。

自觉把"廉洁"作为修身养性、洁身自律的定位点。

11

努力学习，做内涵人。

政治坚定，做明白人。

勤奋实干，做带头人。

廉洁自律，做清白人。

12

以服务大局为己任，扎实提高自身素质。

以综合执法为契机，着力推进各项工作。

以加强党性修养为导向，不断强化宗旨意识。

以加强作风建设为基础，提高廉洁从政意识。

13

抓宣传教育，思想认识到位。

抓组织领导，责任分解到位。

抓检查考核，监督追究到位。
抓重点工作，措施落实到位。

14

深化理论武装，思想政治根基进一步夯实。
推进事业发展，办学综合实力进一步增强。
夯实基层基础，校园基础建设进一步巩固。
加强作风建设，廉洁自律防线进一步筑牢。

15

立好学之德、求善学之法、思用学之能，努力提高政治素养。
行务实之风、谋创新之道、重实干之才，不断提升履职能力。
修为政之德、思贪欲之害、怀律己之心，切实树立勤廉形象。

16

念好"强"字诀，以班子建设为核心，全面提升科学决策和驾驭能力。
念好"严"字诀，以队伍建设为关键，全面提高执行力和战斗力。
念好"新"字诀，以创新发展为动力，各项工作齐头并进全面开花。

17

勤奋学习、努力实践，加强自身能力素质建设。
率先垂范、服务大局，抓好党委班子履职建设。
统筹兼顾、聚焦主业，推进整体工作全面进步。
慎独慎行、如履薄冰，提升党风廉政建设水平。

18

聚焦主责主业，在提升组织工作质效上实现新突破。
围绕发展大局，在助推深化创新发展上取得新成绩。
加强自身建设，在树优干部队伍形象上展现新作为。

19

聚焦和谐团结抓班子，凝聚前行合力。

聚焦从严治党带队伍，做到全面过硬。
聚焦主责主业促发展，加快转型升级。
聚焦问题不足抓整改，净化政治生态。

20

坚持学习，提高自身素质。
开拓创新，厘清工作思路。
求真务实，开创工作局面。
加强建设，树立一流形象。

21

坚定政治立场，切实做到对党绝对忠诚。
坚守书记职责，全力推进管党治党。
坚决反腐倡廉，全力打造清廉城市。
坚持严于律己，坚决遵守纪律准则。

22

勤学笃思，秉持书山有路勤为径的精神，在学思践悟中开创新局面。
不忘初心，秉持同舟共济扬帆起的理念，在履职尽责中展现新作为。
严管厚爱，秉持绝知此事要躬行的决心，在踔厉奋发中展现新形象。
严于律己，秉持濯清涟而不妖的态度，在笃行实干中营造新气象。

23

加强政治建设，把好方向大局。
突出发展要务，狠抓项目建设。
发扬斗争精神，勇于攻坚克难。
践行为民宗旨，着力改善民生。
坚守主业主责，从严管党治党。

24

不忘初心、牢记使命，理论素养不断提升。
头脑清醒、措施得力，专项工作成效明显。

务实重干、锐意进取，分管工作扎实推进。
严守规矩、筑牢底线，律己从严树好形象。

25

坚持围绕中心、服务大局，参谋助手作用有效发挥。
坚持严谨细致、精益求精，服务质量得到不断提升。
坚持统筹兼顾、扎实推进，各项工作取得明显突破。
坚持担当实干、廉洁自律，自身建设水平明显提升。
坚持学法用法、综合治理，依法办事能力不断增强。

26

坚持以德为先，加强理论武装。
坚持提能强质，提升综合素质。
坚持实干重行，力行履职尽责。
坚持守正创新，务求实绩实效。
坚持清正廉洁，不越纪律红线。

27

对工作保持进取心。
对名利保持平常心。
对权力保持敬畏心。

28

知责明责担责，切实把主体责任扛在肩上。
主抓主管主推，切实把主体责任抓在手上。
用心用情用脑，切实把主体责任刻在心上。
落实落细落小，切实把主体责任落到实处。

29

彰显"自然美"，让思想"靓"起来。（强抓学习"铸魂"，善抓处方"补钙"，狠抓作风"塑型"，常抓业绩"美颜"。）
塑造"个性美"，让特色"显"出来。（落实一个"严"字，瞄准一个"快"

字，念好一个"思"字，把握一个"实"字。）

关注"残缺美"，把问题"摆"出来。（学习还不够深入，基础还不够扎实。）

30

坚守"学海无涯苦作舟"的求知精神，把××工作干好。

坚守"三更灯火五更鸡"的吃苦精神，把××工作干出色。

坚守"不患位之不尊，而患德之不崇"的品行修养，把××工作干圆满。

31

学习+思考，在学习中提升"领悟力"。

踏实+认真，在工作中享受"获得感"。

实践+感悟，在历练中实现"快成长"。

32

紧扣意识形态，筑理想信念之基。（向上生长，学深悟透新思想；向下扎根，立言立行真信念。）

严守法律底线，立学法守法之魂。（学法铭于心，树立正确三观；守法践于行，恪守法律底线。）

发扬勤廉作风，固干净担当之本。

33

以学立身，始终坚持学以致用抓理论。（坚持学理论，提高政治素养；坚持学业务，增强服务本领；坚持学法规，提升综合素养。）

以干为要，始终坚持求真务实勤工作。（超前谋划精心部署，突出重点强化宣传，扎实履行"一岗双责"。）

以廉生威，始终坚持严格自律树正气。（始终坚持严于律己，提升境界；始终坚持以身作则，从严监督；始终坚持树立形象，当好表率。）

34

以思想教育为抓手，为事业发展深化政治引领。（把牢政治方向，强化理论武装，统一干群思想。）

以强基提质为根本，为事业发展夯实组织基础。（落实党建工作责任，加强基层组织建设，完善党建工作制度。）

以队伍建设为重点，为事业发展提供过硬支撑。（加强干部人才队伍建设，加强党员队伍建设，加强外聘队伍建设。）

以正风肃纪为保障，为事业发展营造健康环境。（落实党风廉政工作责任，加强纪检监察队伍建设，加强党员干部作风建设。）

35

勤于学，提高履职能力。（主动带头学，带领班子学，督促干部学。）

敏于思，找准发展跑道。（以×××统领全局，以接轨×××精准突破，以×××崛起凝聚合力。）

融于心，带好铁军团队。（落实从严治党责任，营造团结实干氛围，把握正确用人导向。）

严于己，始终干净做事。（坚守道德高线，严守纪律红线，架好法治高压线。）

躬于行，抓好工作落实。（以"创新"加速动能转换，以"整治"改善环境生态，以"改革"谋求民生红利。）

36

深学理论、提高站位，以"不积跬步无以至千里"的韧劲夯实思想基础。（抓实"重点"学，化解"难点"学，创新"亮点"学。）

勤思善勉、担当责任，以"一勤天下无难事"的干劲勇于担当职责使命。（牢记责任在于忠诚，牢记责任在于为民，牢记责任在于奉献。）

清正廉洁、干净干事，以"博观而约取，厚积而薄发"的韧劲做好后续工作。（自觉接受干部群众的监督，自觉遵守改进作风的相关规定，在工作和生活上严格要求自己。）

37

围绕切实履行好政研工作职能，在努力完成文稿、信息、调研、办刊工作任务上体现新作为。

围绕加强机关效能建设，在全力支持、主动参与中心工作上展示新形象。

围绕加强思想政治建设和党风廉政建设，在加快培养一支提笔能写、遇事能办、张口能讲的复合型高素质办公室人才队伍上实现新面貌。

38

狠抓"五个到位",确保主责压紧压实。(抓思想认识到位,抓责任落实到位,抓制度建设到位,抓自查自纠到位,抓宣传引导到位。)

突出"五个加强",确保履责见真见效。(加强示范引领,加强资金投入,加强日常监督,加强从严治党,加强查处力度。)

围绕"五项工作",确保督责到边到角。(压实主体责任,突出问题整改,加大问责力度,转变工作作风,支持纪检工作。)

39

把准脉搏,提出切合××实际的发展思路。
总揽全局,狠抓事关××发展的重点工作。
发扬民主,形成团结拼抢的良好氛围。
以身作则,树立勤政廉政的良好形象。

40

加强学习,立德树人,提高道德修养。
注重实践,强化锻炼,增强工作本领。
认真履职,提高效率,开创优秀业绩。
爱岗敬业,踏实工作,树立良好形象。
改进作风,严于律己,永葆党员本色。

41

强化理想信念,始终以党的创新理论武装头脑,不断加强党性修养。
强化能力锻炼,始终加强专业学习和经验积累,不断增强处事本领。
强化履职尽责,始终以良好精神状态努力工作,不断提高工作业绩。
强化遵章守纪,始终以党员标准严格要求自己,不断筑牢廉洁防线。

42

勤学常思,打牢了适应本职的理论功底。
恪守职责,强化了落实政治工作的质量。
谋事成事,提高了统班子带队伍的能力。
严谨认真,树立了个人求真务实的形象。

43

始终把学习作为增强本领的永恒追求，常抓不懈。

始终把落实作为推动发展的根本途径，攻坚克难。

始终把廉洁作为从政为民的底线要求，率先垂范。

44

立足"高点"：凝聚共识，明确方向。（强化战略引领，促进决策咨询，深入调查研究。）

打通"堵点"：督办有力，落实到位。（做好下情上达，抓好督办落实，加强统筹协调。）

消除"盲点"：严格要求，细致服务。（细化服务工作，落实应急值守，深化内部管理。）

45

常念"紧箍咒"，规矩意识入脑入心。（始终做到思想同心，始终做到目标同向，始终做到行动同步。）

勤打"组合拳"，主体责任落细落小。（以刚性制度促廉政，以实干作风促廉政，以坦诚态度促廉政。）

密织"隔离带"，清廉从政抓紧抓实。（坚守底线，远离红线，筑牢防线。）

十三、年度总结

1

重估城市价值，在富集要素中创新裂变。

聚焦产业振兴，在区域发展中进位赶超。

坚持生态优先，在美丽蝶变中领跑领先。

构建新发展格局，在开放融合中厚植优势。

加快数字变革，在整体智治中提升效能。

推动共同富裕，在共建共享中增进福祉。

2

持续发力，项目投资稳步推进。
聚力攻坚，生产经营稳中有进。
模式改革，品牌调整初见成效。
创新引领，自主研发实现突破。
经营有道，板块发展齐头并进。

3

加强队伍建设，提高执法效能。
优化治理模式，落实便民措施。
完善执法机制，强化执法保障。
狠抓制度落实，规范执法行为。
严格执法监督，提高执法水平。
加强普法宣传，营造法治氛围。

4

提升产业，经济转型在融合创新驱动中行稳致远。
丰富载体，城乡面貌在统筹协调发展中展露新颜。
精准施策，重点工作在化解风险挑战中纵深推进。
攻坚克难，经济活力在深化改革开放中加速释放。
聚力民生，生活水平在补短板强弱项中持续提高。
简政放权，行政效能在抓落实转作风中不断提升。

5

我们始终做到对党忠诚、实事求是，用行动抒写了"诚实"的品格。
我们始终做到不忘初心、牢记使命，用业绩践行了"守信"的承诺。
我们始终做到同舟共济、和谐奋进，用坦诚营造了"团结"的氛围。
我们始终做到殚精竭虑、全力以赴，用勇气镌刻了"拼搏"的丰碑。

6

坚持服务中心工作，持续保障经济社会的安全稳定。
聚焦法律监督主业，持续维护法治环境的公平公正。

深化司法体制改革，持续促进检察工作的高质发展。
夯实检察发展根基，持续提高检察队伍的建设水平。

7

开局之年，我们加强顶层设计，迈出铿锵步伐。
改革之年，我们勇于破旧立新，取得阶段成果。
创新之年，我们深化提质增效，加强核心能力。
荣耀之年，我们满载厚望重托，展示良好形象。

8

上级精神在深入贯彻中开花结果。
深化改革在把关定向中取得突破。
人才保障在系统谋划中更加有力。
党建工作在强基固本中不断加强。
思想文化在宣传引领中凝心聚力。
廉政建设在正风肃纪中持续推进。
和谐稳定在综合治理中持续巩固。

9

提升领导力，高举旗帜领航发展方向。
提升学习力，思想铸魂展现崭新形象。
提升引领力，融合发展打开发展新局。
提升战斗力，选优配强彰显时代担当。
提升组织力，砥砺成锋强化全域党建。
提升监督力，久久为功净化内部生态。
提升凝聚力，以人为本融汇发展合力。

10

思想政治建设更加坚定。
党风廉政建设更加深入。
干部队伍建设成效明显。
精神文明创建不断深化。

企业发展环境稳定和谐。

群团组织作用充分发挥。

11

我们在加强党的领导中引领发展。

我们在市场经营搏击中舍我其谁。

我们在企业改革浪潮中勇于奉献。

我们在提高发展质量中创新求变。

我们在投身基础建设中展示风采。

我们在文化品牌强企中守正创新。

12

把党的政治建设摆在首位，党建引领力不断提升。

让党的基础建设夯实融合，党组织战斗力作用明显。

抓党的队伍建设精准有力，党员干部向心力助推实效。

党的宣传思想工作多措并举，广大职工凝聚力不断增强。

党风廉政建设工作持续深入，从严管党治党约束力不断深化。

13

把方向管大局，充分发挥组织领导作用。

守底线筑防线，全力防范化解重大风险。

抓重点解难点，稳步推进企业脱困发展。

抓基层打基础，持续提高企业工作水平。

惠民生促和谐，广泛凝聚实干奋斗合力。

14

坚持重引领、夯基础，党的建设全面加强。

坚持树理想、强修养，立德树人成效显著。

坚持重内涵、铸品牌，人才建设走在前列。

坚持搭平台、促合作，产教融合频现亮点。

坚持深改革、强创新，内生动力全面激发。

15

坚定方向不偏离，政治建设更加牢固。
理论武装不松懈，思想建设更加深入。
履职尽责不马虎，组织建设更加有力。
从严从实不虚浮，作风建设更加扎实。
监督治理不手软，纪律建设更加严明。

16

企业改革发展成效突出。
教育培训工作扎实开展。
综合治理水平逐步提升。
三基建设质量持续提高。
和谐企业建设有声有色。

17

把方向、明思路，党的领导不断强化。
强引领、勇担当，班子建设再上高度。
守初心、重教育，思想建设常抓不懈。
抓基层、强基础，组织建设全面加强。
扬新风、聚合力，宣传文化有声有色。
强监督、重惩防，政治生态风清气正。
搭桥梁、暖人心，群团建设同频共振。

18

坚持"引"为先，理想信念更加坚定。
坚持"融"为重，融合途径更加具体。
坚持"人"为本，队伍建设更加有力。
坚持"实"为要，独特优势更加凸显。

19

科学引领，企业发展实现新跨越。
创新驱动，队伍建设呈现新面貌。

夯实基础，组织建设呈现新局面。

作风保障，作风建设呈现新气象。

载体多样，品牌形象实现新提升。

以人为本，发展成果实现新突破。

20

紧扣绿色生产，交出产业发展优秀答卷。

狠抓项目质效，交出扩大内需优秀答卷。

融入开放战略，交出畅通循环优秀答卷。

坚持示范引领，交出生态文明优秀答卷。

突出数字赋能，交出深化改革优秀答卷。

优化空间格局，交出城乡发展优秀答卷。

统筹安全发展，交出平安建设优秀答卷。

增进百姓福祉，交出民生改善优秀答卷。

建设现代政府，交出自身建设优秀答卷。

21

始终坚持"人民至上"的价值追求。（要加升为民解忧、为民尽责的温度，要加大为民谋利、为民造福的浓度，要加强由民评判、与民共享的准度。）

充分彰显"民生为大"的责任担当。（要悉心察民情，要真心听民声，要用心纾民困。）

自觉投身"为民办事"的生动实践。（要尽力"富民"增福祉，要全力"顺民"优服务，要倾力"厚民"强保障。）

22

抓党建、转作风、塑形象，干部队伍呈现新面貌。

抓招商、引项目、调结构，产业发展迈上新台阶。

抓改革、促创新、谋长远，区域发展注入新活力。

抓服务、提效能、促发展，营商环境实现新提升。

抓收支、补短板、强保障，民生福祉得到新改善。

23

把牢为党育人根本任务，引导青年强根铸魂。

紧扣服务大局工作主线，引领青年建功创业。
聚焦促进青年健康成长，关切青少年现实诉求。
坚持服务青年职责担当，发挥桥梁纽带作用。
坚持鲜明抓基层导向，强化全面从严治团。

24

坚持党建引领、提质强能，顺利跑好改革转隶"第一棒"。
坚持实战实训、转型升级，彰显国家队主力军"硬招牌"。
坚持压实责任、精准防控，牢牢稳住火灾防控"基本盘"。
坚持强基固本、暖心励队，满满蓄足保障服务"内动力"。

25

思政教育凝聚奋进力量，政治机关本色鲜明。
安全治理格局更加夯实，长治久安可期可及。
工作创新成果持续涌现，担当作为广受认可。
综合保障效能显著提升，内生动力更加澎湃。

26

贯彻落实新发展理念，保障经济社会高质量发展。
充分履行司法职能，维护社会公平正义。
积极推进司法改革，促进司法公正高效。
深入践行为民宗旨，积极回应群众诉求。
坚决筑牢政治忠诚，着力打造过硬队伍。
自觉主动接受监督，不断改进服务工作。

27

狠抓风险管控，安全管理展现新作为。
强化基础管理，生产经营取得新突破。
秉承需求导向，创新创效翻开新篇章。
推进重点工程，企业发展再添新动能。
深入整合挖掘，队伍建设取得新进展。
推进深度融合，党建质量再上新台阶。

28

聚焦理论学习，深化青少年思想政治引领。
聚焦组织基础，夯实基层团建队伍力量。
聚焦发展难题，助力青年成长成才。
聚焦社会治理，服务党政中心大局。

29

这一年，我们以笔为戒不自言。
这一年，我们连战连捷不赘言。
这一年，我们谨小慎微不多言。
这一年，我们统筹协调不寡言。

30

回顾过去，既有成绩，也有问题。
立足当前，虽有压力，却有机遇。
展望未来，很有动力，更有信心。

31

这一年，是经济指标"临门一脚建奇功"的一年。
这一年，是招商引资"攻坚克难做表率"的一年。
这一年，是经济质量"日趋向好争面子"的一年。
这一年，是品牌形象"深入人心赢口碑"的一年。
这一年，是党群工作"扎实有为争先锋"的一年。

32

千方百计保增长，经济实力持续增强。
不折不扣保民生，群众生活不断改善。
倾心尽力保稳定，和谐局面全面巩固。
群策群力促统筹，城乡建设步伐加快。
尽职尽责抓党建，执政能力得到提升。

33

总结发展新成就，让人倍增信心。
拓展理论新境界，让人倍感振奋。
开启圆梦新征程，让人备受鼓舞。
顺应群众新期待，让人倍添动力。
提出治党新要求，让人倍加清醒。

十四、信息简报

1

提高站位定位，扛起政治责任。
抓实关键节点，确保高效推进。
统筹协调用力，推动落实到位。

2

思想认识到位到心。
工作责任压紧压实。
统筹协调有序有力。
督促指导精细精准。

3

行动快，学习传达迅速。
范围广，学习结合实际。
控风险，学习转化动力。

4

认识再强化，坚定高质发展的信心决心。
措施再精准，抓牢提质增效的重点关键。

责任再压实，烘托共促发展的浓厚氛围。

5

谋划部署到位，责任"不落空"。

摸底排查到位，察情"不打折"。

分析研判到位，重点"不偏离"。

措施落实到位，施治"不放松"。

6

"学"上求"深"，坚定信念聚合力。

"访"上求"透"，敞开大门抓整顿。

"改"上求"全"，聚精会神求转型。

"做"上求"实"，为民服务促提升。

7

制度保障到位，增强工作执行力。

项目选定到位，增强科学研判力。

协调沟通到位，增强质量监督力。

重点评价到位，增强结果运行力。

8

在强化理论武装上扛起新担当，把牢新阶段新发展的"定盘星"。

在选优建强队伍上提高新水平，锻造新阶段新发展的"生力军"。

在加强党建引领上展现新作为，筑好新阶段新发展的"桥头堡"。

在全面招才引智上拿出新举措，激活新阶段新发展的"动力源"。

9

高站位谋划，功能载体创新化。

高标准建设，组织工作服务化。

高品质服务，党建资源社会化。

10

精心谋划部署，狠抓推进落实。

加强理论学习，深化思想认识。
创新方式载体，增强教育实效。
推动创先争优，培树标杆榜样。

11

坚持目标导向，明确工作任务。
坚持问题导向，形成工作清单。
坚持结果导向，确保工作成效。

12

强化机制保障，做好贴心服务。
强化人文关怀，打造舒心环境。
强化素质提升，培育匠心队伍。
强化联动沟通，搭建连心桥梁。

13

"动"起来，"谋"到位，吹响开篇"集结号"。
"学"起来，"考"到位，厘清活动"主脉络"。
"练"起来，"严"到位，树立队伍"好形象"。
"督"起来，"查"到位，奏响同频"协作曲"。
"讲"起来，"减"到位，找准工作"聚焦点"。

14

强化谋篇布局，上下联动增强"向心力"。
强化学做结合，创新载体增强"渗透力"。
强化典型引领，示范带动增强"辐射力"。
强化因地制宜，点线结合增强"内动力"。
强化品牌创建，创先争优增强"创造力"。

15

抓干部选配，进一步建强班子。
抓干部培训，进一步提升素质。

抓队伍基础，进一步夯实责任。
抓荣誉体系，进一步高涨士气。
抓制度建设，进一步健全机制。

16

思想鼓动到一线，凝聚强大合力。
教育引导上一线，统一思想认识。
关心关爱暖一线，传递组织温暖。
典型引领在一线，突出示范带动。
政治监督严一线，严明工作纪律。

17

列出"责任清单"，强化组织领导。
列出"问题清单"，精准摸排实情。
列出"整改清单"，形成工作闭环。

18

突出组织引领，专题研究部署。
突出典型引领，找准学习方向。
突出实践引领，推动成果转化。

19

上下联动，在"全"字上求质量。
丰富载体，在"形"字上求创新。
强化统筹，在"效"字上求突破。

20

提高持续学习能力，强化政治建设。
提高调查研究能力，寻找创新突破。
提高解决问题能力，狠抓工作落实。
提高系统思维能力，增强干部"幸福指数"。

21

聚焦全员参与，培训对象"规模化"。
聚焦履职能力，培训内容"全面化"。
聚焦实践提升，培训效果"质量化"。

22

在学深悟透中破"思维冰"、淬炼"思想能"。
在笃行实干中破"行动冰"、锻炼"实干能"。
在严紧硬实中破"作风冰"、锤炼"作风能"。

23

打造统领服务"链"。（工作体系"理路子"，工作机制"树靶子"，工作模式"压担子"。）
打造提升服务"链"。（思想上"绷紧弦"，行动上"拉满弓"，落实上"铆足劲"。）
打造精准服务"链"。（全方位落实主责，精施策便民利企，分领域推进落实。）
打造示范服务"链"。（领导干部作示范，优秀干部当模范，全体干部树形象。）
打造廉洁服务"链"。（坚持标本兼治，坚持底线思维，坚持群众评判。）

24

锚定目标，着眼建强支部抓品牌。
典型引领，聚焦中心任务抓品牌。
注重实践，坚持实际效果抓品牌。

25

工作机制清晰明确、规范有序。
请示报告立足职责、紧扣关切。
制度执行环环相扣、多级保障。

26

实施"铸魂"工程，把舵定向强引领。
实施"强基"工程，固本培元夯根基。
实施"融合"工程，相互促进助发展。

实施"聚力"工程，压实责任提质效。

27

知行合一，让"家资"更丰。
建章立制，让"家风"更纯。
用心用情，让"家味"更浓。
三点聚力，让"家声"更亮。

十五、调查研究

1

坚持好中择优"选"，储备优势人才资源。
坚持多措并举"育"，强化能力素质提升。
坚持严密体系"管"，促进健康成长进步。
坚持宏观指导"督"，落实激励保障措施。
坚持不拘一格"用"，激发内生活力动能。

2

善于谋划，重大事项领导有力。
严于管理，队伍建设不断加强。
敢于担当，各项工作成效明显。

3

塞外荒坡苦创业，丰富连队"菜盘子"。
古长城下添新景，建成官兵"小乐园"。
深山沟里不寂寞，活跃连队"新生活"。

4

加强顶层设计，创新考核手段。

健全激励机制，强化约束问责。
科学设置内容，量化考核指标。
严格学员管理，注重结果运用。

5

汲取忠诚之力，打造政治过硬的队伍。
汲取担当之力，打造素质过硬的队伍。
汲取廉洁之力，打造风清气正的队伍。
汲取为民之力，打造服务人民的队伍。

6

加强统筹谋划，着力完善工作体制机制。
坚持多措并举，大力提升服务供给能力。
聚焦群众关切，不断健全社会保障体系。
全面协同发力，切实激发服务发展动能。

7

树高线，明确支部规范建设的标准。
提能力，紧盯支部规范建设的关键。
抓责任，把握支部规范建设的重点。
严考评，形成支部规范建设的导向。
强宣传，营造支部规范建设的氛围。

8

事前报备，明晰权责，监督关口前移。
深入现场，规范程序，重在化解问题。
督导落实，彰显成效，强化责任追究。

9

提高思想认识，牢固树立正确理念。
加强自身建设，全面夯实监督基础。
深化沟通协作，切实增强监督实效。
强化责任担当，充分履行监督职责。

10

优化区域结构，打造城乡融合发展新格局。
聚焦产业融合，构建城乡现代产业体系化。
深化体制改革，加快城乡要素配置合理化。
坚持共建共享，推进城乡公共服务均等化。

11

领导高度重视，组织实施有力。
制度健全完善，管理规范有序。
形式灵活多样，自选动作丰富。
联系实际紧密，学习成效显著。

12

扭住龙头，抓好"引领工程"。
突出主线，抓好"基础工程"。
围绕中心，抓好"重点工程"。
积极创新，抓好"名片工程"。

13

厘清角色定位，为提升治理效能提供方向指引。
搭建融入平台，为提升治理效能提供新鲜血液。
培育共同利益，为提升治理效能提供动力源泉。
强化综合素养，为提升治理效能提供智力支撑。

14

固本培元筑根基，夯实文化基础工程。
赓续传承育新风，发挥文化品牌效应。
统筹推进聚合力，构建文化推广矩阵。

15

要强化对党忠诚的坚定信仰，做政治上的"明白人"。
要强化理论学习的行动自觉，做思想上的"清醒者"。

要强化担当作为的进取精神，做工作上的"实干家"。
要强化清正廉洁的良好风气，做守规矩的"带头人"。

16

教育是廉政建设的思想基础。
监督是廉政建设的锐利武器。
制度是廉政建设的根本保证。
群众是廉政建设的力量源泉。

17

提升昂扬斗志，画好班子建设"同心圆"，以奋进姿态创造时代伟业。
发挥引领作用，开足组织建设"发动机"，以担当精神书写改革实践。
压实主体责任，筑牢廉政建设"防火墙"，以铁腕手段打造过硬队伍。

18

紧盯核心环节，对×××用权全程监督。
压实工作责任，凝聚对×××监督的工作合力。
强化精准思维，推动×××担当尽责落到实处。

19

深化认识，加大组织协调力度。
积极谋划，加大项目储备力度。
创新思路，加大服务保障力度。
注重落实，加大监督考核力度。

20

坚持"三农"优先发展，加强政策倾斜。
推进土地合理流转，促进农业规模化经营。
加强示范引领，推进全面振兴。
加大扶持力度，推动农村产业振兴。
坚持绿色生态导向，推动农村可持续发展。

21

盘活资源是发展经济的前提和基础。
持续创新是发展经济的活力之源。
专业运营是发展经济的关键抓手。
融合互促是发展经济的重要要求。
集群集聚是发展经济的重要路径。

22

健全工作机构，形成多位一体工作新格局。
创新培养机制，形成人才素质提升新动能。
完善扶持机制，形成队伍稳健发展新态势。
加强福利保障，推动工资保险待遇新增长。
增加成长平台，开发全面多元发展新领域。
落实工作奖惩，形成促进发展机制新效能。

23

整体统筹谋划，强化发展引领。
加强政策支持，引导多方参与。
强化督促管理，促进规范发展。
建立人才体系，提高服务水平。
积极宣传引导，营造良好氛围。

24

着力分类指导，不断扩大党组织工作覆盖面。
着力创新举措，增强党组织的凝聚力、战斗力和创造力。
着力建强队伍，切实发挥党员先锋模范作用。
着力强化保障，夯实社会组织党建工作基础。

25

加强宣传引导，营造"双减"良好氛围。
完善制度机制，提高课后服务质量。
规范作业管理，减轻学生作业负担。

加强师资建设，切实提高教学水平。

加强监管力度，持续规范校外培训。

26

健全完善配套政策，提高农业转移人口落户城镇积极性。

健全完善公共服务体系，提高基本公共服务质量。

健全完善城乡融合发展机制，推动新型城镇化和乡村振兴协同发展。

第三编

按主题速查

　　本编将公文标题示例按照主题进行归类,包括组织、宣传、人才、教育、作风、经济、民生、乡村、改革、军事、法治、生态、政治协商、办公室工作、城市建设、督导督查和文旅,读者可根据具体需求速查。

一、组织

1

强化组织力，筑牢基层治理根基。
增强战斗力，优化基层治理水平。
提高执行力，推动基层治理实效。

2

拓宽视野，发现储备优秀干部。
综合施策，培优培强优秀干部。
从严从实，使用管理优秀干部。

3

坚持党建统领，提高业务工作规范水平。
坚持全域覆盖，深化社区治理服务创新。
坚持人才铺路，完善社区职业体系建设。
坚持示范引领，推动社会组织健康发展。

4

认真学习研究，主动认领任务。
突出重点难点，逐条逐项攻坚。
坚持常抓不懈，加强党的建设。
突出协调联动，聚力攻坚克难。

5

抓党建，重在强化政策落实。
抓党建，务必完善工作机制。
抓党建，必须提升队伍素质。

6

强党建，组织关系要抓实。
强党建，工作要点要精细。
强党建，工作调研要搞好。
强党建，品牌创建要用心。

7

致力"理论培养"，建强教师党员队伍。
传承"红色基因"，党建融入校园文化。
探索"结对共建"，党建引领教学提升。

8

建清单，完善党建管理体制。
强考核，完善述职评议制度。
利长远，完善队伍培养机制。

9

狠抓党的建设，坚决扛牢主体责任。
狠抓廉政建设，从严落实"一岗双责"。
狠抓基础建设，增强基层服务能力。

10

党的旗帜举起来，党的声音"一传到底"。
各个单位统起来，党的领导"一呼百应"。
堡垒作用强起来，党的工作"一网揽尽"。
党的宗旨亮起来，党群关系"一网情深"。

11

坚持党建聚元气，让人心为稳定托底。
坚持党建鼓士气，让恒心为发展开路。
坚持党建增锐气，让雄心为改革添翼。
坚持党建强底气，让决心为小康圆梦。

坚持党建接地气，让初心为使命担当。

12

坚定政治立场，筑牢政治建设"生命线"。
提升学习能力，练就理论武装"基本功"。
锚定初心使命，把牢理想信念"总开关"。
聚焦强基固本，抓实组织建设"第一线"。
坚持正风肃纪，实现自我革命"新常态"。

13

向责任要党建生命力。
向整改要党建保障力。
向稳定要党建战斗力。
向脱贫要党建凝聚力。
向环境要党建感召力。

14

塑亮点，打造基层党建活动品牌。
清盲点，增强两新组织党建力度。
破难点，构建党务公开长效机制。
强支点，强化基层党建队伍建设。

15

注重改革创新，提高创造力。
坚持示范引领，提高战斗力。
建强基层组织，提高凝聚力。
压实主体责任，提高执行力。

16

发挥头雁带动，做好"提升"文章。
坚持创新驱动，做好"品牌"文章。
强化党员齐动，做好"服务"文章。

17

学教并举，着眼思想上建党。
建整并重，着手组织上立党。
督管并用，着重作风上强党。
严实并措，着力形象上优党。

18

优选"食材"，打造开放式组织生活基地。
丰富"口味"，设计个性化和差异化活动菜单。
精心"烹饪"，完善开放式组织生活管理机制。

19

融入管理，促进企业科学决策。
融汇力量，促进企业生产经营。
融合精神，促进企业文化传承。
融通思想，促进企业内部和谐。

20

从近身处筑牢"防护网"。
从底线处拉起"警戒线"。
从小节处设置"安全阀"。

21

夯实同心筑梦的思想根基。
锤炼从严从实的优良作风。
锻造更加坚强的领导核心。
汇聚万众一心的复兴伟力。

22

坚持零容忍，没有免罪"丹书铁券"。
铲除微腐败，整治基层"蝇贪蚁腐"。
加强广合作，构建反腐"天罗地网"。

23

严审个人事项，拧紧监管螺丝。
抓实日常管理，注重抓早抓小。
织密制度笼子，防止带病提拔。
开展专项整治，解决突出问题。

24

上率下随，层层压实责任。
细处着眼，以点带面突破。
专项整治，扫除沉疴痼疾。
铁面执纪，倒逼作风好转。
建章立制，扎紧制度笼子。

25

确立思想理论的"定盘星"。
坚定理想信念的"主心骨"。
筑就"四个自信"的"压舱石"。

26

始终握牢方向盘，把好思想关。
努力抬升标尺线，把好学习关。
不断注入原动力，把好任务关。
用心念好紧箍咒，把好作风关。
切实筑牢防火墙，把好廉洁关。

27

突出抓好思想教育这个根本，扎实推进党的思想建设。
突出抓好基层组织这个基础，扎实推进党的组织建设。
突出抓好"四风"整治这个重点，扎实推进党的作风建设。
突出抓好正风肃纪这一关键，扎实推进党风廉政建设。

28

点亮破除迷雾的"启明灯"。
标定抵御干扰的"定盘星"。
筑牢拦阻风险的"防火墙"。

29

必须始终把稳理想信念之舵不动摇。
必须始终严守纪律规矩之戒不含糊。
必须始终保持清正廉洁之本不偏离。
必须始终夯实执政用权之基不懈怠。

30

牵住责任落实这个"牛鼻子"。
用好调查研究这个"传家宝"。
吹响典型推动这把"先锋号"。
点亮督促检查这盏"探照灯"。
舞动考核评议这根"指挥棒"。

31

专项整治，精准发力，攻克作风顽瘴痼疾。
建章立制，狠抓常态，作风建设久久为功。
狠抓节点，从严执纪，筑牢纪律规矩意识。

32

思想跃然升华。
信念愈加坚定。
毅力不断坚强。
人格日臻完善。

33

这是一次触动心灵的"思想整风"。
这是一场刻骨铭心的"政治洗礼"。
这是一次直击要害的"刮骨疗毒"。
这是一次深入骨髓的"破旧立新"。

34

固本培元，加强思想政治建设。
激浊扬清，让歪风邪气无所遁形。
立规明矩，把纪律和规矩挺在前面。
以上率下，领导带头立标杆、做先锋。
继承创新，赓续优良传统，不断改进创新。

35

以理想信念教育补足精神之钙。
以严明政治纪律统一全党意志。
以坚决惩治腐败保持肌体健康。
以狠抓作风建设树立良好形象。

36

红色基因是我们党性质宗旨的集中体现。
红色基因是我们党初心使命的精神凝炼。
红色基因是我们党伟大实践的精神熔铸。

37

赓续红色血脉，要锻造维护核心、听党指挥的绝对忠诚。
赓续红色血脉，要坚定社会主义、共产主义的理想信念。
赓续红色血脉，要强化勇于改革、敢于突破的创新意识。
赓续红色血脉，要培育一不怕苦、二不怕死的战斗精神。
赓续红色血脉，要严明高度自觉、令行禁止的革命纪律。
赓续红色血脉，要巩固爱民为民、军民团结的特有优势。

38

以史鉴今育新人。

活用资源铸新魂。

躬行实践开新局。

39

党建+社区公益，让志愿公益更聚人气。

党建+小微公益，让志愿公益温暖贴心。

党建+四季公益，让志愿公益渐成风尚。

党建+毗邻公益，让志愿公益传播更广。

40

党建工作联抓，推动"各自为战"向"共同奋战"转变。

组织资源联享，推动"封闭自有"到"开放共享"转变。

经济发展联推，推动"单打独斗"向"抱团发展"转变。

服务群众联做，推动"被动服务"向"主动服务"转变。

综合治理联防，推动"条块治理"向"协防共治"转变。

41

组织联席，打破条块壁垒聚合力。

责任联担，层层履职尽责传压力。

载体联创，提高服务质量增动力。

42

党建引领，解好"小区治理"这道题。

部门协同，解好"资源整合"这道题。

齐心协力，解好"共治共享"这道题。

43

搭建"农村基层党组织"灯光舞台，让乡村治理"活"起来。

营造"农村文明新风尚"阳光氛围，让乡村风气"纯"起来。

走好"农村建设三治经"星光大道，让乡村振兴"亮"起来。（自治、法治、德治。）

44

用好党建"绣花针"，"绣"即照着模子，绘好蓝图。
用好党建"绣花针"，"花"即求真务实，做亮实绩。
用好党建"绣花针"，"针"即急民之急，解民所需。

45

多用情，答"准"联系服务群众的客观题。
多用心，答"深"宣传教育群众的主观题。
多用力，做"实"组织凝聚群众的实践题。

46

用活载体，夯实根基，着力构筑社会治理"防火墙"。
建强堡垒，充实力量，全面巩固社会治理"主阵地"。
激励担当，群防群管，有效激活社会治理"一池水"。
深化功效，真抓实干，全面提升平安创建"新效益"。

47

要健全基层"组织体系"，建强"感应末梢"。
要健全基层"工作体系"，舒通"循环脉络"。
要健全基层"服务体系"，夯实"功能系统"。
要健全基层"保障体系"，做强"骨骼肌体"。

48

筑牢基层党建"指挥所"。
锻造服务群众"先锋队"。
吹响乡村振兴"集结号"。

49

基层党建体系合成"一张网"。

基层党建力量拧成"一股绳"。

基层党建主体汇成"一条心"。

50

让党组织在基层治理中"唱主角"，筑牢基层治理的"桥头堡"。

让党组织在基层治理中"唱主角"，护航基层治理的"领头雁"。

让党组织在基层治理中"唱主角"，树起基层治理的"一面旗"。

51

夯实基层基础，建强战斗堡垒是关键。

利用能人治村，集聚人才力量是保障。

倡导乡风文明，净化人居环境是支撑。

提高村民素质，发动全民参与是长效。

52

立足问题找方法，绘成社区民情图。

立足实际建机制，实现工作精细化。

立足需求强服务，赢得群众满意票。

53

统筹抓好区域化党建，变"一轮明月"为"众星拱月"。

探索基层改革新路径，变"伤筋动骨"为"脱胎换骨"。

建好基础性保障体系，由"一厢情愿"到"两情相悦"。

54

党建领航，共建互融，实现参与主体最大化。

党建领航，共治共管，实现治理模式多样化。

党建领航，服务共享，实现治理成果最优化。

55

激活城市基层组织细胞，推动城市党建发展。

架起党员群众的"连心桥"，提高社区服务能力。
发挥党建政治引领作用，拓展社区自治路径。

56

推动服务居民能力提升，必须加强党的政治引领。
推动服务居民能力提升，必须对准居民群众需求。
推动服务居民能力提升，必须整合用好在职党员。

57

对各级党的组织而言，必须强化抓实党建、引领治理的职能。
对各领域的党员而言，必须强化引导参与、做出表率的职能。
对党政融合发展而言，必须强化政社联动、协同推进的职能。

58

抓党建，突出富民为团结。
谋发展，狠抓务实为惠民。
创环境，维护大局为长久。

59

善学习、重品行，全心全意服务基层。
抓队伍、重引导，夯实基层组织基础。
抓机制、重实效，推进党建标准化建设。

60

坚持政治引领，狠抓青年党员的思想教育。
坚持情感引领，增强青年党员的组织归属感。
坚持实践引领，锻炼青年党员的政治定力。

61

党建引领、结对共建，搭桥铺路。
厘清思路、整合资源，抱团发展。

联管联抓、优化配置，服务群众。

62

"党校课堂"，讲好"必修课程"。
"流动课堂"，讲好"定制课程"。
"掌上课堂"，讲好"小微课程"。

66

打牢支部"底子"。
筑实队伍"里子"。
建好阵地"面子"。
搭好服务"台子"。
找好发展"路子"。

64

基层组织当好"安保员"。
党员干部当好"服务员"。
专家人才当好"技术员"。

65

抓住关键点，坚持全过程党建引领。
把握着力点，引导全领域人群参与。
找准聚焦点，推动全类型社区覆盖。
夯实落脚点，实现全方位服务保障。

66

开展党建工作"接力赛"，新老交接传帮带。
摆出党建业务"擂台赛"，比学赶超展风采。
实行工作作风"淘汰赛"，巡视督导压责任。

67

"筑牢"标准化建设基本"点"。

"连起"基层组织的交流"线"。

"铺开"基层党建的覆盖"面"。

68

提高基层党建水平，要建立责任清单，解决"谁来抓"。

提高基层党建水平，要建立任务清单，解决"抓什么"。

提高基层党建水平，要建立问题清单，解决"怎么抓"。

69

"分包式"服务，出事有人管。

"下沉式"服务，便民暖民心。

"组团式"服务，精心更精准。

70

一年来，坚定不移抓好理论武装，推动广大党员干部知之愈深、知之愈笃、知之愈实。

一年来，坚定扛起工作组织责任，推动广大党员干部筑牢初心、坚守初心、践行初心。

一年来，锲而不舍建设干部队伍，推动干部工作导向更正、机制更优、成效更好。

一年来，久久为功优化组织能力，推动基层党组织建设全面进步、全面提升、全面过硬。

一年来，持之以恒广揽天下英才，推动新时代人才工作破题起势、积厚成势、形成优势。

一年来，驰而不息打造模范部门，推动组工干部队伍政治过硬、业务过硬、作风过硬。

71

注重培养锻炼，为干部"凝神聚气"。

注重教育培训，为干部"助力增效"。

注重严管厚爱，为干部"保驾护航"。

72

绷紧学习"弦"，做到学深悟透，入脑入心。
抓对融合"点"，做到以学促用，学以致用。
扩大践行"面"，做到知行合一，指导实践。

73

育党魂，在"学"上求实效，彰显"千磨万击还坚劲"的政治底色。
促提升，在"实"处见真章，厚植"士以天下为己任"的为民本色。
强作风，在"严"上下硬功，永葆"打铁还需自身硬"的斗争成色。

74

坚定思想引领，践行初心使命凝心铸魂。
强化作用发挥，组织优势转为治理优势。
围绕中心大局，培育堪当重任中坚力量。

75

聚焦统一思想，始终做到对党绝对忠诚。
强化激励赋能，锻造高素质专业化队伍。
树立鲜明导向，在服务大局中担当作为。

76

坚定理想信念，团结奋进"新时代"。
大胆开拓创新，时代召唤"新思想"。
理论结合实践，贯彻落实"新要求"。

77

坚定"直挂云帆济沧海"的"信心"，以"一片赤诚"常燃心头之"火"。
鼓足"虽九死其犹未悔"的"决心"，以"一腔热血"勇挑肩上之"担"。
永葆"我以我血荐轩辕"的"忠心"，以"一身正气"满怀眼里之"光"。

涵养"绝知此事要躬行"的"恒心"，以"一份担当"锤炼手中之"术"。

78

锤炼"坚定不移听党话、跟党走"的政治定力。
砥砺"敢想敢为、善作善成"的实干能力。
厚植"俯首甘为孺子牛"的为民情怀。

79

学思践悟深思笃行。
知行合一担当作为。
实干为要履职尽责。

80

要初心不改，时刻坚守为民宗旨。
要善于反省，不断丰富完善自己。
要自信自强，敬业笃行守正创新。
要脚踏实地，保持本色廉洁从政。

81

矢志不渝，坚定理想信念。
登高望远，树立全局思维。
攻坚克难，勇挑时代重担。

82

融入中心大局同频共振。
引领基层党建创新发展。
推动乡村振兴红色领航。

83

强化党建引领，打通"绿色通道"，推动党建富农走实走深。
强化党建引领，锤炼"匠心精神"，提高干部精细管理能力。

强化党建引领，落实"墩苗计划"，助推青年干部成长成才。
强化党建引领，推进"成长共享"，加强基层经验动态交流。

84

突出党建引领核心作用，一抓到底求"实"。
突出党建引领组织统领，重点突破创"新"。
突出党建引领治理成效，多元共治有"为"。

85

在探索作用发挥机制中率先示范、引领带动。
在服务中心重点工作中率先示范、引领带动。
在打造党建特色品牌中率先示范、引领带动。

86

党建引领聚民心。
志愿服务暖民心。
自治服务顺民心。
爱心服务贴民心。
共建服务乐民心。

87

奠定组织设置"主基调"，确保组织建设规范化。
唱响培育管理"主旋律"，确保干部队伍专业化。
点燃督促指导"主引擎"，确保制度落实常态化。

88

引导党员群众转变观念，由"被动要求"到"主动参与"。
引导活动形式转变风格，由"阳春白雪"到"下里巴人"。
引导建设经费转变重点，由"面上设施"到"点上活动"。
引导组织主体转变角色，由"党员谋篇"到"群众布局"。

89

激活基层党建"原动力"。

增强基层党建"吸引力"。

锤炼基层党建"自觉力"。

二、宣传

1

举旗帜，在学懂弄通做实上下功夫，推动××深入人心、落地生根。

聚民心，在振奋全民精神上下功夫，朝着××团结一心、勇毅前行。

育新人，在提高觉悟素养上下功夫，确保××强基铸魂、可堪大任。

兴文化，在继承发展创新上下功夫，加快××新老传承、发扬光大。

2

变"一人讲"为"大家讲"。

从"国家事"到"身边事"。

由"高大上"变"接地气"。

3

激发学习动力。

增添宣传活力。

提升知行合力。

呼唤青年接力。

4

内容接地气：做老百姓的特殊"翻译官"。

方法出新意：做新时代的"说书人"。

各地有绝活：做中国故事的"解读者"。

5

学深悟透，做到入耳入脑入心。
广泛宣传，做到有声有影有形。
知行合一，做到笃信笃行笃用。

6

新闻报道突出"实"字。
精神文明突出"新"字。
理论研究突出"深"字。

7

当好"解码者"，用群众思维解读新理论。
当好"播种者"，以群众语言传播新理论。
当好"实践者"，在基层岗位践行新理论。

8

精细统筹谋划，把好新闻宣传"航船舵"。
精准聚焦发力，唱响中心工作"主打歌"。
精要挖掘典型，立起队伍建设"风向标"。
精心培养骨干，打造薪火相传"生力军"。

9

深化学习引领，筑牢理想信念"主心骨"。
聚焦使命任务，唱响新时代的"主旋律"。
突出政治建设，打造宣传思想"主力军"。

10

强基固本，画出共同理想"同心圆"。
崇德向善，筑牢社会文明"压舱石"。
文化自信，彰显文明古城"精气神"。
勤政廉洁，提升干部队伍"战斗力"。

11

以大白话讲清大道理。
以正气歌凝聚正能量。
以新办法占领新阵地。
以好队伍打造好作品。

12

创建文明城市，要下决心、有耐心、强信心，乘势而上、志在必得。
创建文明城市，要抓重点、攻难点、创亮点，集成作战、务求全胜。
创建文明城市，要沉下去、落下去、严下去，各负其责、各尽其能。

13

打好外宣"翻身仗"，领导要个个带头。
打好外宣"翻身仗"，责任要环环相扣。
打好外宣"翻身仗"，压力要层层传递。
打好外宣"翻身仗"，群众要人人发动。

14

开动"脑瓜子"，创新思路。
常握"笔杆子"，加强宣传。
磨破"嘴皮子"，一线招商。

15

担当发展"主力军"。
打好改革"主动仗"。
投身创新"主战场"。
巩固宣传"主阵地"。

16

与时代同步伐，写时代之壮美，歌时代之华章。
以人民为中心，汲人民之滋养，书人民之精彩。
精品奉献人民，解现实之问题，蕴中国之精神。

明德引领风尚，立高远之理想，养家国之情怀。

17

认清大势，把握趋势。
转化劣势，发挥优势。
壮大声势，赢得胜势。

18

产业转型注动力。
项目建设再发力。
创新机制增活力。
部门联动聚合力。
宣传发动添助力。
攻坚克难更有力。

19

直击责任落实上的"松"。
破除斗争态度上的"软"。
巩固阵地建设上的"实"。
打造人才队伍上的"强"。

20

以理想信念立根本，培养宣传新人。
以立破并举树主导，强化价值引领。
以志愿服务为牵引，促进实践养成。
以共建共治聚合力，净化网络道德。

21

多线并进，查找优秀榜样。
多面宣传，树立先进典型。
多方扶持，促进长期发展。
多点发力，带动持续培育。

22

困难在一线解决。

矛盾在一线化解。

感情在一线联络。

能力在一线培养。

作风在一线磨炼。

工作在一线推进。

政策在一线宣传。

23

强化组织保障，确保有人宣传。

强化压力传导，确保有心宣传。

强化督导考核，确保有责宣传。

强化正向引导，确保有意宣传。

24

讲清楚、说明白：把政策宣传贯彻做实做细做深。

领会深、领会透：让政策方针家喻户晓、深入人心。

学中干、干中学：引领大家把思想行动统一起来。

25

规划要坚持一张图。

行动要坚持一个调。

全区要坚持一盘棋。

宣传要坚持一口径。

26

摸清底数，做到有根有据。

协调配合，做到有分有合。

宣传发动，做到有声有色。

考核督办，做到有奖有惩。

27

做到学思用贯通、知信行统一，就必须在学、知上下笨功夫。
做到学思用贯通、知信行统一，就必须在思、信上下苦功夫。
做到学思用贯通、知信行统一，就必须在用、行上下硬功夫。

28

推动媒体融合发展，要以坚守初心使命之定，引领信息时代之变。
推动媒体融合发展，要以坚持内容为王之定，引领形态样式之变。
推动媒体融合发展，要以加强自主创新之定，引领技术革新之变。
推动媒体融合发展，要以把牢方向导向之定，引领体制机制之变。

29

推动志愿活动发展。
强化横向纵向联动。
强化服务项目推动。
强化线上线下互动。
强化示范引领带动。

30

在把牢政治方向中守正创新。
在着眼服务大局中守正创新。
在勇于解放思想中守正创新。
在强化务实担当中守正创新。
在锻造过硬作风中守正创新。

31

加强宣传工作，要干部群众一起抓。
加强宣传工作，要大事小事一起办。
加强宣传工作，要面子里子一起要。
加强宣传工作，要先进后发一起促。

32

知理论，掌握"看家本领"。
懂群众，做到"有的放矢"。
会宣讲，力求"润物无声"。

33

既识"天气"又接"地气"。
既能"讲理"又能"管理"。
既懂"艺术"又懂"技术"。
既会"倡导"又会"疏导"。
既懂"事业"又懂"产业"。

34

切实下好"学深悟透"的先手棋。
持续做好"研究阐释"的大文章。
着力描绘"入脑入心"的工笔画。
努力书写"勇立潮头"的新答卷。

35

坚持创新引领，增强思政工作时代性。
坚持协调联动，增强思政工作针对性。
坚持共育共享，增强思政工作实效性。

三、人才

1

提高政治站位，深刻认识人才振兴重大意义。
聚焦关键环节，扎实推进人才振兴重点难点。

加强组织领导，着力强化人才振兴组织保障。

2

知定位，深刻认识人才队伍建设的重要性。
知不足，深刻认识人才队伍建设的新形势。
知方向，深刻认识人才队伍建设的新目标。

3

聚焦人才引进，加快建设乡村人才智库。
聚焦平台建设，加快打造引才聚才载体。
聚焦人才培养，加快补齐乡土人才短板。
聚焦机制创新，加快优化人才政策供给。

4

凝聚推进人才战略的强大合力。
强化各项人才工作的督导落实。
突出抓好人才招引的宣传工作。

5

坚持科学有序，做好人才振兴顶层设计。
细化任务措施，完善人才振兴推进机制。
层层传导压力，构建人才振兴责任体系。

6

引才要引心，首先要激发人才的爱国心。
引才要引心，关键要激励人才的事业心。
引才要引心，一定要尊重人才的自尊心。

7

创新人才选拔机制，盘活用好现有人才。
创新人才培养机制，培育素质全面人才。

创新人才流动机制，引进急需紧缺人才。

8

部门联动建基地。
项目支持建基地。
发挥优势建基地。
人才引领建基地。

9

突出为民服务，让人才在服务基层一线上发挥作用。
突出致富增收，让人才在培树带富典型上发挥作用。
突出灾后重建，让人才在服务中心工作上发挥作用。

10

依托中心平台打基础。
依托远教平台抓技能。
依托党校平台提素质。

11

围绕安排部署抓落实。
围绕技能培训抓落实。
围绕示范引领抓落实。

12

选派关键人才抓重建。
引进高端人才助重建。
加强技能培训保重建。

13

加大宣传力度，发布人才信息。
联系优质企业，引进重建人才。
搭建用工平台，开展人才招聘。

发挥行业优势，强化人才培养。

14

人才培育模式求"新"。
人才培育内容求"精"。
人才培育目标求"高"。

15

依托交流平台"引才"。
依托活动措施"育才"。
依托科学发展"用才"。
依托优惠政策"留才"。

16

走出去引才。
借载体引才。
靠项目引才。

17

突出"实"字，抓好常规培训。
突出"新"字，打造培育载体。
突出"广"字，拓展培育途径。

18

"不拘一格降人才"，树立科学人才观。
"贤能不待次而举"，加大选才力度。
"问渠那得清如许"，拓宽用才渠道。

19

优惠政策留才。
利用感情留才。

严格制度留才。

20

坚持短班与长班相结合，增强培训灵活性。
坚持理论与实践相结合，增强培训有效性。
坚持讲座与讲课相结合，增强培训针对性。

21

组织村务人才争当农村建设"勤务员"。
专家学者人才争当农村建设"指导员"。
技能技术人才争当农村建设"技术员"。
企业管理人才争当农村建设"保障员"。
社会工作人才争当农村建设"服务员"。

22

突出技艺相继，培养非遗文化传承人才。
突出绿色健康，培养草畜产业实用人才。
突出质量品牌，培养中药精深加工人才。
突出优势资源，培养特色产业开发人才。
突出示范引领，培养农村发展创业人才。

23

依托人才优势开展科研。
依托技术合作开展科研。
依托现有水平开展科研。
依托创新能力开展科研。

24

加强组织领导，确保各项工作落实。
选派科技人员，加大服务"三农"力度。
依托产学合作，发挥科技人才作用。
开展技术培训，提升科技队伍素质。

注重人才培养，健全科技创新体系。

25

坚持温馨贴心服务产业人才。
坚持正向激励服务产业人才。
保护合法权益服务产业人才。

26

盘活现有人才，破解人才"不全面"难题。
稳住关键人才，破解人才"留不住"难题。
引进急需人才，破解人才"不够用"难题。
培养特色人才，破解人才"不被用"难题。

27

依托发展优势，理顺人才培养机制。
依托政策优势，加大产业扶持力度。
依托基础优势，发挥带动引领作用。

28

加强组织领导抓保障。
拓宽培育渠道强服务。
打造交易平台增效益。

29

依托区域优势培养中药产业人才。
依托文化优势培育非遗产业人才。
依托地理优势培训草畜产业人才。
依托发展优势培育电子商务人才。

30

培育服务型科技人才，施展本领促发展。
培育创新型电商人才，发展网店促经济。

培育创业型实用人才，增强本领促创收。

31

突出重点领域，着力推动科技特派员成果落地。
完善体制机制，切实提高科技特派员工作效能。
提高科研能力，不断优化科技特派员服务水平。

32

围绕一个中心，助推特派精准扶贫。
抓住两个关键，发挥人才核心优势。
做到三个结合，创新人才服务载体。
完善四项机制，提高特派工作效能。
开展五个一批，落实各项帮扶任务。
实施六项计划，统筹推进科技扶贫。

33

助推精准扶贫，促使科技人才深度融合。
开展企业服务，强化企业创新平台建设。
创建示范基地，发挥创业带动引领作用。
强化科技培训，培育现代新型职业农民。
紧抓技术推广，加快科技成果转化运用。
加强技术合作，探索建立利益共同享有。
创新合作模式，推动科技产品合作开发。
认真履行职责，发挥科技服务团队优势。

34

突出"三种选"（供需双向选、上下结合选、拓宽领域选），精心配优人才队伍。
立足"四到位"（组织领导到位、运行机制到位、激励保障到位、考核监督到位），切实管好人才队伍。
坚持"五注重"（注重项目带动、注重效益驱动、注重技术推广、注重科技培训、注重创新示范），用活用好人才队伍。

35

实施盘活存量计划，激发现有人才。
实施培育挖掘计划，开发新兴力量。
实施能力提升计划，增强综合素质。
实施典型引领计划，发挥示范效应。

36

打好"聚才"本土牌。
打好"聚才"服务牌。
打好"聚才"招引牌。

37

人才礼包"云发布"。
人才比拼"云路演"。
供需对接"云直聘"。
定向开展"云校招"。

38

打通急需人才引进通道。
畅通本土人才回归通道。
落实人才帮扶协作机制。

39

人才兴农重在"农"，要服务基层发展需求。
人才兴农要在"才"，要加强基层人才培训。
人才兴农旨在"兴"，要强化工作结果评价。

40

拓宽企业招才引智渠道。
加大暖心关爱企业力度。
支持企业引进培养人才。

41

全面排查，摸清具体需求。
一线指导，解决实际难题。
精准服务，提供多元保障。

42

"塔尖＋塔基"，双力齐发展现最大诚意。
"线上＋线下"，双向联动提供最优服务。
"输血＋减压"，双措并举夯实最强保障。

43

做好创新创业平台。
做优科学研发平台。
做强高端人才平台。

44

把准资金"脉"，提供资金扶持。
把准用工"脉"，打通安心通道。
把准需求"脉"，解决引才难题。

45

人才服务"隔空办"。
招聘求职"不出门"。
线上备案"零接触"。
政策兑现"掌上办"。

46

变"被动等"为"主动帮"，让人才企业复工放心。
变"限时办"为"宽时限"，让人才享受政策安心。
变"当面办"为"线上办"，让人才办理事务省心。
变"同等评"为"优先选"，让人才一线奋斗舒心。

47

紧盯产业需求"精准培养"。
注重实践能力"灵活评价"。
兼顾票子面子"正向激励"。

48

人才培养上善做"加法"。
人才选拔上勇做"减法"。
人才激励上多做"乘法"。
人才评价上敢做"除法"。

49

当好海外英才的"娘家人"。
当好返乡人才的"贴心人"。
当好人才企业的"守护神"。

50

政策倾斜，完善人才引进体系。
平台倾斜，完善人才培育体系。
资金倾斜，完善人才激励体系。

51

"双薪"引才。
"进企"育才。
"筑池"用才。
"优待"留才。

52

勇当人才干事的"顾问"。
甘当人才安居的"保姆"。
乐当人才成长的"导师"。

53

用优越的创新环境"养人"。
用优越的就业环境"养人"。
用优越的人文环境"养人"。
用优越的生活环境"养人"。
用优越的生态环境"养人"。

54

压实责任，做强基层人才发展"助推器"。
完善制度，做实基层人才发展"稳定器"。
加强交流，做活基层人才发展"永动机"。

55

发挥"各司其职、各尽其责"之智，优化人才工作布局。
发挥"产才融合、市场导向"之智，深化引才改革创新。
发挥"强化支撑、紧贴需求"之智，做优人才发展生态。

56

健全人才管理体制。
创新人才培育机制。
健全政策支撑机制。

57

创新管理体制，让人才"活起来"。
创新引才机制，让人才"引得进"。
创新激励机制，让人才"干得好"。
创新服务机制，让人才"留得住"。

58

主管机构要"统"得起、"放"得下。
组织部门要"牵"得住、"抓"得准。
职能部门要"分"得清、"合"得来。

社会力量要"参"得进、"担"得起。

59

树牢正确导向选才，让人人成才有标准、有刻度。
健全培养机制育才，让人才涌现有渠道、有机会。
坚持人岗相适用才，让人尽其才有动力、有舞台。

60

新时代人才要政治过硬。
新时代人才要作风过硬。
新时代人才要能力过硬。

61

建立学习培训机制。
建立实践锻炼机制。
健全激励保护机制。

62

这里引育人才的政策"实打实"。
这里成就人才的平台"硬碰硬"。
这里服务人才的环境"心贴心"。

63

要有伯乐的慧眼，善于发现人才。
要有孔子的师德，精心教诲人才。
要有宰相的肚量，大力举荐人才。

四、教育

1

肯定成绩，正视差距，提振教育事业发展信心。
明确任务，积极作为，精准把握教育工作要求。
凝心聚力，强化保障，圆满完成各项目标任务。

2

坚持教育优先，再穷不能穷教育。
优化办学环境，再苦不能苦教育。
夯实基层基础，再弱不能弱教育。
提高教学质量，再差不能差教育。

3

继续改善办学条件，促进优质教育均衡发展。
不断提高教育质量，让人民群众有更多获得感。
切实增强安全意识，努力建设和谐平安校园。

4

总结工作，认清"奋进之笔"新起点。
分析形式，找准"奋进之笔"主方向。
对照目标，明确"奋进之笔"任务书。
改进作风，确保"奋进之笔"出实效。

5

要认形势，全面谋划教育工作任务。
要强引领，促进教育事业健康发展。
要抓创新，不断激发教育发展活力。

要勇担当，应对各方面的风险挑战。
要守底线，确保教育事业和谐稳定。
要抓落实，推动各项工作高质完成。

6

思想认识再提高，切实将教育作为重中之重。
防控措施再加强，全力优化教育管理工作水平。
组织保障再强化，确保教育管理工作取得实效。

7

回归教育初心，方能旗帜鲜明地把稳"方向盘"。
推进教育公平，方能坚定不移地搭好"平衡木"。
提高教育质量，方能群策群力地激活"一池水"。

8

实现教育现代化，要对标管理。
实现教育现代化，要对表安排。
实现教育现代化，要对路推进。

9

深入查补教育短板，要从显性问题中找。
深入查补教育短板，要从表象背后中找。
深入查补教育短板，要在交叉对比中找。

10

推进教育高质量发展，要转变质量观念。
推进教育高质量发展，要采取质量行动。
推进教育高质量发展，要强化质量保障。

11

强化教育前瞻性研究和思考，要遵循规律特点。
强化教育前瞻性研究和思考，要不断调查研究。

强化教育前瞻性研究和思考，要注重学习借鉴。

12

提升群众教育获得感幸福感，要完善工作落实机制。
提升群众教育获得感幸福感，要增强纪律规矩意识。
提升群众教育获得感幸福感，要推进依法治教进程。
提升群众教育获得感幸福感，要鼓励改革创新试点。
提升群众教育获得感幸福感，要扩大社会参与范围。

13

要在坚定理想信念上下功夫。
要在厚植爱国情怀上下功夫。
要在加强品德修养上下功夫。
要在增长文化知识上下功夫。
要在培养奋斗精神上下功夫。
要在增强综合素质上下功夫。

14

捧着一颗"心"投身教育事业，这颗"心"是赤诚之心。
捧着一颗"心"投身教育事业，这颗"心"是奉献之心。
捧着一颗"心"投身教育事业，这颗"心"是仁爱之心。

15

培养什么人，是教育的首要问题。
为谁培养人，是教育的关键问题。
怎样培养人，是教育的核心问题。

16

要坚持"不忘初心"的进取情怀。
要树立"见贤思齐"的榜样力量。
要保持"诲人不倦"的专注品格。
要培育"大爱无疆"的仁厚之心。

17

要坚持优先发展，全力提供支持保障。

要提高师资水平，筑牢教育发展基石。

要注重统筹协调，优化教育发展结构。

要推动共享发展，切实促进教育公平。

18

要有再造辉煌的进取情怀，着力开创卓越教育新局。

要有诲人不倦的"春蚕"情怀，着力打造一流教师队伍。

要有甘当垫脚石的服务情怀，着力浓厚尊师重教的氛围。

19

卓越教育，应当是公平均衡的教育。

卓越教育，应当是优质特色的教育。

卓越教育，应当是创新引领的教育。

20

要培养"治校如家、倾情付出"的一流校长队伍。

要锻造"学高为师、身正为范"的一流教师队伍。

要教育"勤学好思、积极向上"的一流学生队伍。

21

要坚持教育优先发展战略。

要不断深化教育领域改革。

要全面提高教育教学质量。

要加快建设优秀教师队伍。

22

提站位，进一步增强加快教育事业发展的紧迫感责任感。

找规律，持续提高教育事业发展的内涵水平。

抓统筹，凝聚推动教育事业发展的强大合力。

23

要突出首位抓教育，坚持教育优先发展。

要把握核心抓教育，提高教育教学质量。

要建强队伍抓教育，锻造一流师资力量。

要形成合力抓教育，优化教育发展环境。

24

坚持教育优先，切实办好这项民生实事。

坚持问题导向，努力解决制约教育发展的突出问题。

坚持资源统筹，推动全区城乡教育均衡发展。

坚持改革创新，大胆探索具有特色的教育发展之路。

25

要提高认识，努力做教育事业的先行者。

要勇于担当，努力做教育事业的开拓者。

要尊师重教，努力做教育事业的守护者。

26

教育是基础，更是先导。

教育是国计，更是民生。

教育是投入，更是产出。

27

从境界来讲，希望老师们有高度的责任感，勇于挑重担。

从师德来讲，希望老师们有真诚的爱心，乐于做奉献。

从能力来讲，希望老师们不断与时俱进，敢于去创新。

28

办人民满意的教育，最重要的就是要遵循教育发展内在规律。

办人民满意的教育，最关键的就是要促进教育均衡公平发展。

办人民满意的教育，最核心的就是要全面提高教育质量水平。

办人民满意的教育，最根本的就是要打造一支素质优良、作风过硬的师资队伍。

29

要始终坚持优先发展，加快建设教育强市。
要始终坚持均衡发展，不断提高教育质量。
要始终坚持优质发展，打造特色教育品牌。
要始终坚持创新发展，培育良好师德校风。

30

推进教育事业，要端正态度，强化认识。
推进教育事业，要真情投入，强化责任。
推进教育事业，要加强督导，强化导向。

31

要树立一流的教育理念。
要打造一流的教育品牌。
要培育一流的教师队伍。
要强化一流的教育保障。

32

教育寄托着千家万户的期望，要办出让人民满意的教育。
教师是教育成败的关键，要争做最受学生欢迎的教师。
教育是全社会共同的事业，要始终保持对教育的一贯支持。

33

办出让人民满意的教育，要突出统筹。
办出让人民满意的教育，要突出均衡。
办出让人民满意的教育，要突出质量。
办出让人民满意的教育，要突出创新。

34

教师要成为以德从教的楷模。
教师要成为爱岗敬业的表率。
教师要成为专业成长的典范。

35

必须牢牢确立教育现代化建设的优先地位。
必须注重提高教育现代化建设的内在质量。
必须全力凝聚推进现代化教育的强大合力。

36

确立教育现代化建设是推动创新发展的基础工程。
确立教育现代化建设是提升城市魅力的品牌工程。
确立教育现代化建设是赢得群众满意的民生工程。

37

向"优质教育"提升，就是要突出质量内涵，着力提供更加丰富的优质教育。
向"公平教育"深化，就是要突出公平普惠，加快形成惠及全民的公平教育。
向"需求导向型"转变，就是要突出需求导向，大力实施更有成效的社会服务。

38

凝聚推进现代化教育合力要积极探索创新。
凝聚推进现代化教育合力要突出薄弱环节。
凝聚推进现代化教育合力要完善推进机制。
凝聚推进现代化教育合力要汲取社会力量。

39

要崇尚使命，服务发展。
要爱岗敬业，乐于奉献。
要砥砺师德，教学相长。
要与时俱进，不断创新。

40

办好人民满意的教育要注重统筹规划。
办好人民满意的教育要注重深化改革。
办好人民满意的教育要注重均衡发展。
办好人民满意的教育要注重办学质量。

41

教师要不断提升道德素养。
教师要不断更新知识结构。
教师要不断探索教学方法。

42

以人为本、质量立校，办人民满意教育。
内强素质、外树形象，做人民满意教师。
齐心协力、齐抓共管，造尊师重教氛围。

43

要在提高管理水平上下功夫，努力创建名牌学校。
要在推进均衡发展上下功夫，努力实现教育公平。
要在提高教育质量上下功夫，努力培育精英学生。

44

做人民满意教师要立德。
做人民满意教师要好学。
做人民满意教师要博爱。
做人民满意教师要有责。

45

弘扬师德，做表率之师。
厚积薄发，做博学之师。
无私奉献，做大爱之师。
勇于探索，做创新之师。

46

要抓重点，坚持教育优先优质发展。
要讲公平，推动义务教育均衡发展。
要强基础，持续强化教师队伍建设。

47

聚焦内涵发展，全力办好人民满意的教育。
坚持德才并重，着力打造高素质教师队伍。
牢记职责使命，争做新时代"四有"好教师。
强化优先地位，努力打造优良的教育环境。

五、作风

1

做立场坚定的明白人。
做遵规守纪的老实人。
做严以修身的干净人。
做谋事干事的带头人。

2

坚持用学习"治心"，锻造政治上忠诚的干部队伍。
坚持用制度"管行"，锻造干事上担当的干部队伍。
坚持用问责"提神"，锻造作风上过硬的干部队伍。

3

应对复杂严峻的形势任务，要求我们必须敢于担当。
营造干事创业的政治生态，要求我们必须敢于担当。
保持共产党人的政治品格，要求我们必须敢于担当。

4

要为冲锋陷阵者担当。
要为敢于亮剑者担当。
要为勇于改革者担当。

要为无私忘我者担当。

5

健全完善"容错机制"，为敢于担当者"兜住底"。

健全完善"考评机制"，让敢于担当者"吃得香"。

健全完善"保护机制"，让敢于担当者"无牵挂"。

6

切实增强使命感，铸牢担当之"魂"。

善于把方向，把稳担当之"舵"。

善于学习，增强担当之"能"。

深入调查研究，夯实担当之"基"。

严格依法依规，守住担当之"准绳"。

以上率下，凝聚担当之"合力"。

改革创新，增强担当之"效"。

7

强化"看齐追随、忠诚第一"的政治担当。

强化"使命引领、一心谋战"的奋战担当。

强化"初始即严、上下同严"的作风担当。

强化"首任首责、起步领先"的实干担当。

8

坚持原则，做到政治上坚定，树立敢于担当的勇气。

加强学习，提高本领，增强敢于担当的能力。

深入基层调研，了解掌握民情，筑牢敢于担当的基础。

履职尽责，勤于奉献，要有敢于担当的胸怀。

勤政廉洁，心底无私，要有敢于担当的底气。

9

敢于担当是贯穿党史的一条红线。

敢于担当是推进"四个全面"的重要动力。

敢于担当是衡量党员干部的时代标尺。

10

坚持问题导向。
树立科学态度。
强化责任意识。
弘扬"闯""冒"精神。

11

担当作为，就要解放思想变革观念。
担当作为，就要敢闯敢试敢为人先。
担当作为，就要扎实务实脚踏实地。
担当作为，就要接受人民的评判。

12

乐于担当有见识。
勇于担当有胆略。
善于担当有才干。
甘于担当有温情。

13

基层干部要站起来"能说"。
基层干部要坐下来"会写"。
基层干部要走出去"敢干"。

14

作风建设不能"半糖主义"，要过滤杂质，破除歪风邪气。
作风建设不能"半糖主义"，要沉淀自我，压实责任意识。
作风建设不能"半糖主义"，要留存本心，严管厚爱并重。

15

艰苦奋斗的传统不能丢。

积微成著的道理不能忘。
自我约束的动力不能缺。
作风建设的进程不能停。

16

加强学习，改进思想作风。
求真务实，转变工作作风。
艰苦奋斗，培养生活作风。

17

大兴调查研究之风。
大兴真抓实干之风。
大兴勤俭节约之风。

18

作风之变，以调研为抓手，夯实理想信念的根基。
作风之变，以落实为重点，弘扬壮士断腕的魄力。
作风之变，以担当为己任，筑牢廉洁自律的底线。

19

要有谦和有礼的态度。
要为群众常办实事好事。
要具备优秀的道德品质。

20

主动征求意见，力求一个"广"字。
开展交心谈心，贯穿一个"诚"字。
认真检查剖析，突出一个"深"字。
用好批评武器，强调一个"帮"字。
提出评议意见，坚持一个"实"字。
反馈评议意见，体现一个"真"字。

21

破形式主义之"弊"练坚强作风之"功"，要一揭二破，找准发力。

破形式主义之"弊"练坚强作风之"功"，要一招一式，持之以恒。

破形式主义之"弊"练坚强作风之"功"，要长管长严，保持高压。

22

基层减负要塑造"理想信念型"干部，补足精神之"钙"，筑牢思想防线，让初心使命"扎根铸魂"。

基层减负要塑造"恪尽职守型"干部，供足干事之"血"，锤炼优良作风，让求真务实"修身立基"。

基层减负要塑造"实干有为型"干部，增足担当之"肌"，永葆奋斗底色，让过硬本领"强筋壮骨"。

23

写好基层减负"续篇"，要坚持紧盯不放、常抓不懈。

写好基层减负"续篇"，要坚持严字当头、实字托底。

写好基层减负"续篇"，要坚持以上率下、层层带动。

24

求"真"，精准查摆问题。

求"实"，积极改进作风。

求"效"，深入"解剖麻雀"。

25

"减负"不谢幕，"情怀"不散场，要在法律上"下功夫"。

"减负"不谢幕，"情怀"不散场，要在监管上"做文章"。

"减负"不谢幕，"情怀"不散场，要在自身上"见实效"。

26

读懂"基层减负年"中的"减"内核。

读懂"基层减负年"中的"简"内核。

读懂"基层减负年"中的"俭"内核。

27

减"文山会海"。

减"督查检查"。

减"摘牌挂牌"。

减"工作留痕"。

减"重复填报"。

减"压力甩锅"。

减"光说不练"。

28

责任"定"盘，不能只"盯"复制粘贴。

紧"盯"问效，不能只"盯"收到回复。

"钉"钉子转作风，不能只"盯"汇报材料。

29

精简文件会议，不以数量论英雄。

精简督查检查，不以次数论成败。

减掉"无用"证明，不以多寡论实效。

容错免责，让基层干部撸起袖子加油干。

30

做敢于斗争、善于斗争的战士，必须经受严格的思想淬炼。

做敢于斗争、善于斗争的战士，必须经受丰富的政治历练。

做敢于斗争、善于斗争的战士，必须经受扎实的实践锻炼。

六、经济

1

勠力同心、团结一致，在砥砺奋进中书写精彩答卷，为经济高质量发展做出重要贡献。

深刻把握、勇毅前行，在继往开来中描绘发展蓝图，为经济高质量发展强化顶层设计。

立足当下、展望未来，在崭新起点上展现新的作为，为经济高质量发展凝聚洪荒之力。

2

知重负重、顶压奋进，综合实力更有强度。

蓄势赋能、精准助推，经济发展更有活力。

情系百姓、兜底补短，民生事业更有温度。

攻坚克难、提速发力，体制改革更有力度。

及早选苗、跟踪培养，队伍建设更有准度。

3

在"形"与"势"的变化中坚定信心。

在"危"与"机"的转换中把握机遇。

在"稳"与"进"的统一中积极作为。

4

坚持善作善成，深化目标引领，接续走好新时代赶考路。

坚持综合施策，加快财源建设，推动财政发展更可持续。

坚持多措并举，全力向上争资，服务经济高质量发展。

坚持优化结构，加强支出管理，规范财政支出顺序。

坚持改革创新，推进融合发展，激发经济发展动能。

坚持底线思维，增强风险意识，防范化解债务风险。

坚持从严从实，加强精细管理，持续抓好财经纪律。

5

从投资、消费、外贸"三驾马车"看经济运行。

从农业、工业、服务业"三大产业"看经济运行。

从财税、金融、能源"三大保障"看经济运行。

从创新、市场、招商"三大活力"看经济运行。

从就业、收入、支出"三大民生"看经济运行。

6

鼓足干劲，科学谋划明年工作。
加压冲刺，抓好年底圆满收官。
深度研判，提高形势分析水平。
落地为王，紧抓重点项目建设。
完善机制，迅速形成工作合力。

7

项目签约、可喜可贺，令人振奋。
××新区、闪亮登场，令人向往。
金融助力、前景广阔，令人期待。

8

谋划明年发展，既要显绩，更重潜绩。
谋划明年发展，既要治标，更重治本。
谋划明年发展，既要数量，更重质量。
谋划明年发展，既修生态，更修人文。
谋划明年发展，既要发展，更重民生。

9

要进一步提升创新动力。
要进一步做强产业实力。
要进一步彰显城市魅力。
要进一步释放开放活力。
要进一步凝聚发展合力。

10

编制规划纲要，要坚持方向性，充分展现担当。
编制规划纲要，要坚持科学性，充分展现智慧。
编制规划纲要，要坚持务实性，充分结合实际。

编制规划纲要，要坚持人民性，充分彰显温度。

11

在深化认识中把握大局，编制一个高站位、高起点的《规划纲要》。
在找准定位中明确方向，编制一个有特色、能落地的《规划纲要》。
在开门问策中集思广益，编制一个聚民心、谋民利的《规划纲要》。

12

拼项目拼的是进度。
拼项目拼的是主动。
拼项目拼的是担当。

13

要彰显产业融合度。
要彰显文化引领度。
要彰显开放活跃度。
要彰显品质宜居度。

14

奋进新征程，我们要把握大好形势。
奋进新征程，我们要干出发展优势。
奋进新征程，我们要夺取发展胜势。
奋进新征程，我们要保持昂扬气势。

15

谋划项目要主动，更有深度。
推进项目要主动，更有力度。
服务项目要主动，更有热度。

16

发展经济的担当要体现在示范引领上。
发展经济的担当要体现在导向激励上。

发展经济的担当要体现在督查考核上。

17

项目考核倒逼着我们拼进度。

发展预期倒逼着我们拼进度。

客商期盼倒逼着我们拼进度。

18

发展经济要树立底线思维，继续保持"乱云飞渡仍从容"的沉稳定力。

发展经济要树立战略思维，始终胸怀"登泰山而小天下"的雄心壮志。

发展经济要树立创新思维，全面展示"敢叫日月换新天"的改革魄力。

发展经济要树立全局思维，不断增强"咬定青山不放松"的执着韧劲。

19

抓好明年经济发展，要谋出干事创业大格局。

抓好明年经济发展，要创出比学赶超大气魄。

抓好明年经济发展，要拼出担当贡献大作为。

20

打造发展的重要支点，要推动产业层次向上提升。

打造发展的重要支点，要推动科创水平向高提升。

打造发展的重要支点，要推动营商环境向优提升。

21

要在经济发展中走在前列。

要在激烈竞争中占据主动。

要在推动转型中展现作为。

22

要放眼全球"大视野"。

要聚焦产业"大方向"。

要做好改革"大文章"。

要营造发展"大生态"。

23

发展工业是头版头条，工业强区的主导地位不可动摇。
有效投入是最强引擎，工业强区的现实路径必须坚定。
改革开放是关键一招，工业强区的发展环境重点优化。

24

工业强要强在项目的招大引强上。
工业强要强在企业的培大育强上。
工业强要强在园区的求大图强上。

25

放眼谋全局。
乘势抓推进。
全力保目标。

26

园区规模持续拓展。
园区效益持续提升。
园区带动持续增强。

27

要聚焦生态环保建设"绿色园区"。
要聚焦优势领先建设"特色园区"。
要聚焦完善链条建设"高效园区"。
要聚焦做实主体建设"活力园区"。
要聚焦创新驱动建设"智慧园区"。
要聚焦融合发展建设"开放园区"。

28

现代农业园区要建成农业发展的"主战场"。

现代农业园区要建成农村繁荣的"动力源"。
现代农业园区要建成农民增收的"助推器"。

29

要坚决汇聚推动经济发展的强大合力。
要坚决完善推动经济发展的体制机制。
要坚决强化推动经济发展的关键保障。

30

加快提质增效，当好经济发展"先行官"。
助推能源转型，争做绿色发展"排头兵"。
攻克技术难关，勇当改革创新"领头雁"。
强化改革攻坚，激发不断前进"内驱力"。
加强风险防控，筑牢安全发展"防火墙"。

31

要大力营造综合最优的政策环境。
要大力营造透明高效的政务环境。
要大力营造公平竞争的市场环境。
要大力营造轻装上阵的成长环境。
要大力营造齐心创业的工作环境。
要大力营造亲商富商的人文环境。

32

平台是基础，要打造科技创新的"孵化园"。
产业是根本，要打造科技创新的"智慧芯"。
企业是主体，要打造科技创新的"新引擎"。
人才是支撑，要打造科技创新的"主力军"。
转化是路径，要打造科技创新的"能量源"。
政策是保障，要打造科技创新的"助推器"。

33

把握好经济工作的重要遵循，要研判好"时"与"势"。

把握好经济工作的重要遵循，要辨别好"危"与"机"。
把握好经济工作的重要遵循，要处理好"谋"与"进"。

34

务必止跌减损抓工业。
务必刺激消费抓三产。
务必夯实基础抓统筹。
务必用心用情抓民生。

35

去年经济成绩巨大，如不巩固，就会付之东流。
今年工作大意不得，如不重视，就会马失前蹄。
牢固树立底线思维，如不精准，就会阴沟翻船。
深化思想转变作风，如不负责，就会浮在面上。
狠抓落实务求实效，如不坚持，就会前功尽弃。

36

面向经济主战场，合力攻硬核。
聚焦产业创新点，重塑供应链。
抢占竞争制高点，勇闯无人区。

37

大项目是产业之本，必须谋深做实。
大投资是发展之源，必须全心全意。
大保障是落地之要，必须做精做优。

38

顺势而为谋产业。
瞄准龙头抢项目。
扬长补短打基础。
真诚服务解难题。

39

做好项目申报，务必要提高站位、高度重视。
做好项目申报，务必要吃透政策、精准申报。
做好项目申报，务必要强化监管、注重实效。
做好项目申报，务必要压实责任、健全机制。

40

要抓巩固、保势头。
要抓研判、补短板。
要抓协同、聚合力。

41

锚定任务目标。
抓紧展开工作。
提高项目质量。
创新招商方式。
加强协调配合。
强化督导考核。

42

要把发展"乡愁"产业作为富民增收的关键之策，致力创新破题，激活"一池春水"。
要把发展"乡愁"产业作为富民增收的关键之策，聚力生态赋能，加快"两个促进"。
要把发展"乡愁"产业作为富民增收的关键之策，着力大众创业，开辟"三条路径"。

43

创优发展环境要市镇两级联动，奏响组织部署"前奏曲"。
创优发展环境要代表全员出动，奏响建言献策"交响曲"。
创优发展环境要创新举措齐动，奏响督促落实"进行曲"。

44

一年接着一年干，经济发展硕果累累。
一年接着一年抓，经济发展信心满满。
一年接着一年冲，经济发展欣欣向荣。

45

大事喜事"一桩接着一桩"。
产业复苏"一月好过一月"。
发展势头"一浪高过一浪"。

46

要借力借势抓发展。
要厚植优势抓发展。
要转化劣势补短板。

47

要把发展要素做齐做全"强起来"。
要把产业活动多姿多彩"办起来"。
要把营商环境用心用情"优起来"。

48

要聚焦经济社会发展的堵点，持续深化改革，充分激发发展活力。
要聚焦市场主体反映强烈的痛点，持续深化改革，充分激发发展活力。
要聚焦群众关心关切的难点，持续深化改革，充分激发发展活力。

49

要更精准、更彻底地"放"，"放"出更高便利度。
要更到位、更公正地"管"，"管"出更高公平度。
要更便捷、更优质地"服"，"服"出更高满意度。
要更务实、更有效地"干"，"干"出更高美誉度。

50

日常管理成效显著。
项目建设加速推进。
改革创新取得进展。
管理效益有所提升。
队伍建设不断加强。
底线工作切实平稳。

51

经济指标稳中有进。
招商引资卓有成效。
项目建设有序推进。
规划体系不断提升。
环境治理成效凸显。
企业服务持续优化。
安全生产形势稳定。

52

最喜人的是经济平稳较快增长。
最振奋的是项目建设快速推进。
最给力的是主导产业持续壮大。
最直观的是城乡面貌不断变化。
最欣慰的是群众生活日益改善。
最凝心的是干部作风得到转变。

53

转型发展步伐进一步加快。
项目建设成效进一步凸显。
经济质量效益进一步提升。
科技创新成果进一步显现。

54

经济发展有声有色。
项目建设有点有面。
改革创新有章有法。
民生事业有板有眼。

55

产业转型注动力。
项目建设再发力。
创新机制增活力。
部门联动聚合力。
宣传发动添助力。
攻坚克难更有力。

56

县域实力显著提升。
内生动力全面激发。
城乡面貌大为改观。
三次产业共生演进。
发展后劲持续增强。
社会和谐稳步推进。
自身建设不断加强。

57

开发态势持续向好。
投资成本有效控制。
管理水平稳步提升。

58

坚持以促转型挖掘增长潜力，产业层次显著提升。
坚持以抓统筹彰显环境魅力，城乡面貌焕然一新。
坚持以深改革增强内生动力，各项改革蹄疾步稳。

坚持以惠民生激发发展活力，社会大局安定祥和。

59

全力做优发展布局，在推动科学发展上要有新作为。
加快调整产业结构，在壮大综合实力上要有新作为。
着力改善城乡环境，在提升区域形象上要有新作为。
大力提高民生水平，在幸福城市建设上要有新作为。

60

更加注重供给改革，加快新旧动能转换。
更加注重产业升级，加快提升经济质效。
更加注重项目建设，加快夯实发展基础。
更加注重创新发展，加快激发市场活力。
更加注重协调发展，加快推进城乡建设。
更加注重绿色发展，加快推进生态保护。
更加注重开放发展，加快培育发展优势。
更加注重共享发展，加快健全民生保障。

61

抓"产业提质"，壮大了综合实力。
抓"项目提速"，厚植了发展潜力。
抓"招商提效"，增强了造血能力。
抓"平台提优"，进发了创新活力。
抓"管理提升"，彰显了实干合力。

七、民生

1

民生指标全省前列。

亮点工作全国一流。
保障能力全市标杆。
文明创建荣誉满堂。

2

深刻研究和把握"坚持以人民为中心"的发展理念。
深刻研究和把握新时代民政工作的总体要求。
深刻研究和把握新阶段民政事业的发展思路。
深刻研究和把握民政工作面临的重大任务。

3

这是医药卫生体制改革持续深化的五年。
这是医疗卫生服务质量稳步提升的五年。
这是公共卫生体系不断健全完善的五年。
这是医药改革发展取得显著成效的五年。
这是群众健康保障水平不断提高的五年。

4

医药产业建设取得新进展。
医疗服务能力得到新提升。
公共卫生服务迈上新台阶。
重点保障政策得到新加强。
行业发展环境实现新优化。

5

聚力医疗服务提质增效抓攻坚、求突破。
聚力中医药创新传承抓攻坚、求突破。
聚力深化公共卫生改革抓攻坚、求突破。
聚力基层医疗卫生服务能力提升抓攻坚、求突破。

6

双拥安置工作成效明显。

社会救助体系日趋完善。
福利慈善工作扎实推进。
社会治理能力显著增强。
减灾救灾能力不断提升。
社会事务工作更加规范。
民政管理服务持续优化。

7

"科学谋划 + 压实责任"添干劲。
"修好房子 + 建致富路"强基础。
"发展产业 + 培训就业"促增收。
"公共服务 + 政策兜底"固保障。

8

心贴心交流，解决"一层纸"问题。
送服务上门，解决"一厘米"问题。
急群众所急，解决"一分钟"问题。

9

为官要善为，"法"字当头做功课。
为官要敢为，"干"字为要抓效率。
为官要有为，"好"字为纲惠民生。

10

看着群众提承诺。
听着民生定举措。
嗅着民味接地气。
说着方言掏心窝。

11

联系群众要贴心。

服务群众要全心。

关心群众要真心。

帮助群众要热心。

接待群众要耐心。

请教群众要虚心。

宣传群众要实心。

动员群众要细心。

依靠群众要诚心。

善待群众要恒心。

12

困难在一线解决。

矛盾在一线化解。

感情在一线联络。

能力在一线培养。

作风在一线磨炼。

工作在一线推进。

政策在一线宣传。

13

关注"衣食住行"，抓好"基本民生"。

关怀"生老病死"，保障"底线民生"。

关切"安居乐业"，强化"热点民生"。

14

离得开凳子。

撂得下架子。

扑得下身子。

掏得出心窝子。

15

靠一言一行诠释公仆内涵。

凭一举一动演绎公仆角色。

借一来一往凝聚鱼水深情。

16

深入乡村"望"民情，观基层风貌。

倾听建议"闻"呼声，查百姓需要。

放下身段"问"计策，纳民间良方。

把准脉搏"切"症结，解群众难题。

17

困难面前，群众就有"主心骨"。

危急关头，群众就有"定盘星"。

干事创业，群众就有"聚合力"。

放飞梦想，群众就有"领头雁"。

18

对标社区建设水平的"尺码"。

增强民生保障能力的"砝码"。

解锁社会治理效能的"密码"。

19

"处处绿水青山"彰显生态底色"美意度"。

"家家金山银山"激发生产改革"加速度"。

"人人喜笑颜开"融汇生活空间"幸福度"。

20

谋发展、促民生，"经济改革"点燃转型引擎。

谋发展、促民生，"创新磁场"吸引人才集聚。

谋发展、促民生，"优惠政策"做优产业集群。

21

生活品质浸润人情味。

共建共享谱写和谐曲。
文化传承凝聚向心力。

22

名人故里"探寻游"。
回归自然"休闲游"。
地方文化"欣赏游"。
红色教育"洗礼游"。
品尝美味"享受游"。

23

重大疾病防治，麻痹思想要不得。
重大疾病防治，严防严控松不得。
重大疾病防治，保障机制缺不得。

24

确保安全度汛，要看好"天"。
确保安全度汛，要注重"地"。
确保安全度汛，要加强"人"。

25

到群众最需要的地方去，就是要让他们的间隔越贴越紧。
到群众最需要的地方去，就是要让他们的日子越过越甜。
到群众最需要的地方去，就是要让他们的腰包越来越鼓。

26

服务群众，要引领建好"群"。
服务群众，要依法管好"群"。
服务群众，要有效用好"群"。

27

建设宜居城市，思想观念要往"新"里转。

建设宜居城市，产业结构要往"高"里转。

建设宜居城市，城乡建设要往"优"里转。

28

慈善工作是一项事业，需要提高落实力、展现新作为。

慈善工作有一些短板，需要增强协同力、撬动新支点。

慈善工作是一面镜子，需要映射影响力、激发新动能。

慈善工作是一种风尚，需要优化组织力、谱写新篇章。

29

提升民生保障要建机制。

提升民生保障要打基础。

提升民生保障要抓落实。

30

抓民生要推动思维更新。

抓民生要推动机制出新。

抓民生要推动方法创新。

31

要在贯彻决策部署中做慈善。

要在把握时代脉搏中做慈善。

要在促进社会文明中做慈善。

32

组织慈善活动要多样化。

开展慈善服务要精准化。

监管慈善资金要法治化。

33

带您感受城市之"金"，领略一城经久不衰的人文魅力。

带您感受城市之"木"，开启一段赏心悦目的生态之旅。
带您感受城市之"水"，享受一份水到渠成的创业体验。
带您感受城市之"火"，共赴一场热火朝天的发展盛宴。
带您感受城市之"土"，拥抱一方脱贫致富的广阔天地。

34

城市的幸福，来自得天独厚的绿色根基、更新蝶变的魅力都市。
城市的幸福，来自崇文重教的人文精神、开放友好的人才生态。
城市的幸福，来自潜心发展的内在冲动、创造活力的持续涌动。

35

在这里，你能在城市印记中读懂千年文脉。
在这里，你能在全域美丽中体验亮点景致。
在这里，你能在城乡风光中感受绿色发展。

36

我们有幸与你共聚江海交汇的发展热土。
我们期盼与你共享江海联动的时代机遇。
我们憧憬与你共创江海之约的美好未来。

37

要牢牢把握农业经济"强"。
要牢牢把握农民百姓"富"。
要牢牢把握农村环境"美"。
要牢牢把握文明程度"高"。

38

提升美丽城市品质。
提升美丽乡村品质。
提升美丽生态品质。
提升美丽文旅品质。

39

有一种坚持的韧劲叫不胜不休。

有一种为民的精神叫迎难而上。

有一种服务的力量叫众志成城。

40

要用稳劲盯准惠民政策"抓贯彻"。

要用狠劲盯实民生领域"防风险"。

要用韧劲盯牢民生指标"保完成"。

41

要聚焦"巩固脱贫成效"盯住抓、抓到底。

要聚焦"增强脱贫后劲"盯住抓、抓到底。

要聚焦"压实工作责任"盯住抓、抓到底。

要聚焦"强化工作保障"盯住抓、抓到底。

42

我们的幸福，来自"千里海岸线、一幅山水画"中的精致魅力。

我们的幸福，来自"千里海岸线、一条创新链"上的蓬勃活力。

我们的幸福，来自"千里海岸线、一首文明曲"里的独特亲和力。

43

这里是中国对话世界的"窗口"。

这里是梦想飞向世界的"渡口"。

这里是勇者搏击世界的"风口"。

44

以清醒的认知把准教育脉搏。

以奋进的姿态接续教育梦想。

以必胜的决心成就教育未来。

45

构建民生之城，要一体化规划破解"发展协同难"。
构建民生之城，要一体化智治破解"跨区治理难"。
构建民生之城，要一体化布局破解"产业对接难"。
构建民生之城，要一体化共享破解"要素流动难"。

46

打好风险防范攻坚战。
织好基层治理制度网。
兜牢民生保障生命线。

47

安全是最基本的民生，要始终把人民安全摆在第一位，坚持安全发展不动摇。
安全是最基本的民生，要始终把责任落实抓在第一步，坚持依法治安不动摇。
安全是最基本的民生，要始终把风险隐患除在第一环，坚持专项整治不动摇。
安全是最基本的民生，要始终把安全宣讲落在第一线，坚持夯实基础不动摇。

48

做好安全生产工作，要坚持以"严责"促安全。
做好安全生产工作，要坚持以"严防"促安全。
做好安全生产工作，要坚持以"严整"促安全。
做好安全生产工作，要坚持以"严惩"促安全。
做好安全生产工作，要坚持以"严规"促安全。

49

打造智慧安全"中枢"。
搭建风险防控"骨架"。
丰富城市安全"肌肉"。
畅通网格治理"末梢"。

50

消除制约民生发展的难点堵点，要攻"抓整改"之坚。

消除制约民生发展的难点堵点，要攻"补短板"之坚。
消除制约民生发展的难点堵点，要攻"除隐患"之坚。

51

抓民生不能做表面文章，要构建"不留死角"的防治制度。
抓民生不能做表面文章，要构建"不留空隙"的责任制度。
抓民生不能做表面文章，要构建"不留情面"的监管制度。

52

以传统风貌肌理勾勒"古城之韵"。
以靓丽城市品质彰显"古城之秀"。
以优良生态环境诠释"古城之美"。

53

推动文化资源"创新转化"。
推动产业集群"能级跃升"。
推动传统商圈"蝶变新生"。

八、乡村

1

坚持"以城带乡"规划乡村全域旅游。
坚持"因地制宜"定位乡村全域旅游。
坚持"项目引领"支撑乡村全域旅游。

2

将"景区标准"植入基础建设全过程。
将"旅游产品"植入产业扶贫全过程。

将"民风民俗"植入新村建设全过程。

3

实施乡村产业振兴，要坚持政府引领、国企搭台。
实施乡村产业振兴，要坚持社会参与、市场运作。
实施乡村产业振兴，要坚持协会组织、群众自力。

4

实现了村容村貌从"农村"到"景区"的逐步转变，生产生活环境得到彻底改善。
实现了农村资源从"沉睡"到"唤醒"的逐步转变，长效增收产业取得重大突破。
实现了群众工作从"说教"到"感召"的逐步转变，精神文明自觉得到充分激发。

5

突出"集群集聚"，加快推进农业产业兴旺。
突出"三新带动"，不断拓宽农民增收路径。
突出"城乡融合"，全力打造生态宜居乡村。
突出"改革创新"，有效激发农村发展活力。

6

坚持把决胜脱贫攻坚作为乡村振兴的重要前提。
坚持把做强农村产业作为乡村振兴的首要支撑。
坚持把推进农村改革作为乡村振兴的动力源泉。
坚持把改善农村环境条件作为乡村振兴的重点任务。
坚持把创新农村治理作为乡村振兴的内在要求。
坚持把农村人才队伍建设作为乡村振兴的坚实保证。

7

乡村发展要有独特性，必须要结合自身特点。
乡村发展要有独特性，必须要打造特色品牌。
乡村发展要有独特性，必须要依靠人才优势。

8

实施乡村振兴战略是对新农村建设的超越与升华。

实施乡村振兴战略的目标是实现农业农村现代化。

实施乡村振兴战略的关键是激发乡村内生动力。

实施乡村振兴战略要让乡村文化"活"起来。

实施乡村振兴战略要做到因地制宜。

9

以幸福美丽新村助推新型城镇化，要抓统筹规划，释放发展潜力。

以幸福美丽新村助推新型城镇化，要抓产业支撑，强化内生动力。

以幸福美丽新村助推新型城镇化，要抓民生改善，增强新村磁力。

以幸福美丽新村助推新型城镇化，要抓配套改革，激发发展活力。

以幸福美丽新村助推新型城镇化，要抓风貌塑造，增添新村魅力。

以幸福美丽新村助推新型城镇化，要抓机制创新，汇聚建设合力。

10

在乡村文化振兴上发挥引领作用。

在生态生产生活上发挥促进作用。

在乡村旅游扶贫上发挥推进作用。

在城乡一体发展上发挥融合作用。

在创造美好生活中发挥主导作用。

11

坚持把做强农村产业作为乡村振兴的首要任务，进一步打开"绿水青山就是金山银山"的通道。

坚持把推进农村改革作为乡村振兴的强大动力，进一步释放农村的发展活力、改革红利。

坚持把办好民生实事、"关键小事"作为乡村振兴的大事来抓，进一步满足农民群众日益增长的美好生活需要。

坚持把加强乡村治理作为乡村振兴的内在要求，进一步巩固发展农民安居乐业、农村文明有序的良好局面。

坚持把加强农村基层组织建设作为乡村振兴的根本保证，进一步增强政治领导力、思想引领力、群众组织力、社会号召力。

12

发展特色现代农业，加快乡村振兴步伐，要打好特色牌。
发展特色现代农业，加快乡村振兴步伐，要扶好小农户。
发展特色现代农业，加快乡村振兴步伐，要唱好融合戏。
发展特色现代农业，加快乡村振兴步伐，要组好工作队。

13

加快产业转型升级，夯实乡村振兴经济基础。
改善农村环境条件，让农民生活幸福安康。
加强思想道德建设，促进乡村文化繁荣兴盛。

14

下功夫找准打开乡村振兴的"钥匙"，需要落实精准扶贫。
下功夫找准打开乡村振兴的"钥匙"，需要摆脱传统依赖。
下功夫找准打开乡村振兴的"钥匙"，需要激发内生动力。

15

乡村振兴要追求"风清气明"，变革丧葬祭祀之风。
乡村振兴要追求"风清气明"，留住家风乡愁之魂。
乡村振兴要追求"风清气明"，传递绿色文明之美。

16

建设宜人生态，是乡村振兴的基本前提。
夯实经济基础，是乡村振兴的内在保障。
发扬农耕文化，是乡村振兴的核心亮点。

17

乡村振兴，"明白人"是关键。
乡村振兴，"带头人"是核心。
乡村振兴，"实干人"是根本。

18

推进土地流转实施产业化经营,实现产业兴旺。

推进土地流转进行规模化布局,实现生态宜居。

推进土地流转加快城乡一体化,实现乡风文明。

推进土地流转进行规范化建设,实现有效治理。

推进土地流转开展多元化增收,实现生活富裕。

19

乡村振兴体现了历史与现实的统一。

乡村振兴是建设现代化的必然要求。

乡村振兴是新时代乡村发展的新动力。

乡村振兴明确了乡村发展的新任务。

乡村振兴指明了城乡关系发展的方向。

20

乡村振兴,农业产业要优化。

乡村振兴,基础设施要先行。

乡村振兴,绿色发展要优先。

乡村振兴,人居环境要改善。

乡村振兴,乡村治理要见效。

乡村振兴,农村文化要繁荣。

乡村振兴,基层政权要牢固。

乡村振兴,互联网要全覆盖。

乡村振兴,农业机械要普及。

乡村振兴,农村改革要深化。

21

奋力谱写新时代乡村振兴新篇章,开创新时代"三农"工作新局面,要坚持以习近平新时代中国特色社会主义思想为统领。

奋力谱写新时代乡村振兴新篇章,开创新时代"三农"工作新局面,要坚定走中国特色社会主义乡村振兴道路。

奋力谱写新时代乡村振兴新篇章,开创新时代"三农"工作新局面,要全面抓好乡村振兴战略重点任务落实。

22

以建设带动发展，让产业"强"起来。
以责任促进治理，让环境"美"起来。
以平安构建和谐，让乡风"淳"起来。
以法治引领"三治"，让管理"活"起来。

23

以法治为保障，实现乡村治理有序。
以德治为引领，实现乡村治理有魂。
以自治为核心，实现乡村治理有力。

24

以发展农村经济为支撑，打造"有产业"的新乡村。
以生态文明建设为引领，打造"有颜值"的新乡村。
以文化遗产保护为重点，打造"有乡愁"的新乡村。
以鼓励创新创业为核心，打造"有活力"的新乡村。

25

要深刻认识乡村振兴战略的新定位。
要深刻认识乡村振兴战略的新蓝图。
要深刻认识乡村振兴战略的新目标。
要深刻认识乡村振兴战略的新形势。
要深刻认识乡村振兴战略的新道路。
要深刻认识乡村振兴战略的新政策。

26

要弄清楚什么样的乡村才算振兴？
要想明白怎样才能推动乡村振兴？
要规划好推动乡村振兴的钱从哪来？
要探索如何建立推动乡村振兴的体制机制？

要思考如何形成推动乡村振兴的强大合力?

27

始终坚持乡村振兴"重中之重"的战略定位。

始终坚持乡村产业优先发展的基本思路。

始终坚持农业农村现代化的发展方向。

始终坚持城乡融合创新发展的实施路径。

始终坚持乡村绿色低碳发展的科学理念。

28

着眼产业兴旺，建设农业强市。

着眼生态宜居，建设美丽乡村。

着眼乡风文明，留住乡愁记忆。

着眼治理有效，促进共治共享。

着眼生活富裕，提高收入水平。

着眼动能转换，深化农村改革。

29

脱贫攻坚是项硬任务。

精准脱贫要有硬措施。

全面脱贫要扛硬责任。

30

要深刻领会准确把握"绿水青山就是金山银山"的辩证关系。

要深刻领会准确把握"新形势下深化农村改革"的底线思维。

要深刻领会准确把握"农业供给侧结构性改革"的工作主线。

要深刻领会准确把握"大力实施乡村振兴战略"的重大部署。

要深刻领会准确把握"加快推进城乡融合发展"的基本路径。

要深刻领会准确把握"全面小康一个都不能少"的为民情怀。

31

突出质量兴农，深化供给侧结构性改革。

注重产业融合，增强农村双创能力。

立足绿色发展，强化人与自然和谐共生。

夯实农业基础，补齐补足发展短板。

坚持协调统筹，促进城乡融合发展。

紧盯全面小康，精准扶贫精准脱贫。

创新体制机制，深化农村综合改革。

32

牢牢把握"三农"工作的新理念新思想新战略丰富内涵，坚决把思想和行动统一到党中央决策部署上来。

充分肯定"三农"工作取得的丰硕成果，满怀激情迎接乡村振兴实践新使命。

准确把握"三农"面临的新机遇、新挑战，以更加奋发有为的姿态迈步乡村振兴新征程。

33

必须紧紧围绕农业农村优先发展原则，加快夯实全面小康坚实基础。

必须紧紧围绕实施乡村振兴战略总要求，奋力推进新时代乡村全面振兴。

必须紧紧围绕稳中求进、融合发展工作总基调，又好又快推进乡村振兴。

必须紧紧围绕走中国特色社会主义乡村振兴道路，探索乡村振兴新路子。

必须紧紧围绕践行以人民为中心的发展思想，切实提升农民群众获得感幸福感。

34

让产业找得到效益。

让资本找得到平台。

让村庄找得到韵味。

让活动找得到场所。

让群众找得到组织。

让基层找得到认同。

让致富找得到门路。

让乡愁找得到归属。

35

紧扣现代农业这个主攻点，大力实施产业升级工程。

扭住夯实基础这个根本点，大力实施强基固本工程。

突出改善环境这个关键点，大力实施生态建设工程。

狠抓城乡一体化这个落脚点，大力实施城乡统筹工程。

36

农业要发展，"信心比黄金还珍贵"。

农业要发展，"创新的事业，必须创新地干"。

农业要发展，"组织领导到位，才能工作落实到位"。

37

"农业产业化"势头好。

"农村基础设施建设"势头好。

"秀美乡村建设"势头好。

"农村环境建设"势头好。

"农村改革工作"势头好。

38

打好"现代农业"攻坚战。

打好"美丽家园"攻坚战。

打好"控违拆违"攻坚战。

打好"精准扶贫"攻坚战。

39

扎实推进结构调整优化。

扎实推进适度规模经营。

扎实推进农业科技创新。

扎实推进农业保障服务。

40

坚持把加强基层组织建设作为乡村振兴的根本保证，加快完善自治、法治、德治相结合的乡村治理体系。

坚持把推进美丽乡村建设作为乡村振兴的重要路径，巩固发展农村环境干净整洁、农民安居乐业的良好局面。

坚持把推进农村农业改革作为乡村振兴的强大动力，进一步释放农村发展活力。

41

建设规划更加科学。
基础设施更加完善。
生态旅游更加兴旺。

42

坚持走产业融合之路，大力提升现代农业发展效益。
坚持走品牌发展之路，全力打造美丽乡村建设升级版。
坚持走标本兼治之路，全面提高乡风文明建设水平。
坚持走以人为本之路，积极促进乡村长治久安。
坚持走富民强乡之路，全力提高百姓生活福祉。

43

抓三次产业融合发展，提升县域经济发展层级。
抓产业、项目、园区整合，构筑县域经济发展优势。
抓农村治理体系建设，夯实县域经济发展基础。

44

农村双创为现代农业建设增添了新要素。
农村双创为农村经济提质增强了新动能。
农村双创为农民就业增收增加了新渠道。
农村双创为城乡融合发展增补了新力量。

45

乡村振兴战略精准了"三农"工作定位。
乡村振兴战略明确了"三农"工作要求。
乡村振兴战略绘就了"三农"工作路径。
乡村振兴战略指明了"三农"工作方向。

46

突出"调结构",扎实推进农业供给侧结构性改革。

突出"增效益",加快农业农村农民增收步伐。

突出"优环境",全面推进美丽宜居乡村建设。

突出"强保障",提高"三农"工作组织实施水平。

47

要紧抓产业富民这个基础。

要紧抓创业富民这个关键。

要紧抓脱贫攻坚这个难点。

48

农村产业改革稳步推进。

城乡融合发展持续推进。

精准扶贫攻坚纵深推进。

49

农业绿色发展步伐显著加快。

产业融合发展力度显著加大。

农业农村基础设施显著改善。

农业经营主体规模显著增大。

50

要强化"三农"工作领导。

要建强基层组织基础。

要重视乡风文明建设。

要完善乡村治理机制。

51

实施乡村振兴战略,必须增强紧迫感。

实施乡村振兴战略,必须增强使命感。

实施乡村振兴战略,必须增强责任感。

52

肯定成绩，总结教训，全面梳理过去一年工作开展情况。
凝心聚力，扎实推进，确保乡村振兴战略开好局起好步。
强化保障，优化服务，全力推动乡村振兴战略落地落实。

53

调结构，推进农业供给侧改革。
促转型，加快农业现代化建设。
挖潜力，培育农村新产业新模式。
强基础，提高农业综合生产能力。
建新村，实现业兴家富人更美。
抓改革，激发农村发展活力。
惠民生，着力实施精准脱贫。
固根基，完善乡村治理机制。

54

优化农村产业区域布局。
促进农村产业升级发展。
加快农村产业融合发展。

55

农业经济发展成效显著，目标任务圆满完成。
贯彻落实××会议精神，厚植农业发展优势。
落实今年各项工作任务，实现乡村振兴良好开局。
加强农业系统自身建设，适应农业发展新常态。

56

推动乡村振兴，要强化作风建设。
推动乡村振兴，要强化能力建设。
推动乡村振兴，要强化队伍建设。

57

要牢固树立创新强农发展理念。

要牢固树立协调惠农发展理念。
要牢固树立绿色兴农发展理念。
要牢固树立开放助农发展理念。

58

始终强化"农业为重"这个理念。
深度挖掘"农村改革"这个红利。
持续抓好"农民增收"这个核心。
高度重视"人居环境"这个根本。

59

提高农业农村工作能力和水平，要加强组织领导。
提高农业农村工作能力和水平，要做到知行合一。
提高农业农村工作能力和水平，要创新工作方法。
提高农业农村工作能力和水平，要改进工作作风。

60

创新农业工作思路，发展理念要更新。
创新农业工作思路，推进手段要加强。
创新农业工作思路，落实机制要完善。

61

提高农业系统服务水平，要敢于担当，大兴自强创业之风。
提高农业系统服务水平，要与时俱进，大兴持续创新之风。
提高农业系统服务水平，要爱岗敬业，大兴争先创优之风。

62

巩固成果，深化提升，着力打造乡村建设"升级版"。
扎实推进，深化改革，着力培育农村发展"新动能"。
明确分工，压实责任，着力推动各项工作"落到地"。

63

源于深化改革，怎么解决农村改革"探索先行、发展滞后"的问题思考。

源于贫困山区，怎么进行精准扶贫、实现全面小康目标的问题思考。

源于山地实际，怎么发挥优势、发展现代农业的问题思考。

64

推进资源变股权，让沉睡的资源活起来。

推进资金变股金，让分散的资金聚起来。

推进农民变股民，让增收的渠道多起来。

65

凝聚共识、精准施策，农村改革工作整体推进有力。

找准差距、查摆问题，切实完善改进工作方式方法。

紧盯目标、加大力度，确保农村改革工作蹄疾步稳。

66

突出建设重点，构建典型推进新格局。

突出产业支撑，培育乡村经济新业态。

突出机制创新，激发多方共建新动能。

九、改革

1

要胸怀大局大势，在"为何改"这一首要问题上有更深刻的认识。

要全面悟深悟透，在"往哪改"这一基本方向上有更坚定的自觉。

要聚焦重点难点，在"改什么"这一主体环节上有更务实的举措。

要坚持先行先试，在"怎么改"这一实践方法上有更精准的路径。

2

聚焦健全改革机制，全面构建改革体系。
聚焦重点领域改革，狠抓改革任务落实。
聚焦提高改革质效，强化改革推进措施。

3

深化改革要"抓责任"。
深化改革要"抓问题"。
深化改革要"抓考核"。

4

全面进行工作部署，改革不能"读半篇"。
不断严格工作要求，改革不能"宽松软"。
积极加强跟踪督办，改革不能"不落实"。

5

谋深做实"壮大人才队伍"大文章。
谋深做实"加快改革进度"大文章。
谋深做实"归纳亮点工作"大文章。

6

突出理念更新，推出了一批改革举措。
突出机制创新，形成了一批改革经验。
突出超前思考，谋划了新一年改革工作。

7

争当改革创新的"撑旗手"。
争当产业转型的"领头羊"。
争当产城融合的"排头兵"。

8

深化改革，要提速数字经济。

深化改革，要提质金融服务。
深化改革，要提振消费信心。
深化改革，要提升营商环境。
深化改革，要提高治理水平。

9

激发动能，推进产业结构调整。
聚焦重点，深化政务服务改革。
对标先进，创新社会治理手段。
提质增效，优化公共资源配置。

10

突出目标导向，聚焦发展抓改革。
突出问题导向，聚焦治理抓改革。
突出需求导向，聚焦民生抓改革。

11

在改革上挖深度。
在服务上增温度。
在覆盖上拓广度。
在成效上添亮度。

12

以"咬定青山不放松"的改革闯劲，勇开新局。
以"敢啃硬骨头"的改革担当，攻坚破局。
以"为民谋福祉"的改革情怀，放大格局。

13

主要举措——以制度创新激发财政活力。
工作成效——财政治理效能进一步提升。
改革建议——推进财政治理协同融合发展。

14

完善管理体制，激发发展活力。
优化分成比例，促进均衡发展。
推进审批改革，强化支出管理。
创新工作方法，提高保障能力。

15

突出重点、把握关键，狠抓改革攻坚落实落地。
科学分析、精准查找，深挖改革攻坚堵点痛点。
强化措施、狠抓落实，推动改革攻坚行稳致远。

16

提高站位，强化改革责任担当。
加快推进，确保完成改革任务。
绿色发展，转变推进工作方式。

17

聚焦关键领域改革，要坚持高位推动。
聚焦关键领域改革，要坚持典型带动。
聚焦关键领域改革，要坚持三级联动。

18

聚力改革攻坚，实施提速工程，补齐工作短板。
聚力改革攻坚，创新政策供给，推进全面落实。
聚力改革攻坚，践行绿色理念，奋力实现高质量发展。

19

聚焦主责主业，推进高质量发展。
加强双招双引，推进可持续发展。
强化制度保障，推进创新性发展。
发挥目标引领，推进融合性发展。

20

打通权力下放的堵点，扎实推进"市县同权"改革。
打通流程运行的堵点，实现重点领域"质的突破"。
打通流程再造的堵点，全力叫响创新服务品牌。
打通"一业一证"的堵点，破解准入不准营难题。

21

发扬斗争精神，把握斗争方向。
提高斗争意识，坚守斗争立场。
掌握斗争规律，增强改革本领。

22

以价值性为导向引领，改革创新力提升的立足点。
以协调性为管理重点，改革创新力提升的出发点。
以非线性为创新模式，改革创新力提升的着力点。
以系统性为支撑保障，改革创新力提升的落脚点。

23

构建"联办圈"，扩大服务辐射范围。
梳理"联办单"，高频事项联动联办。
打造"办事圈"，满足群众办事需求。

24

解放思想，转变观念，达成改革共识。
找准定位，理顺职能，确保过程规范。
多元参与，聚焦服务，提高专业水平。
制定标准，强化监管，健全评价体系。

25

差距摆在那里，只有改革才能超越自我、追赶先进。
问题摆在那里，只有改革才能打通堵点、攻克难点。
形势摆在那里，只有改革才能适者生存、借梯登高。

26

要在为什么改上统一认识，增强改革紧迫感、责任感。
要在有效改革上坚定而为，推动改革高水平、快见效。
要在个人进退上发扬风格，汇聚改革强动力、大合力。

27

要坚持强化"一个活力"推进改革。
要围绕加强"两个保障"推进改革。
要突出完善"三项制度"推进改革。
要针对破解"五大问题"推进改革。
要紧扣提升"六大服务"推进改革。

28

"进"是信任和责任，"进"者要勇担使命、奋发有为。
"退"是胸襟和境界，"退"者要坦然面对、初心不改。
"留"是坚守和奉献，"留"者要忠于职守、做好传承。
"转"是挑战和机遇，"转"者要迎难而上、争创佳绩。

十、军事

1

强化"一班人"的落实能力，要勤奋学习，求知强能不自满。
强化"一班人"的落实能力，要科学决策，遵循规律不蛮干。
强化"一班人"的落实能力，要改进作风，真抓实干不漂浮。

2

联系战位深学，聚力打赢真做，要围绕中心转，把学习教育的目标指向瞄准战场。
联系战位深学，聚力打赢真做，要跟着任务走，把实践转化的平台条件定格战时。

联系战位深学，聚力打赢真做，要齐心打胜仗，把党员干部的身份职责尽到战位。

3

着眼解决问题，把握军地帮建重点。
抓住关键环节，确保军地帮建质量。
加强组织领导，巩固军地帮建成果。

4

强化军事干部素质，要坚持理论灌输与释义解惑相结合。
强化军事干部素质，要坚持思想教育与管理监督相结合。
强化军事干部素质，要坚持正面表彰与负面警示相结合。

5

选好基层部队主官，要创新选拔机制，解决好"选准"的问题。
选好基层部队主官，要完善培训机制，解决好"提高"的问题。
选好基层部队主官，要健全管理机制，解决好"稳定"的问题。
选好基层部队主官，要强化激励机制，解决好"尽心"的问题。

6

加强军队基层风气建设，关键要抓好领导机关。
加强军队基层风气建设，根本要靠制度来保证。
加强军队基层风气建设，重点要推进基层民主。

7

巩固和发展新型官兵关系，用以人为本的爱兵观对待战士，端正对待战士的根本态度。
巩固和发展新型官兵关系，用全面发展的育兵观塑造战士，提高战士的综合素质能力。
巩固和发展新型官兵关系，用以身作则的带兵观感召战士，营造官兵互融互动好氛围。

8

综合施教固根本，着力筑牢官兵思想防线。

突出重点抓落实，不断提高安全稳定系数。

建章立制正秩序，努力构建长效工作机制。

9

在思想旗帜感召中铸魂，亮出革命干部对党忠诚的名片。

在红色基因感染中强心，挺起革命干部担当使命的铁肩。

在能量磁场感应中正行，铆足革命干部实干创业的拼劲。

10

坚守初心，确保听党指挥"魂不丢"。

凝聚共识，确保投身改革"志不变"。

强化定力，确保能打胜仗"心不散"。

11

扭住政治建军根本统思想稳人心。

扭住强军兴训核心强本领备打仗。

扭住按纲抓建标准抓基层夯基础。

扭住安全文化引领守底线保安全。

12

坚持齐抓共管，在形成合力上下功夫。

坚持学深悟透，在深化理解上下功夫。

坚持问题整改，在督导检查上下功夫。

坚持理实结合，在实战转化上下功夫。

13

下好先手棋，扎实抓好国防教育，打牢全民"国无防不立"的思想根基。

打好主动仗，重点做好征兵季宣传，夯实青年到部队建功的理想信念。

亮出组合拳，注重做好适应期引导，激发为家乡争光添彩的壮志豪情。

14

借助独特优势，从理论源头上感悟系列讲话的真理光芒。

针对时代特点，在多维感召中强化系列讲话的真理信仰。
紧贴强军实践，在部队建设中发挥系列讲话的真理力量。

15

在因地制宜、便于组织中突出"野味"。
在营造氛围、紧贴实际中催生"战味"。
在丰富形式、与时俱进中增强"趣味"。

16

结合战位提素质，强化思想引领，着力增强改革自信。
结合战位提素质，强化感召激励，不断激发改革热情。
结合战位提素质，强化安全警示，持续优化改革环境。

17

注重在升华认识中坚定对组织的信任。
注重在解难帮困中坚定对组织的信赖。
注重在正风肃纪中坚定对组织的信服。
注重在表率引领中坚定对组织的信奉。

18

思想观念要来一次大转变。
能力素质要来一次大转型。
工作方法要来一次大转轨。
骨干部队要来一次大建设。
硬件设施要来一次大投入。

19

激活灵魂深处共鸣点，在思想引领中强认同促融入。
确立全局定位坐标点，在析事明理中找差距定目标。
把准官兵关注兴趣点，在因势利导中强韧劲激斗志。
找准精准发力突破点，在主动作为中求创新谋发展。

20

着眼人员分布散、思想聚合难，坚持不忘初心，学传统、凝共识。
着眼相隔距离远、自主空间大，坚持建强组织，带队伍、抓党员。
着眼节奏转换快、管控力量弱，坚持从严治军，正秩序、勤督导。
着眼训练任务重、环境条件苦，坚持以人为本，重关怀、解难题。

21

围绕改革主题抓学习，强化维护核心、看齐追随的政治自觉。
围绕思想实际抓引领，强化投身改革、落实改革的信心决心。
围绕军事使命抓践行，强化主业主抓、奋发有为的责任担当。

22

坚持党管武装，既有主攻打头阵，又让助攻争作为。
坚持精准发力，既为青年找出路，又为他们铺后路。
坚持公开透明，既前移把关入口，又延展跟踪服务。

23

开展革命先烈学习活动，为了学习传统固根基。
开展革命先烈学习活动，为了感悟传统立标准。
开展革命先烈学习活动，为了继承传统做传人。
开展革命先烈学习活动，为了发扬传统建新功。

24

以实际行动拥护支持投身改革，认同为要，维护核心听指挥。
以实际行动拥护支持投身改革，教育为先，同频共振合力抓。
以实际行动拥护支持投身改革，稳字当头，稳心定神勇担当。

25

弘扬雷锋精神当好雷锋传人，要深入教育引导，让官兵"用心"学。
弘扬雷锋精神当好雷锋传人，要聚焦使命任务，让官兵"融入"学。
弘扬雷锋精神当好雷锋传人，要广泛开展活动，让官兵"多样"学。
弘扬雷锋精神当好雷锋传人，要建立长效机制，让官兵"常态"学。

26

坚持在"系统化"领悟中把握精髓要义。
坚持在"精准化"研讨中增强落实效果。
坚持在"通俗化"解读中抓好平台对接。
坚持在"具体化"践行中促进深化转化。

27

突出"学"这个基础抓引导，焕发看齐追随的"擎旗"热情。
聚焦"做"这个关键抓改革，培育先进过硬的"擎旗"先锋。
紧贴"散"这个实际抓组织，锻造坚强有力的"擎旗"堡垒。

28

走进官兵搞教育，让塑魂铸魂的"好声音"越来越响。
依靠官兵抓训练，让思战谋战的"朋友圈"越来越大。
服务官兵砺作风，让整风整改的"获得感"越来越多。

29

当好军营红娘，突出主体精准指导，让未婚官兵香起来。
当好军营红娘，联谊对象精准选择，让未来军嫂亮起来。
当好军营红娘，活动载体精准设计，让幸福红线紧起来。
当好军营红娘，服务保障精准跟进，让爱情专列跑起来。

30

坚持以文铸魂，突出红色文化强基固本的政治属性。
坚持以文砺战，凸显军事文化钢铁意志的战斗特质。
坚持以文促稳，实现安全文化警示育人的固有功能。
坚持以文倡廉，强化廉洁文化惩前毖后的突出作用。
坚持以文怡情，发挥娱乐文化舒心启智的独特功效。

31

增强新兵思想政治工作实效，开设"阳光"课堂，让教育灌输"活"起来。
增强新兵思想政治工作实效，搭建"阳光"舞台，让主题活动"潮"起来。

增强新兵思想政治工作实效，培育"阳光"心态，让健康心理"亮"起来。
增强新兵思想政治工作实效，营造"阳光"氛围，让内部风气"纯"起来。

32

坚持思想领先，从战略高度过好网络"认知关"。
坚持打牢基础，以信息主导过好网络"建设关"。
坚持需求牵引，靠创新驱动过好网络"应用关"。
坚持抓长抓常，靠管用举措过好网络"常态关"。

33

围绕基层部队治理，要对焦式"照镜子"，着力纠正思想偏差。
围绕基层部队治理，要多维度"找点子"，着力寻求治病良方。
围绕基层部队治理，要硬手腕"拔钉子"，着力破除顽症痼疾。

34

分层分类"查"，把查纠整改的靶子树起来。
深挖深究"问"，把自觉整改的党性强起来。
入情入理"讲"，把预期整改的标准立起来。
全员全程"晒"，把具体整改的措施严起来。
立言立行"做"，把履职整改的行动实起来。

35

扭住"思想稳控"这个根本，为改革凝神聚气。
聚焦"素质升级"这个关键，为改革蓄能攒劲。
突出"选拔使用"这个导向，为改革助力增效。
拧紧"管理监督"这个重点，为改革保驾护航。

36

用好理论主课堂，在全面灌注中提升认识。
设置讨论分课堂，在明辨是非中校正偏差。
激活身边微课堂，在角色转换中激发活力。
融入传统红课堂，在历史传承中铭记初心。

打造典型活课堂，在争先创优中奋勇前行。

37

坚持以风格的导向性定位，用制度立"威信"。
坚持以内容的时效性立身，用新颖促"心引"。
坚持以运行的群众性搞活，用地气带"人气"。
坚持以管理的严密性构建，用红线保"底线"。

38

做好新兵心理建设，抓住引路扶正的"窗口期"。
做好新兵心理建设，把握治病关键的"诊疗期"。
做好新兵心理建设，坚守清栓去毒的"巩固期"。

39

用"真心"感召官兵，把简单和谐的思想根植好。
用"热心"服务官兵，把后顾之忧的问题解决好。
用"公心"取信官兵，把风清气正的环境营造好。

40

强化第一职责，自上而下形成强劲推进态势。
严明第一纪律，从严督导营造遵章守规氛围。
用好第一武器，入脑入心立起组织生活威信。
擦亮第一身份，学以致用强化模范争先意识。

41

用"理论之声"凝聚官兵意志。
用"体会感悟"启迪官兵心智。
用"耳旁心语"化解官兵困惑。
用"天籁之音"营造温馨氛围。

42

针对"坐等改革不作为"观望态度，创新教育树立鲜明导向。

针对"干好干坏一个样"惯性思维，精准考评铲除慵懒土壤。

针对"干事不如会来事"积弊陋习，坚强组织劲吹正气清风。

43

强化战位意识，确保打仗思想进心入脑。

浓厚战斗气息，培育敢打必胜意志作风。

树牢战时标准，切实发挥直接作战功能。

44

抓好军队思想教育，坚持"统""分"结合抓教育筹划。

抓好军队思想教育，坚持"收""放"结合抓教育落实。

抓好军队思想教育，坚持"严""实"结合抓教育效果。

45

像父母真心爱护战士，切实构建温暖无私的"大家庭"。

像老师精心培育战士，切实铺就全面成长的"快车道"。

像兄长热心帮助战士，切实撑起遮风挡雨的"保护伞"。

像法官公心对待战士，切实营造风清气正的"好氛围"。

46

夯实"根子"，确保举旗铸魂不迷航。

建强"班子"，确保坚强有力站排头。

搭好"台子"，确保勇立潮头显身手。

盘活"棋子"，确保持续借力放光芒。

47

把"战斗军营"作为核心要求。

把"学习军营"作为力量支撑。

把"法治军营"作为根本保证。

把"和谐军营"作为重要基础。

48

针对"散"的特点做工作，全面覆盖知悉兵情。
围绕"杂"的实际求突破，全员参与齐抓共管。
紧盯"难"的需求谋作为，全力以赴解难帮困。

49

凝聚改革强军意志，深学讲话厚"底子"，增进改革强军认同。
凝聚改革强军意志，深查广议解"扣子"，凝聚改革强军意志。
凝聚改革强军意志，深入践行立"样子"，激发改革强军动力。

十一、法治

1

着力营造公正规范的法治环境。
着力营造优质高效的服务环境。
着力营造安全稳定的社会环境。

2

创新法治形式，种好乡村振兴"树"。
注入法治动能，施好乡村振兴"肥"。
优化法治服务，结好乡村振兴"果"。

3

深刻认识形势，准确把握定位，增强建设法治政府的使命感。
锚定率先发展、建设法治政府，切实维护和谐稳定的发展环境。
展开战斗姿态，提高履职水平，肩负起"促发展、保平安"的政治责任。

4

坚持诉源治理，打牢依法行政基层基础。

强化诉中督导，保障行政应诉规范有序。
落实诉后监管，激发依法行政内生动力。

5

着眼推动科学发展，在提供法律服务上下功夫。
着眼加强社会管理，在加快化解矛盾上下功夫。
着眼维护社会稳定，在深化平安建设上下功夫。
着眼维护公平正义，在公正文明执法上下功夫。
着眼提高执法能力，在干部队伍建设上下功夫。

6

坚持法治文化引领，营造乡村社会守法氛围。
创新人才培育机制，加强乡村法治队伍建设。
完善法律服务体系，满足乡村群众法治需求。

7

必须把建设法治政府作为重要的政治责任来扛。
必须把坚持依法行政作为重要的政治任务来抓。
必须把坚决依法决策作为重要的政治原则来守。

8

要认识依法执政同提高领导水平的关系。
要认识依法行政同优化发展环境的关系。
要认识依法治国同治理能力现代化的关系。

9

认清新形势，增强法治工作责任意识。
展现新作为，切实维护社会和谐稳定。
破解新难题，全面深化司法体制改革。
体现新担当，坚持党对政法工作的领导。

10

坚持"谁执法谁普法"，要加强"抓"的力度，在提高站位、科学规划上下功夫。

坚持"谁执法谁普法"，要提高"学"的质量，在真学深学、全面系统上下功夫。

坚持"谁执法谁普法"，要拓宽"讲"的阵地，在广泛宣传、生动阐释上下功夫。

坚持"谁执法谁普法"，要提升"用"的成效，在学以致用、知行合一上下功夫。

11

以贯彻党的好政策为引领，在落实服务大局中做出新贡献。

以增强公众安全感为目标，在平安社会建设中建立新格局。

以提高法治满意度为标尺，在法治××建设中实现新突破。

以提高科学化水平为标准，在社会管理创新中打造新亮点。

以提升执法公信力为指引，在政法队伍建设中树立新形象。

12

政法工作怎么看？也就是定位和认识问题。

政法工作怎么干？也就是能力和方法问题。

政法工作干什么？也就是工作重点和措施问题。

13

抓经济、抓发展是目的，那么抓法治、抓稳定就是前提。

抓经济、抓发展是政绩，那么抓法治、抓稳定也是政绩。

抓经济、抓发展是硬道理，那么抓法治、抓稳定就是硬任务。

14

恪守公平正义，审执工作迈上新台阶。

坚持能动司法，服务发展成为新常态。

推进司法改革，提质增效实现新突破。

践行阳光司法，保障民生推行新举措。

落实科技兴院，基础建设步入新时代。

15

统一思想、提高认识，以维护社会安全稳定为基础，增强政法工作责任感。

内练素质、外塑形象，以加强政法队伍建设为契机，提升政法工作创新力。
加强领导、强化责任，以完善提高机制建设为重点，实现政法工作标准化。

16

树立大局意识，就是要认识到法治工作事关发展稳定大局。
树立责任意识，就是要清醒地看到我们身上肩负的责任。
树立担当意识，就是要在工作中敢于担当，勇于担责。

17

突出一个"稳"字，社会治理要精细平稳。
突出一个"久"字，法治意识要持续强化。
突出一个"牢"字，维稳责任要坚决落实。

18

精心筹划，层层落实，普法工作开展顺利。
强化顶层，明确责任，制度建设日趋完善。
普治并举，促进融合，法治建设再上台阶。
围绕中心，服务发展，宣传活动有序推进。

19

全面依法治国为工作指明新方向。
法治建设为普法工作确立新标准。
服务中心对普法工作提出新挑战。

20

以法治思维来谋划工作。
靠法律武器来破解难题。
用法律边界来守护安全。
凭法律素养来提升能力。

21

认清形势，提高站位，充分认识法治建设重要意义。

强化措施，狠抓落实，推动法治建设取得新突破。
健全机制，压实责任，全力保障法治建设落地见效。

22

强化组织领导，法治政府建设纵深推进。
坚持改革创新，政府职能依法全面履行。
健全制度保障，依法行政体系日益完善。
规范行政程序，依法决策水平不断提高。
完善工作体系，公正文明执法严格规范。
精准系统施策，社会矛盾纠纷妥善化解。
持续多向发力，行政能力监督公开透明。
创新科技支撑，数字法治政府加快建设。

23

不拘一格抓引导，提升法治意识。
坚持普法促实效，推进法治进程。
提高素质上水平，建强法治队伍。

24

法治是最实的支撑基础。
法治是最好的发展市场。
法治是最优的营商环境。

25

以立法质量为引领，进一步完善法规体系。
以利企便民为目标，进一步优化营商环境。
以专项行动为抓手，进一步提高执法水平。
以执法整治为载体，进一步服务广大群众。
以普法学法为重点，进一步提升法治素养。

26

重改革，抓执法规划强引领。

练内功，抓执法队伍强素质。
优服务，抓执法投入强保障。

27

机构设置、队伍整合、硬件配备"三个到位"，构建完整队伍体系。
党建引领、业务能力、执法规范"三个注重"，锤炼提高执法能力。
问题导向、机制创新、主责主业"三个强化"，彰显执法工作成效。

28

坚持最高标准要求，夯实能力基础。
优化执法资源配置，提升执法效能。
着眼素质强化培育，补齐能力短板。
聚焦主责狠抓办案，巩固能力成效。

29

健全机制抓体系，筑牢执法硬实力。
突出导向抓效能，锻造执法执行力。
培育典型抓队伍，激发创新内生力。

十二、生态

1

保护生态环境，打造青山绿水的生态美。
优化生态布局，打造协调发展的城乡美。
发展生态产业，打造低碳高效的产业美。
弘扬生态文化，打造绿色环保的风尚美。
共享生态红利，打造美好幸福的生活美。

2

践行"两山"理念要在全面统筹。
践行"两山"理念贵在精准施策。
践行"两山"理念重在共建共享。

3

完善法制制度，保障生态效果。
创新治理方式，形成环保合力。
践行环保意识，达成全局共识。

4

走绿色发展之路，需要树立生态环保理念。
走绿色发展之路，需要调整经济产业结构。
走绿色发展之路，需要大力发展循环经济。

5

绿色发展应以创新驱动产业转型升级为桨。
绿色发展应以因地制宜实现规划创新为航。
绿色发展应以宣传教育树立环保意识为舵。

6

践行绿色发展之路，要在发展观念上下功夫。
践行绿色发展之路，要在科研技术上花心思。
践行绿色发展之路，要在机制建设上做文章。

7

绿色生活，让环境更美丽。
绿色发展，让发展更永续。
生态法治，让环保更彻底。

8

保护生态环境，建立新的经济增长点，提高物质生活水平。

保护生态环境，推动循环经济的发展，促进产业升级。

保护生态环境，建立持久生产力，造福子孙后代。

9

生态文明建设，需以加强党的领导为根基。

生态文明建设，需以强化宣传教育为方法。

生态文明建设，需以调整产业结构为手段。

10

坚持"人与自然和谐共生"的发展理念。

促成"全面绿色转型升级"的发展格局。

铸好"法网恢恢疏而不漏"的制度保障。

11

生态文明建设需要在提高认识上下功夫。

生态文明建设需要在顶层设计上出实招。

生态文明建设需要在科技创新上用巧劲。

12

推进国土绿化，建设绿色中国，要全面协调，统筹兼顾。

推进国土绿化，建设绿色中国，要调动社会，全民参与。

推进国土绿化，建设绿色中国，要持续发力，久久为功。

13

保持忠诚使命，才能筑牢建稳绿色经济发展新格局之基。

始终艰苦奋斗，才能推进建成绿色经济发展新格局之需。

坚持绿色发展，才能推进建成绿色经济发展新格局之要。

14

实现环境友好要创新环保制度。

实现环境友好要创新科学技术。

实现环境友好要创新思想意识。

15

保护环境实现民生发展。
保护环境促进产业发展。
保护环境提升国家形象。

16

打好持久战，解决"护好水"的问题。
打好攻坚战，解决"治好水"的问题。
打好阵地战，解决"用好水"的问题。

17

河长制工作贵在坚持，要用"重整行囊再出发"的定力抓推进。
河长制工作重在成效，要用"一年更比一年好"的目标抓推进。
河长制工作成在落实，要用"众人拾柴火焰高"的担当抓推进。

18

坚持创新驱动，打造生态文明建设的"强引擎"。
坚持绿色发展，开出生态文明建设的"生态花"。
坚持法治思维，筑牢生态文明建设的"压舱石"。

19

生态保护不能"按下葫芦浮起瓢"。
生态产业必须"一把钥匙开一把锁"。
生态惠民应当"敲鼓敲在鼓心上"。

20

加快工业转型升级，推动经济"绿色发展"。
推进生态乡村建设，提升社会"绿色福利"。
加强生态环境保护，保持生态"绿色优势"。

21

推动生态环保问题整改，要讲究方略不蛮干。

推动生态环保问题整改，要因地制宜不硬干。
推动生态环保问题整改，要统筹兼顾不乱干。
推动生态环保问题整改，要持之以恒不懈干。

22

推动产业低碳发展，要打造绿色能源牌。
推动产业低碳发展，要打造绿色食品牌。
推动产业低碳发展，要打造健康生活牌。

23

"绿"的底色更靓。
"金"的成色更足。
"新"的特色更明。

24

坚定不移践行"两山论"，要有"不破楼兰终不还"的劲头。
推动生态保护问题整改，要有"滚石上山不松劲"的执着。
持续提高生态环境质量，要有"爬坡过坎不懈怠"的韧劲。

25

坚持思想引领、强化担当，严格落实上级重要决策部署。
坚持多点突破、重点发力，深入打好污染防治攻坚战。
坚持依法行政、强化监管，有效防范化解生态环境风险。
坚持夯实基础、补齐短板，持续推进生态治理能力现代化。
坚持严字当头、强化作风，着力构建生态环保铁军队伍。

26

加快动能转换，着力构建绿色工业体系。
强化系统治理，持续推动生态环保升级。
坚持产城融合，打造宜居宜业生态圈。

27

强治理，坚决守住生态环境底线。

"生态+"，全力促进经济绿色转型。

优保障，全面提高科技创新能力。

28

坚持低碳转型，让绿色发展成为鲜明底色。

强化系统治理，让天蓝水清成为发展常态。

筑牢生态本底，让和谐共生成为价值追求。

实现共治共享，让良好生态成为民生福祉。

29

坚持把"绿水青山"的生态本底做大做优升价值。

坚持把"金山银山"的转化路径做通做实能变现。

坚持把优先与利用的统筹协调做强做好快推进。

十三、政治协商

1

突出政治引领，思想政治基础更加夯实。

突出围绕中心，服务发展作用充分彰显。

突出团结合作，同心同向能量有效汇聚。

2

坚持服务大局，彰显政协价值作用。

坚持探索实践，激发政协工作活力。

坚持一线为民，展现政协为民情怀。

坚持团结民主，凝聚政协智慧力量。

坚持强基固本，提高政协履职能力。

3

加强理论学习，着力提高履职的能力和水平。

积极献计出力，着力推进××高质量发展。

创新创优机制，着力提高"请你来协商"成效。

强化凝心聚力，着力画好团结奋斗最大同心圆。

努力夯实基础，着力加强自身建设。

4

奋进新时代，必须牢记忠诚是立身之本，在坚定政治方向、恪守初心使命上提高政协站位。

勇担新使命，必须牢记实干是成事之基，在服务中心大局、提升履职质效上做出政协贡献。

起航新征程，必须牢记人民是力量之源，在加强团结民主、汇聚奋进合力上发挥政协优势。

落实新要求，必须牢记作风是履职之要，在坚持守正创新、锻造过硬能力上展示政协风采。

5

把握正确政治方向，在同心同向中筑牢政治忠诚。

充分发挥政协优势，在服务大局中展现责任担当。

不断厚植为民情怀，在建言献策中回应民生关切。

持续加强自身建设，在守正创新中夯实履职基础。

6

始终把推动县域高质量发展作为服务中心大局的主攻方向，着力打造务实政协。

始终把做好建言资政作为政协专门协商机构的职责使命，着力打造有为政协。

始终把广泛凝聚共识作为政协发挥制度优势的重要内容，着力打造同心政协。

始终把履职能力建设作为政协队伍固本强基的有力支撑，着力打造活力政协。

7

要在巩固共同思想政治基础上增强定力，务求政治站位再有新提升。

要在助推高质量发展上持续发力，务求服务大局再做新贡献。

要在推进提质增效上深挖潜力，务求精准履职再献新智慧。

要在发扬民主增进团结上齐心协力，务求凝聚共识再展新气象。

要在强化责任担当上激发活力，务求队伍建设再现新风貌。

8

适应"时"与"势"的变化。

增强"难"和"忧"的意识。

把握"稳"和"涨"的要义。

坚定"进"和"超"的方向。

9

奔跑向未来，要加速激发"强"的动能，携手争得经济发展、质效齐升的崭新荣光。

奔跑向未来，要持续夯实"富"的基础，携手争得共同富裕、民生幸福的崭新荣光。

奔跑向未来，要不断擦亮"美"的底色，携手争得生态优先、绿色发展的崭新荣光。

奔跑向未来，要接续打造"高"的标准，携手争得充满活力、平安和谐的崭新荣光。

10

同心同德把好"方向舵"。

群策群力当好"智囊团"。

用情用力架好"连心桥"。

尽职尽责练好"基本功"。

11

要坚定不移聚焦中心抓好履职，推动工作更富时代特征、更具地域特点、更显政协特色。

要坚定不移把民生幸福作为价值追求，切实把使命放在心上、把责任扛在肩上、把人民举过头顶。

要坚定不移把自身建设抓在手上，真正把政协打造成建言智囊团、发展助推器、群众贴心人。

12

要进一步提高思想站位，从××实现赶超发展、跨越发展的高度去深刻认识开展活动的重要意义。

要进一步强化责任落实，全力破解"五大问题"，在活动中树立新时代人民政协的新样子。

要进一步细化工作举措，高质量抓好"四个环节"，努力在活动中出特色出成效。

13

加强思想引领，提升政治建设新高度。

聚焦主责主业，凸显建言资政新成效。

着力汇聚力量，构建凝聚共识新格局。

优化委员队伍，展现政协履职新气象。

14

要坚持政治领航，永葆"忠诚心"。

要聚力发展大局，当好"参谋部"。

要回应民生关切，画好"同心圆"。

要强化自身建设，练好"硬功夫"。

15

持续加强和改进理论学习。

持续深化主题教育成果。

切实履行政协工作职责。

16

要学深悟透，将学习贯彻落实会议精神与提高政协思想政治水平结合起来。

要奋力争先，将学习贯彻落实会议精神与政协的履职实践活动结合起来。

要立足当下，将学习贯彻落实会议精神与政协当前重点工作结合起来。

17

党建引领有高站位。

建言协商有广泛性。

民主监督有精准性。

干在一线有真担当。

18

要彰显思想引领、凝聚共识的新优势。

要彰显围绕中心、服务大局的新作为。

要彰显反映民意、服务民生的新成效。

要彰显自身建设、能力提升的新形象。

19

把牢政治方向，增强建言针对性，必须学习掌握专业知识。

广泛凝聚共识，形成最大公约数，必须最大限度听取民意。

面对复杂问题，适应国际大形势，必须创新履职、知变应变。

坚持目标和质量导向，必须看履职数量多少，更注重成果转化运用成效如何。

20

要牢牢把握重点，着力推动全省政协工作提质增效。

要积极主动作为，充分发挥政协专门协商机构作用。

要把握中心环节，突出加强思想政治引领、广泛凝聚共识。

要健全制度机制，切实提高政协履职的质量水平。

要抓住"关键少数"，着力强化政协委员责任担当。

要坚持以民为本，切实做到人民政协为人民。

21

把握肯定成绩与检视不足的关系。

把握不变与应变的关系。

把握"关键少数"与"大多数"的关系。

把握政治建设与作风建设的关系。

把握对上负责与对下负责的关系。

把握重品德与强能力的关系。

把握"严管"与"厚爱"的关系。

22

要始终坚持正确政治方向，更加充分彰显政协担当。
要始终围绕中心服务大局，更加充分体现政协价值。
要始终聚焦大团结大联合，更加充分汇聚政协力量。
要始终注重加强自身建设，更加充分展示政协形象。

23

要坚持问题导向，体现在围绕中心大局更加积极主动。
要坚持目标导向，体现在发挥专门协商机构作用有新作为。
要坚持结果导向，体现在提高协商议政质量效果有功力。

24

要把牢正确方向不动摇。
要狠抓工作落实不动摇。
要强化自身建设不动摇。

25

要在自身建设上有作为。
要在平台建设上有作为。
要在筹备换届上有作为。

26

进一步抓好主业，聚焦协商主业主责，更好释放政协制度效能。
进一步抓好落实，用足用好上级政策，确保落地见效。
进一步抓好队伍，夯实政协履职基础，推动政协工作迈上新台阶。

27

大力践行革命精神，为经济发展注魂赋能。
持续深化改革效能，让先行优势更加突出。
不断强化议政效能，使决策服务持续优化。

28

重党建、强引领。

重协商、强建言。

重民主、强监督。

重意识、强担当。

重民生、强服务。

重能力、强建设。

29

要在把牢方向中体现"政协站位"。

要在服务大局中展示"政协担当"。

要在凝聚共识中彰显"政协价值"。

要在贴近民生中传递"政协温度"。

要在自身建设中提升"政协形象"。

30

恪守初心使命，在保持正确政治方向中把准政协定位。

围绕中心大局，在助推省会建设发展中展现政协作为。

力行为民之举，在全面增进民生福祉中彰显政协价值。

坚持守正创新，在不断提高履职水平中强化政协担当。

31

始终做到协商有方，进一步发挥人民政协专门协商机构的重要作用。

始终做到团结有力，进一步巩固各界代表参政议政的重要平台。

始终做到肩上有责，进一步扛起为国履职、为民尽责的重要使命。

32

伟大时代呼唤新作为，要坚定不移地把助推高质量发展作为第一要务。

伟大使命要求新担当，要坚定不移地把以人民为中心作为根本立场。

伟大梦想汇聚新合力，要坚定不移地把凝聚共识作为履职中心环节。

伟大实践期待新形象，要坚定不移地把加强自身建设作为永恒主题。

33

要坚定目标方向，做凝心聚力的宣传者、倡导者。

要紧跟党委决策，做推动发展的参与者、践行者。

要聚焦民生社会，做参政议政的监督者、推动者。

要崇尚担当奉献，做建功立业的示范者、引领者。

34

始终坚持党的领导，做到眼前有方向。

始终突出服务发展，做到胸中有大局。

始终强化创新实干，做到肩上有担当。

始终注重自身建设，做到脚下有力量。

35

要在提升委员素质上下功夫。

要在体现委员担当上下功夫。

要在展现委员形象上下功夫。

要在履行委员职责上下功夫。

36

充分激发思想政治引领之能，致力团结全省各界听党话、跟党走。

充分激发广泛凝聚共识之能，努力汇聚建设现代化的强大合力。

充分激发增进民生福祉之能，助力实现全省人民对美好生活的向往。

37

观大势、谋全局，当好委组工作"领航员"。

求主动、优服务，当好委员履职"助推器"。

拓思路、创特色，当好政协工作"智囊团"。

38

为区域发展谋篇布局。

为民生福祉广泛呼吁。

为品质提升添砖加瓦。

为增强效能献计出力。

39

固本强基，不断强化组织领导。
多措并举，不断提高业务质量。
守正创新，不断提高办事实效。
优化服务，不断增强工作保障。

40

突出"着力点"，紧密围绕重大决策部署。
把握"生命线"，继续提升提案撰写质量。
打造"主力军"，致力加强提案队伍建设。
立足"新定位"，实现提案工作双向发力。

41

学习党史，重在提高参政议政能力。
学习党史，重在提高综合分析能力。
学习党史，重在提高群众工作能力。
学习党史，重在提高狠抓落实能力。
学习党史，重在提高语言文字能力。

42

在深悟"核心创设"中强化政治认同。
在深悟"理论创新"中突出服务发展。
在深悟"宗旨创设"中增进民生福祉。
在深悟"党建创先"中加强自身建设。

43

奋力开创锦绣明天，必须高举伟大旗帜、把稳前进方向。
奋力开创锦绣明天，必须保持战略定力、锁定奋斗目标。
奋力开创锦绣明天，必须突出重点工作、勇于攻坚克难。
奋力开创锦绣明天，必须融入重大战略、抢抓历史机遇。

奋力开创锦绣明天，必须秉持为民情怀、用心实干担当。

44

坚守初心、坚定信念，政治建设更加坚实有力。
紧扣中心、紧系发展，建言献策更加精准有质。
共担使命、共克时艰，服务大局更加主动有为。
情植基层、情系群众，履职为民更加生动有效。

45

坚持党的领导是开展政协工作的根本。
精准把握定位是展现履职作为的关键。
重视委员主体是做好政协工作的保障。
积极开拓创新是激发履职活力的源泉。

十四、办公室工作

1

要始终突出政治建设，带头做到"两个维护"。
要始终心系国之大者，更好服务中心大局。
要始终敢于担当负责，当好执行落实标杆。
要始终坚持敬业奉献，涵养高远精神追求。
要始终强化自我革命，牢牢守住廉洁底线。

2

要重创新、想大事，提高决策参谋能力。
要抓重点、求实效，提高督查落实能力。
要促规范、保运转，提高统筹协调能力。
要严管理、优服务，提高后勤保障能力。

3

要争当学习典范。

要争当岗位标兵。

要争当落实先锋。

要争当勤廉表率。

4

要重选拔"好苗子"。

要重任用"好干部"。

要重管理"好标准"。

要重激励"勇担当"。

5

当好参谋助手，提升服务层次。

抓好决策落实，确保政令畅通。

加强组织协调，提高运转水平。

强化自身素质，打造过硬队伍。

6

要在规范管理上有新要求。

要在精细服务上有新亮点。

要在高效运转上有新突破。

7

注重一个"学"字。

讲求一个"效"字。

坚持一个"勤"字。

追求一个"新"字。

做到一个"和"字。

8

要紧贴中心谋大事，进一步增强决策服务的主动性。

要围绕决策抓落实，进一步增强督查服务的权威性。
要着眼全局抓协调，进一步增强日常运转的实效性。
要增强素质树形象，进一步增强干部队伍的创造性。

9

要围绕中心、把握大局，做到"参之有道"。
要把握党委和领导意图，做到"谋之有方"。
要抓好调查研究、信息处理，做到"言之及时"。

10

要坚持把提高技能与改进作风相结合。
要坚持把激活内力与外向交流相结合。
要坚持把严格管理与热情关心相结合。

11

强化决策服务要紧紧围绕"全市中心大局"做文章。
日常运转要紧紧围绕"精细、规范、高效、有序"做文章。
狠抓督查落实要紧紧围绕"优化环境、提高执行力"做文章。
加强自身建设要紧紧围绕各项工作都要"创先争优"做文章。

12

拓宽决策参谋广度，增强全局性。
提升决策参谋高度，增强预见性。
把握决策参谋角度，增强创新性。
拓展决策参谋深度，增强操作性。

13

要保持一流的精神状态。
要树立一流的工作标准。
要追求一流的工作业绩。

14

要在备受信任的岗位上忠诚履职。
要在肩负重托的岗位上广学博览。
要在处于幕后的岗位上乐于奉献。
要在关系全局的岗位上服务大局。
要在大有作为的岗位上争创一流。

15

要有好的学习心态。
要有好的学习组织。
要有好的学习纪律。

16

提高能力，让领导放心。
激发活力，让工作称心。
增强动力，让自己开心。

17

坚定理想信念，把忠诚当品格。
坚持大局至上，把服务当事业。
坚强责任担当，把作风当旗帜。
坚守工作岗位，把奉献当追求。
坚决守住底线，把廉洁当生命。

18

要突出服务全局这一中心。
要突出服务决策这一重点。
要突出服务发展这一关键。
要始终坚持高标准严要求。
要始终争创一流工作业绩。

19

注重干部培养，激发队伍活力。
注重机关建设，树立模范先锋。
注重发挥作用，建好前哨后院。

20

在服务大局上提升效能。
在强化督查上提升效能。
在形象宣传上提升效能。
在自身建设上提升效能。

21

敢于胸为帅谋，务实高效地做好政务工作。
善于沟通协调，谨慎细致地做好事务工作。
乐于无私奉献，积极主动地做好服务工作。

22

要把忠诚履职作为根本要求。
要把能力建设作为基本任务。
要把自身建设作为重要保障。

23

以具体化为取向，增强了无差错活动的实效性。
以优质化为目标，取得了政务服务的新成效。
以人性化为追求，提高了后勤保障的满意度。
以流程化为突破，保持了业务建设的好局面。

24

改进作风深入推进，对办公室工作提出了新要求。
业务建设日益规范，对办公室工作提出了新要求。
各级领导高度关注，对办公室工作提出了新要求。

25

要坚持参谋有为，提高辅助决策能力。
要坚持督查有效，提高推进落实能力。
要坚持统筹有方，提高综合协调能力。
要坚持保障有力，提高后勤服务能力。

26

认真履职、锐意进取，办公室工作取得新成效。
向内剖析、深刻反省，工作尚有不足之处。
提高效率、优化质量，推动新时代办公室工作迈出新步伐。

27

坚持以文辅政，参谋能力持续提升。
着眼统筹兼顾，综合协调更加规范。
突出信息质量，信息服务及时有效。
注重督促检查，推动决策有效落实。
强化事务管理，保障运转更加有力。
狠抓能力建设，队伍素质不断提高。

28

想大事、谋全局，在决策参谋上有新作为。
勤沟通、善统筹，在综合协调上有新突破。
抓重点、求实效，在督查落实上有新成效。
严管理、促规范，在服务保障上有新加强。
强素质、树形象，在示范引领上有新效应。

29

科学布局，不断规范工作分工和流程。
务实求严，不断改进工作方式和方法。
明确责任，不断推动工作落地和落实。

30

要向书本学习，夯实理论功底，加快知识更新。

要向实践学习，丰富知识结构，提高务实能力。

要向领导学习，体会领导艺术，提高统揽能力。

31

参政设谋一定要实事求是，不能曲意附合。

发现问题一定要敢讲敢报，不能遮遮掩掩。

对待工作一定要认真负责，不能华而不实。

32

不声不响，以耕耘换回报。

不争不比，以有为求有位。

不推不避，以主动创业绩。

33

身在兵位，胸为帅谋，夯实基层基础，当好行政决策的"参谋员"。

落细落小、准确精细，增强枢纽功能，当好政务工作的"服务员"。

从严从实、创新创业，提高履职能力，当好助推发展的"战斗员"。

34

从"严"字入手，深化效能监察。

从"实"处着力，强化督查督办。

从"快"上立足，优化应急管理。

35

进一步增强大局意识，率先出谋划策。

进一步增强效率意识，率先提高效能。

进一步增强服务意识，率先改进作风。

36

把准政策出文件。

把准方向搞调研。
把准标准搞督查。

37

细化责任分解，健全抓落实的责任体系。
强化督查督办，建立抓落实的目标体系。
优化协调手段，完善抓落实的运行体系。
深化作风建设，夯实抓落实的保障体系。

38

围绕中心工作、重点任务抓督办。
围绕领导批件、民情热点抓交办。
围绕阶段性工作、专题任务抓催办。

39

保障日常工作，打造更优服务。
发挥中枢作用，实现更好统筹。
加强自身建设，历练更强队伍。

40

参谋辅政坚持深度与力度并重。
督促检查坚持重点与难点并举。
统筹协调坚持效率与规范并行。
队伍建设坚持选任和锻炼并用。

41

强化出谋划策能力，发挥参谋助手作用。
强化督促检查能力，发挥推动落实作用。
强化综合协调能力，发挥运转中枢作用。
强化运行保障能力，发挥服务支持作用。
强化自身建设能力，发挥示范表率作用。

42

高标准当好参谋助手，政务保障展现新作为。
高水平优化管理服务，事务统筹展现新水平。
高质量锤炼干部队伍，全员素质展现新形象。

43

调查研究精准优质。
文稿撰写精益求精。
公文服务规范高效。
政务信息再创佳绩。
服务协调全面保障。
督察督办落实有力。

44

当好"笔杆子"：文章千古事，得知寸心知。
成为"活档案"：续写书卷华章，编纂厚重珍藏。
承当"消防员"：隐患险情总关情，化险为夷赢赞声。
做好"管理员"：业精于勤荒于嬉，行成于思毁于随。
铸成"多面手"：举手投足皆琐事，俯首甘为孺子牛。
称为"好参谋"：当好领导好助手，严细高效讲技巧。

十五、城市建设

1

提高站位，充分认识城市品质提升专项行动的意义。
加快推进，迅速掀起城市品质提升专项行动的热潮。
压实责任，全力确保城市品质提升专项行动的实效。

2

提升城市品质是上级的明确要求。
提升城市品质是发展的现实需要。
提升城市品质是群众的热切期盼。

3

以战略性思维深化城市合作。
以钉钉子精神深化城市合作。
以常态化机制深化城市合作。

4

构建高能级城市，要在争取政策支持上共同发力。
构建高能级城市，要在打造开放市场上携手合作。
构建高能级城市，要在保护生态环境上联防联治。

5

以规划设计提升城市品质。
以平台建设优化工作效能。
以项目建设提高承载能力。
以宣传教育营造共管氛围。
以规范执法提升管理形象。

6

坚定信心、保持定力，锲而不舍把创建文明城市进行到底。
找准痛点、突破难点，在新一轮创建周期中撸起袖子加油干。
全民动员、尽锐出战，以最强的执行力夺取创建全面胜利。

7

回顾过去的创城工作，我们取得的成效十分明显。
立足当下的具体形势，我们面临的竞争十分激烈。
展望未来的工作任务，我们创城的底气十分充足。

8

创建文明城市，责任落实要到岗到人。
创建文明城市，宣传发动要有声有势。
创建文明城市，统筹协调要顺利顺畅。
创建文明城市，督查考核要严明严格。

9

要围绕文明"创"，彰显人文精神。
要着眼长远"建"，提升城市形象。
要聚焦问题"改"，增强创建实效。
要对照指标"干"，答好测评试卷。

10

旧城改造工作，要坚持"一把手"主抓。
旧城改造工作，要坚持"一条线"贯穿。
旧城改造工作，要坚持"一体化"推进。
旧城改造工作，要坚持"一把尺"衡量。
旧城改造工作，要坚持"一竿子"到底。

11

始终坚持用最高标准的规划指导城市建设。
始终坚持用最丰厚文化底蕴培育城市内涵。
始终坚持用城市品牌激发市民主人翁意识。

12

责任担当、服务圆梦，各级党政机关示范带动。
爱岗敬业、实干圆梦，各企事业单位紧随其后。
敦品励学、成才圆梦，各大中小学校同步开展。
邻里守望、互助圆梦，所有城市社区整体铺开。
勤俭持家、致富圆梦，各类农村牧区全面覆盖。

13

发挥地域文化优势，塑造文明城市形象。
创新道德实践载体，提升市民文明素质。
建设"三优"风景线，提高城市文明程度。

14

推进道德之城建设。
推进志愿之城建设。
推进诚信之城建设。

15

以更高的站位来看待创建工作。
以更实的举措来推进创建工作。
以更大的力度来保障创建工作。

16

要着眼未来，齐心打造生态名片。
要着手全局，科学统筹工作关系。
要着重品质，全力抓好形象提升。
要着力落实，确保创建圆满成功。

17

要强化"不创不行"的紧迫感。
要树立"要创可行"的自信心。
要汇聚"齐创准行"的推动力。

18

要狠抓基础设施提升。
要狠抓管理质量提升。
要狠抓市民素质提升。

19

要正确处理统筹推进与重点突破的关系。
要正确处理政府推动与市民参与的关系。
要正确处理硬件建设与软件建设的关系。

20

要通过"创建"来提升城市形象。
要通过"建设"来提升幸福指数。
要通过"文明"来提升市民素质。

21

创建氛围要进一步浓厚。
创建热情要进一步激发。
创建基础要进一步夯实。

22

注重教育引导，提高市民文明素质。
打造"三个中心"，推动经济跨越发展。
加快城市建设，努力改善人居环境。
大力整治"脏乱差"，规范城市管理。

23

加强理论学习，筑牢文明创建理念。
狠抓知识传播，养成文明行为规范。
注重道德实践，促进文明创建活动。

24

推进文明创建工作，全面提升文明素质。
抓好联点共建工作，切实推动共同发展。
谋划明年创建工作，不断提高创建水平。

25

加强城市建设，要前瞻谋划思考，增强"融"的行动自觉。
加强城市建设，要突出生态优先，彰显"融"的鲜明底色。
加强城市建设，要致力协同创新，激发"融"的强劲动能。
加强城市建设，要推动共建共享，打造"融"的幸福家园。

26

加强城市建设，必须从"大"处着手，树立发展"大志向"。
加强城市建设，必须从"大"处着手，展现转型"大手笔"。
加强城市建设，必须从"大"处着手，构筑开放"大格局"。
加强城市建设，必须从"大"处着手，做亮服务"大品牌"。

27

加强城市建设，让自然禀赋成为经济优势。
加强城市建设，让创新集聚成为特色优势。
加强城市建设，让融合发展成为平台优势。

28

要顺应人民群众的热切期盼，努力在让老百姓生活得更加幸福上实现新提升。
要遵循城市发展的基本规律，努力在建设更有品质的城市上实现新提升。
要适应时代发展的内在要求，努力在建设充满活力的城市上实现新提升。

29

坚持繁荣新城与改造老城一同发力，让新城彰显现代文明风范、老城展现传统人文风貌。
坚持完善功能与优化环境一同发力，努力打造良好的生活空间和发展环境。
坚持丰富内涵与塑造特色一同发力，突出精致精细精彩，做出文气秀气大气。
坚持突出重点与整体推进一同发力，形成全面推进城市建设的生动格局。

30

推进城建新提升必须干字当头、干在实处，要加强领导拼命干。
推进城建新提升必须干字当头、干在实处，要尊重规律科学干。

推进城建新提升必须干字当头、干在实处，要破解难题创新干。

推进城建新提升必须干字当头、干在实处，要发动群众合力干。

十六、督导督查

1

统一思想，提高站位，充分认识督查考核重要性。

压实责任，凝聚合力，切实发挥督查考核作用。

严肃纪律，公平公正，营造风清气正良好风气。

2

加强领导，提高认识，确保督考顺利进行。

认真学习，广泛宣传，营造良好舆论氛围。

加强协调，通力配合，构建和谐工作氛围。

明确目标，落实责任，实行责任追究制度。

3

正视问题，充分认识督查考核工作的重要性。

寻找差距，狠抓督查关键环节促进作风转变。

真督实查，锻造良好作风推动工作落地见效。

4

抓督查要"智"，创新工作方法。

抓督查要"信"，健全工作体系。

抓督查要"仁"，杜绝官僚主义。

抓督查要"勇"，敢于动真碰硬。

抓督查要"严"，严肃问效追责。

5

深督细查,思想一定要统一。
深督细查,责任一定要明确。
深督细查,措施一定要到位。

6

"面上推"和"点上抓"相结合。
"强震慑"和"勤教育"相结合。
"当下改"与"长久立"相结合。
"内监督"与"外监督"相结合。

7

加强督导工作是实施领导的重要环节。
加强督导工作是推动落实的有力抓手。
加强督导工作是提高效能的重要举措。

8

开展督导要紧紧抓住维护稳定这个责任。
开展督导要紧紧抓住信息化建设这个关键。
开展督导要紧紧抓住社会管理这个难题。
开展督导要紧紧抓住队伍建设这个根本。

9

督导工作关键是做好重点问题。
督导工作要把难点作为着力点。
督导工作要在热点问题上下功夫。

10

督导工作要摆好"实"与"虚"的关系。
督导工作要摆好"喜"与"忧"的关系。
督导工作要摆好"快"与"慢"的关系。
督导工作要摆好"宽"与"严"的关系。

11

做好督导工作要勤学习。

做好督导工作要强作风。

做好督导工作要严纪律。

12

把握内涵、真抓实干，督查工作取得显著成效。

统一思想、提高认识，明确督查工作的重要性。

求真务实、开拓创新，促进决策部署落实到位。

整合力量、协调配合，探索构筑"大督查"格局。

加强领导、强化素质，提高督查工作整体水平。

13

督查大局意识和服务意识不断增强。

督查工作理论和工作机制日趋完善。

督查工作方式和工作手段不断创新。

督查基础建设和工作条件不断改善。

14

充分认识进一步加强和改进督查工作，是加强党的领导，提高党的执政能力，永葆党的先进性的重要保障。

充分认识进一步加强和改进督查工作，是贯彻落实上级精神，建设富裕文明开放和谐××（地区）的迫切需要。

充分认识进一步加强和改进督查工作，是各级领导干部转变工作作风，提高领导水平的必然要求。

15

突出工作重点是做好督查工作的首要原则。

立足解决问题是做好督查工作的基本思路。

坚持开拓创新是做好督查工作的不竭动力。

发挥领导职能是做好督查工作的重要手段。

16

督查工作要同目标管理相结合，督有所指。
督查工作要同干部管理相结合，督有所显。
督查工作要同视察评议相结合，督有所测。
督查工作要同舆论监督相结合，督有所馈。

17

督清楚真干假干。
督仔细干多干少。
督明白干好干孬。

18

统筹兼顾抓督导。
多种形式抓督导。
动真碰硬抓督导。
严守纪律抓督导。

19

加强业务学习，提高专业水平。
建强督查队伍，严抓监控力度。
加大检查力度，规范工作秩序。

20

督导工作要着眼"高"字不降格。
督导工作要狠抓"严"字不松手。
督导工作要力求"细"字不粗放。
督导工作要紧盯"实"字不浮漂。

21

要提高思想认识，做好专项查办工作。
要开展决策督查，协助党委抓好落实。
要改进工作方式，提高决策反馈质量。

要创新方式方法，增强督查工作实效。

22

要创新督查工作方式，以调研式督查和暗访式督查为主。
要创新督查工作思路，坚持集中督查和跟踪督查相结合。
要转变督查工作观念，统筹加大"督人"和"督事"力度。

23

"督"出真成效。
"查"出真问题。
"考"出新作为。

24

构建大督查工作格局是抓落实促发展确保政令畅通的需要。
构建大督查工作格局是提高督查工作制度化水平的需要。
构建大督查工作格局是实现督促检查工作创新发展的需要。

25

完善的大督查工作体系责任要到位。
完善的大督查工作体系监督要到位。
完善的大督查工作体系奖惩要到位。

26

要在督查思路上想新招、闯新路。
要在督查过程中求实效、出实招。
要在督查落实上下真功、动真格。

27

在领导关注事项上下功夫，突出抓了一个"重"字。
在改进督查方式上下功夫，突出抓了一个"实"字。
在坚持一督到底上下功夫，突出抓了一个"效"字。

28

要"督"出担当，"干和不干"不一样。

要"督"出效率，"干快干慢"不一样。

要"督"出质量，"干多干少"不一样。

要"督"出效果，"干好干坏"不一样。

29

"督"出真水平。

"查"出真业绩。

"干"出新气象。

十七、文旅

1

文旅融合发展定是大势所趋。

文旅融合发展必将大有可为。

文旅融合发展重在大道于行。

2

推动文化旅游工作，重在统筹推进、改革发展。

推动文化旅游工作，重在规划引领、先行先试。

推动文化旅游工作，重在产业融合、业态创新。

3

精雕细琢助推项目提质增效。

宣传联动激发融合发展动能。

"旅游+"构建文化旅游新格局。

4

文旅融合，让城市更美好。
文旅融合，让乡村更兴旺。
文旅融合，让产业更繁荣。

5

以"文"赋魂，提高文旅发展魅力值。
为"旅"铺路，串起文旅发展快车道。
以"网"为媒，搭建文旅发展新平台。

6

乡村生态激活乡村经济。
美丽乡村驶入美丽车道。
农旅融合促进农旅发展。

7

供给"打动人心"的旅游产品，增强文化旅游的体验性。
保护"千古流传"的文化基因，拓展当代文化记忆空间。
建设"旅行研学"的文化基地，提升广大群众认知程度。

8

加快文旅融合新业态。
充分激发消费新动能。
深入挖掘文化新潜力。

9

文旅融合可以彰显品牌魅力。
文旅融合可以激发干劲动力。
文旅融合可以汇聚发展合力。

10

创意＋科技，让文物活起来。

资源变产品，让市场火起来。
差异化产品，让文旅接地气。

11

文旅融合内涵更丰富。
文明旅游主题更突出。
新老交替队伍显活力。

12

着力推动文化和旅游深度融合。
深化文化和旅游供给侧结构性改革。
推动文化和旅游市场健康发展。
加快构建文明旅游示范体系。

13

政策层面，文化旅游日趋融合。
产业层面，文化旅游互利共赢。
发展层面，文化旅游优势互补。

14

以理念融合为基础。
以职能融合为保障。
以资源融合为抓手。
以产业融合为核心。

15

注重文化传承，满足美好生活需求。
加大融合力度，培育文化旅游新业态。
借力文旅融合，推动乡村振兴。
树立国际视角，增强国民文化自信。

16

文旅发展跑出发展"加速度"。
文旅发展打造发展"增长极"。
文旅发展打出发展"特色牌"。

17

以文促旅，提升旅游产品的文化内涵。
以旅彰文，旅游为文化传承带来动力。
融合创新，催生文旅深度融合新业态。

18

主动扛牢责任，全力打好文旅发展"主动仗"。
聚焦高质高效，扎实推动文旅事业"走在前"。
创新思路举措，探索推进文旅发展"深融合"。

19

围绕助力文化强省建设，更好发挥文旅产业赋能作用。
围绕推进高质量发展，更加彰显文旅事业带动效应。
围绕服务新发展格局，更大力度推进文旅融合创新发展。

20

在打造文艺精品创作上展现新作为。
在优化公共文化服务上拓展新路径。
在传承弘扬文化精神上实现新突破。
在促进文旅融合发展上开展新实践。
在旅游资源开发推广上推出新招数。
在营造有序市场环境上取得新成效。

21

适应旅游市场结构的变化，进一步提高旅游承载力。
适应旅游产品需求的变化，进一步开发旅游新业态。
适应旅游出行方式的变化，进一步延长旅游产业链。

22

推动文旅产业高质量发展，要做足生态文章。
推动文旅产业高质量发展，要做足创新文章。
推动文旅产业高质量发展，要做足人才文章。

23

坚持精准定位，打好规划牌。
完善要素功能，打好基础牌。
强化市场运营，打好招商牌。
持续提质增效，打好品质牌。
坚定绿色发展，打好生态牌。
突出民族特色，打好文化牌。

24

坚定信心、厚植优势，筑牢旅游名县创建基础。
突出重点、真抓实干，强化旅游名县创建支撑。
乘势而上、着眼长远，丰富旅游名县创建内涵。

25

突出一个"全"字，做实全域旅游。
突出一个"多"字，做优文旅存量。
突出一个"强"字，做大文旅增量。
突出一个"新"字，做强文旅活力。

26

应形势扬优势，推动农区变景区。
助融合强示范，推动产业变主业。
优服务立品牌，推动看点变卖点。

第四编

///

常见公文结构速查

本编主要介绍《党政机关公文处理工作条例》规定的 15 种法定公文和日常工作经常会用到的 8 种非法定公文的结构，读者可根据具体需求速查。

一、法定公文 ①

根据2012年施行的《党政机关公文处理工作条例》（以下简称《条例》），公文种类包括决议、决定、命令（令）、公报、公告、通告、意见、通知、通报、报告、请示、批复、议案、函、纪要。这些公文可以称为法定公文。法定公文格式体例比较固定，掌握起来比较容易。下面分别对15种法定公文的特点、分类、写法等进行说明。

（一）决议

决议是指在对会议（按照一定法定组织程序组成、召开的）通过的重要事项、商讨定论的重大问题、研究做出的重大决策、要求贯彻执行的意见、对工作做出的部署安排时使用的公文文种，是重要的下行文，是具有领导性、指导性和约束性的公文。《党政机关公文处理工作条例》规定：决议适用于"会议讨论通过的重大决策事项"。因此，决议使用的频次并不是很高，但是重要的会议成果都会以决议的形式进行公布。如《中共吉林市委十四届五次全体会议决议》《河北省第十三届人民代表大会第五次会议决议》。

1. 决议的特点

决议通常包括集体性、程序性和权威性三大特点。

（1）集体性

决议的形成必须经过特定的、重要的会议，例如党员代表大会、人民代表大会，或者这些代表大会选举产生的委员会、常务委员会等进行集中讨论，并且按照法律规定程序进行表决通过。由此可见，决议必须是集体决策的产物，必须经过投票表决才会形成，决议体现的是表决群体的意志，具有集体性。

（2）程序性

决议必须经过符合法定人数的会议讨论通过，通常要求过半数或三分之二以上有表决权的参会人员投赞成票才可以形成，体现的是与会群体多数人的意志，因而必须具有严格的程序性，必须符合法律和组织原则的要求，这一点与其他公文有着非常大的不同。

---

① 文号、排版、版记等不再强调，只说明行文规范。

（3）权威性

决议是经过严格程序的特定会议讨论形成的，代表着发文机关的意志，颁布的决议具有权威力量和普遍约束力。决议普适的范围都必须严格遵守决议内容，不得出现违背和抵制。

2．决议的分类

决议通常分为公布性决议、审批性决议和专题性决议三种类型。

（1）公布性决议

公布性决议是为了公布某种法规、决策而经过会议一致同意后发布的决议。主要用于对重要事项或重大问题阐述原则、提出要求、公布决策意见。此类决议所涉及的问题重大，通常为高级领导机构对所有党政机关发出的决议。

（2）审批性决议

审批性决议是对报批的下级机关或具有隶属关系的机关发出的决议，主要体现的是会议审议批准的重要文件、工作报告等事项。

（3）专题性决议

专题性决议是指针对专门问题或具体工作，经过会议讨论通过后形成的决议，主要体现事项负责机关的意志。

3．决议的写法

决议通常由标题、题注和正文三部分组成。

（1）标题

决议标题的常用格式有以下两种。

① 发文机关（或会议）+决定事项+文种，如《中国共产党第十九次全国代表大会关于〈中国共产党章程（修正案）〉的决议》。

② 主要内容+文种，如《关于中共廊坊市人民代表大会常务委员会工作报告的决议》。

（2）题注

决议的题注主要包括两个部分：时间+通过决议的会议，如：2017年10月24日中国共产党第十九次全国代表大会通过。

（3）正文

决议的正文一般包含开头、主题和结尾：开头主要写明做出该决议的背景、原因和要实现的目的。主题写明决议的具体内容，包括会议涉及的事项、做出的部署安排、相关措施等。结尾对受文者提出针对性希望和工作要求。

4. 示例

中国共产党第十九次全国代表大会

关于《中国共产党章程（修正案）》的决议

（2017年10月24日中国共产党第十九次全国代表大会通过）

中国共产党第十九次全国代表大会审议并一致通过十八届中央委员会提出的《中国共产党章程（修正案）》，决定这一修正案自通过之日起生效。

大会认为，党的十八大以来，以习近平同志为主要代表的中国共产党人，顺应时代发展，从理论和实践结合上系统回答了新时代坚持和发展什么样的中国特色社会主义、怎样坚持和发展中国特色社会主义这个重大时代课题，创立了习近平新时代中国特色社会主义思想。习近平新时代中国特色社会主义思想是对马克思列宁主义、毛泽东思想、邓小平理论、"三个代表"重要思想、科学发展观的继承和发展，是马克思主义中国化最新成果，是党和人民实践经验和集体智慧的结晶，是中国特色社会主义理论体系的重要组成部分，是全党全国人民为实现中华民族伟大复兴而奋斗的行动指南，必须长期坚持并不断发展。在习近平新时代中国特色社会主义思想指导下，中国共产党领导全国各族人民，统揽伟大斗争、伟大工程、伟大事业、伟大梦想，推动中国特色社会主义进入了新时代。大会一致同意，在党章中把习近平新时代中国特色社会主义思想同马克思列宁主义、毛泽东思想、邓小平理论、"三个代表"重要思想、科学发展观一道确立为党的行动指南。大会要求全党以习近平新时代中国特色社会主义思想统一思想和行动，增强学习贯彻的自觉性和坚定性，把习近平新时代中国特色社会主义思想贯彻到社会主义现代化建设全过程、体现到党的

> 决议的制发主体是会议，标题通常为"会议＋决定事项＋文种"。

> 标题之下、正文之前要标明决议通过的时间和会议全称。

建设各方面。

大会认为，中国特色社会主义文化是中国特色社会主义的重要组成部分，是激励全党全国各族人民奋勇前进的强大精神力量。大会同意把中国特色社会主义文化同中国特色社会主义道路、中国特色社会主义理论体系、中国特色社会主义制度一道写入党章，这有利于全党深化对中国特色社会主义的认识、全面把握中国特色社会主义内涵。大会强调，全党同志要倍加珍惜、长期坚持和不断发展党历经艰辛开创的这条道路、这个理论体系、这个制度、这个文化，高举中国特色社会主义伟大旗帜，坚定道路自信、理论自信、制度自信、文化自信，贯彻党的基本理论、基本路线、基本方略。

大会认为，实现中华民族伟大复兴是近代以来中华民族最伟大的梦想，是我们党向人民、向历史作出的庄严承诺。大会同意在党章中明确实现"两个一百年"奋斗目标、实现中华民族伟大复兴的中国梦的宏伟目标。

大会认为，党的十九大作出的我国社会主要矛盾已经转化为人民日益增长的美好生活需要和不平衡不充分的发展之间的矛盾的重大政治论断，反映了我国社会发展的客观实际，是制定党和国家大政方针、长远战略的重要依据。党章据此作出相应修改，为我们把握我国发展新的历史方位和阶段性特征、更好推进党和国家事业提供了重要指引。

大会认为，坚持以人民为中心的发展思想，坚持创新、协调、绿色、开放、共享的发展理念，协调推进全面建成小康社会、全面深化改革、全面依法治国、全面从严治党，全面建成社会主义现代化强国，反映了我们党坚持和发展中国特色社会主义的根本目的、发展理念、战略布局、战略目标。把促进国民经济更高质量、更有效率、更加公平、更可持续发展，完善

决议用法一般有以下三个方面。

一是对会议讨论通过的议案、报告、法规等文件表明态度，做出评价。

二是对会议整个过程中决议的事项进行全面概括形成的结论的阐述。

三是会议如有多项议程，一一形成意见后就单项问题形成决议。

和发展中国特色社会主义制度，推进国家治理体系和治理能力现代化，更加注重改革的系统性、整体性、协同性等内容写入党章，有利于推动全党把思想和行动统一到党中央科学判断和战略部署上来，树立和践行新发展理念，不断开创改革发展新局面。

（略）

大会要求，党的各级组织和全体党员在以习近平同志为核心的党中央坚强领导下，高举中国特色社会主义伟大旗帜，以马克思列宁主义、毛泽东思想、邓小平理论、"三个代表"重要思想、科学发展观、习近平新时代中国特色社会主义思想为指导，更加自觉地学习党章、遵守党章、贯彻党章、维护党章，坚持和加强党的全面领导，坚持党要管党、全面从严治党，为决胜全面建成小康社会、夺取新时代中国特色社会主义伟大胜利、实现中华民族伟大复兴的中国梦、实现人民对美好生活的向往继续奋斗！

（二）决定

决定是对重要事项做出决策、对重大问题做出定论、对重大行动做出安排、对重要工作做出部署、对重大贡献表彰奖励等使用的公文文种。在机关工作实务中，决定的使用频率比较高。学习贯彻上级文件精神，要发决定，比如《关于深入学习贯彻党的二十大精神的决定》；推进重要的全局性工作，也要发决定，比如《关于进一步做好当前促进就业工作的决定》。

1. 决定的特点
决定通常包括指导性、严肃性、针对性和稳定性四大特点。
（1）指导性
决定体现的是发文机关对重要事项的决策，内容具有较强的理论性、政策性，是受文机关和受文人群工作的准则，具有很强的指导性。

决议的内容一般是针对重大问题，通过一定组织形式的会议讨论通过，郑重做出的决定，事关重大，行文表述上应十分慎重。内容要求逻辑严密，用词精确，条理分明，具体明确。以正面阐述为主，阐述清晰，说理透彻，少做解释。

决议行文应注意把会议与会议的常设机构委员会、大会主席团等区分开。决议每段开头常用"会议认为""会议强调""会议号召""会议要求"等固定格式。

决议无落款、无印章、无发送单位，决议在产生会议的范围、辖区、行业、系统内有效。

344

（2）严肃性

决定所涉及的内容均为重要事项，受文机关和受文人群必须遵照执行，不得出现违背，具有严肃性。

（3）针对性

决定是针对具体现实问题做出的安排、部署和决策，尽管级别越高的机关发布的决定覆盖面越广，但也只是针对具体工作，具有较强的针对性。

（4）稳定性

决定是对政治、经济、科技、教育等领域的重大事项做出的战略性决策安排，通常要求在较长的时间内贯彻执行，能够在一段时期内发挥作用，具有稳定性。

2. 决定的分类

决定通常分为指挥性决定、宣告性决定、奖惩性决定和变更性决定四种类型。

（1）指挥性决定

指挥性决定多是由上级机关，特别是高层机关做出，用于安排部署事关全局、涉及重大方针政策和战略决策的重要工作，具有非常强的指挥意味。

（2）宣告性决定

宣告性决定用于向公众公布某一方面重要问题的情况与结果，如调整行政区划、重要人事安排等。

（3）奖惩性决定

奖惩性决定主要用于对工作中有突出贡献的人员、群体进行嘉奖，对犯错误的人员、群体进行处分。

（4）变更性决定

变更性决定主要是上级机关对下级机关做出的错误决策予以变更或撤销所使用的决定。

3. 决定的写法

决定一般主要由标题、题注和正文组成，也有部分决定还包括主送机关和落款。

（1）标题

决定的标题格式通常为：发文机关（或通过决定的会议名称）+事由+文种，如《国务院关于加强食品安全工作的决定》。

（2）题注

如果决定是由会议通过或批准的，应当在题注部分写明日期和经某个会议通过，也可以只写会议通过的时间。有题注的决定，文末不再落款。

（3）主送机关

决定如有主送机关，需在正文之前写明主送机关，主送机关应使用全称或规范简称。

（4）正文

决定的正文是决定的核心，一般包括开头、主体和结尾三部分。

① 开头：要写明做出决定的根据、原因、目的、意义等，具有较强的理论性和政策性，内容可详可略，根据需求决定篇幅。

② 主体：直截了当地写出决定的具体内容，如涉及多个事项，可以区分不同层次、不同条目。

③ 结尾：提出决定的执行要求，表达期望、发出号召。如果主体部分的最后已有言尽之意，可不专门设置结尾。

（5）落款

需要落款的决定，应在正文之后写上发文机关的名称和成文时间。

4. 需要特别关注的问题

很多人常常把决定和决议弄混，这也是运用决定这种文种最值得关注的问题。其实，决定和决议区别还是很大的。

（1）制作程序不同：决议的制作程序更加严格，决议通常是通过会议形成正式文件来颁布的，而决定除通过会议形式通过外，还可直接由发文机关审核批准发布。

（2）作用不同：决议的颁布意味着下级必须严格执行，而决定则按照分类来确定下级是否需要执行。如宣告性决定，下级知道即可，而指挥性决定，下级需要执行。

（3）决策内容不同：决定的内容多数涉及某一领域的重要事项或重大活动的安排部署，比较具体、明确，针对性较强，目的是统一行动；决议的内容多是关系全局性和原则性的重大问题，具有宏观性和战略指导性，目的是统一思想。

（4）写作手法不同：决议一般比较笼统、概括，也就是说决议写出工作方向和最后的结果就可以，而决定的写法要更加具体，也就是说要给出相关的步骤、要求、过程等，这样会提高决定的信服度，也会有更强的行政举措，可以当成是对下级的直接要求。

例如，某市召开党代会，大会审议通过了党委工作报告，就会发布《中国共产党北京市第十三次代表大会关于中共北京市第十二届委员会报告的决议》。会议闭幕后，要进一步落实党代会精神，往往会出台《关于认真学习宣传贯彻×××党代会精神的决定》。

5. 示例

国务院关于 2019 年度国家科学技术奖励的决定

各省、自治区、直辖市人民政府，国务院各部委、各直属机构：

为深入贯彻落实习近平新时代中国特色社会主义思想，全面贯彻党的十九大和十九届二中、三中、四中全会精神，坚定实施科教兴国战略、人才强国战略和创新驱动发展战略，国务院决定，对为我国科学技术进步、经济社会发展、国防现代化建设作出突出贡献的科学技术人员和组织给予奖励。

根据《国家科学技术奖励条例》的规定，经国家科学技术奖励评审委员会评审、国家科学技术奖励委员会审定和科技部审核，国务院批准并报请国家主席习近平签署，授予黄旭华院士、曾庆存院士国家最高科学技术奖；国务院批准，授予"高效手性螺环催化剂的发现"国家自然科学奖一等奖，授予"电化学表面增强拉曼光谱学研究"等 45 项成果国家自然科学奖二等奖，授予"复杂机场高精度飞行校验技术及装备"等 3 项成果国家技术发明奖一等奖，授予"农产品中典型化学污染物精准识别与检测关键技术"等 62 项成果国家技术发明奖二等奖，授予"海上大型绞吸疏浚装备的自主研发与产业化"等 3 项成果国家科学技术进步奖特等奖，授予"高品质特殊钢绿色高效电渣重熔关键技术的开发和应用"等 22 项成果国家科学技术进步奖一等奖，授予"优质早熟抗寒抗赤霉病小麦新品种西农 979 的选育与应用"等 160 项成果国家科学技术进步奖二等奖，授予马丁·波利亚科夫教授等 10 名外国专家中华人民共和国国际科学技术合作奖。

全国科学技术工作者要向黄旭华院士、曾庆存院士及全体获奖者学习，不忘初心、牢记使命，继续发扬服务国家、造福人民的光荣传统和追求真理、勇攀高峰的科学精神，坚持新发

决定的标题由发文机关（或通过决定的会议名称）、事由、文种三部分组成。如果是会议通过的决定，还应在标题的下方居中以括号注明批准、通过该决定的会议名称和通过的日期。如：（2014 年 10 月 23 日中国共产党第十八届中央委员会第四次全体会议通过）。

决定的主送机关为应遵照的单位或群体。普发性的决定没有主送机关。

决定作为较高层次的下行文，语言要求庄重严谨，简明扼要，格式规范，内容详略得当。论述性的内容要分析透彻，评价准确，要求明确；措施性的要求要逻辑严密，具体实在，可操作性强。

展理念，深入实施创新驱动发展战略，坚定不移走中国特色自主创新道路，着力实现原始创新重大突破，攻克关键核心技术，推动科技成果转化应用，加强科技创新开放合作，为建成创新型国家、加快建设世界科技强国，夺取全面建成小康社会伟大胜利、实现"两个一百年"奋斗目标和中华民族伟大复兴的中国梦作出新的更大贡献。

> 正文一般由决定依据、决定事项和执行要求三部分组成。决定依据要写明发布决定的背景、根据、目的或意义。行文要求简短明确。

国务院

2020 年 1 月 7 日

> 可根据实际需求设计落款。

（三）命令（令）

命令（令）是依照有关规定公布行政法规和规章，宣布重大强制性行政措施，任命、嘉奖有关单位及人员等使用的公文文种。公布重大事项可以用命令（令），如《国务院关于发布〈军人抚恤优待条例〉的命令》《关于统一计量制度的命令》；宣布重要任命可以用命令（令），如《关于任免×××等职务的任免令》；重大嘉奖可以用命令（令），如《关于给予××等同志嘉奖的命令》。

1. 命令（令）的特点

命令（令）通常具有强制性、限定性和依法性三大特点。

（1）强制性

命令（令）是所有公文中最具强制性的下行文，具有法律效力的强制力。命令（令）一经发布，受令者必须无条件地服从，绝不允许抵制和违抗，否则就会受到相应的处分和制裁。

（2）限定性

命令（令）对发布机关和发布人的身份具有明确的限定性。按照《中华人民共和国宪法》和《中华人民共和国地方各级人民代表大会和地方各级人民政府组织法》的有关规定，只有国家主席，全国人民代表大会的常务委员会、委员长，国务院和国务院总理，国务院各部委及其部长、主任，县级以上（含县级）地方各级人民政府和各级人民代表大会，才有权力发布命令（令）。

（3）依法性

命令（令）的制定和公布需严格依照法律规定的程序，不能随意制定和发布，更不能朝令夕改。因此，虽然命令（令）本身不是法律、法规，但经常是对法律、法规的确认，其内容具有高度的权威性。

2. 命令（令）的分类

命令（令）通常分为公布令、行政令、嘉奖令和任免令等多种类型。

（1）公布令

公布令是指公布行政法规和规章时使用的一种的命令（令）。最高国家行政机关国务院制定的行政法规，国务院各部委根据工作需要在本部门权限范围内制定的行政规章，省、自治区、直辖市和设区的市、自治州的人民政府制定的地方政府规章，用命令（令）形式予以发布。

（2）行政令

各级人民政府处理关系重大的事项或紧急情况（如战争、自然灾害等），为维护国家和人民群众的利益，在必要时需要采取重大的强制性措施。这些措施一般由县级以上（含县级）人民政府或其主要领导用行政令宣布施行。

（3）嘉奖令

嘉奖令是奖励的最高级别，是用于奖励有突出贡献的单位和人员时使用的一种命令（令）。嘉奖令奖励的规格比决定、通报等形式要高，大多为国务院（或与中共中央、全国人民代表大会常务委员会、中央军委联署）采用。

（4）任免令

任免令是指在任免重要领导干部职务时使用的一种命令（令）。

此外，还有赦免令、通缉令等，本书不再赘述。

3. 命令（令）的写法

命令（令）一般由标题、题注、正文和签署组成。

（1）标题：命令（令）的标题由发文机关全称加"命令"或"令"字组成。

（2）题注：这里需要注意的是命令（令）的令号。与其他公文形式上不同的一点，就是命令（令）具有令号，不编写发文字号。令号极为特殊，按照发令机关或发令人在该届任期内所发的命令（令）流水编序号，直至换届再重新编号。

（3）正文：命令（令）的正文通常由开头、主体、结尾组成。开头主要以简明直观的语言说明发布命令（令）的背景、根据和意义。主体主要阐述需要下级或受文群体执行的事项和具体要求。结尾主要用于对受文群体提出希望和要求。

不同种类的命令（令），正文的结构及写法也有所不同。

① 公布令正文非常简洁明了，一般只用简短的几句话指明行政法规、规章的名

称及制定机关、通过或批准的机关、组织或会议的名称、通过或批准的时间、施行日期等。被公布的文件附在公布令的后面。

②行政令正文通常主要由三部分构成：一是制定和发布命令的缘由，着重阐明发令原因，扼要写明发令的背景、形势和缘由，揭示发令的目的和意义，使受令方了解执行此令的重要性，增强执行命令的自觉性；二是命令所要采取的重大的强制性措施，分条款或分层次地写明规定事项、工作要求和方法步骤，文字要写得具体、肯定、简明、庄重，不展开议论，使受令方一目了然，易于执行；三是执行要求，这是命令事项的补充，对受令方提出要求和嘱咐。有的命令正文执行要求已在前面两部分讲明，也就不必再单独写这部分了。也有的命令正文没有明显地分为三个部分，而是篇段合一的。

③嘉奖令的正文一般包括四个部分：优秀事迹、性质和意义、嘉奖项目、号召和希望。优秀事迹是构成嘉奖令的依据和基础，主要介绍被嘉奖对象的英雄模范事迹。性质和意义是对事迹进行定性评价。嘉奖项目是嘉奖令的主要部分，说明是什么机构或什么会议决定给予嘉奖，具体项目是哪些。号召和希望要根据嘉奖对象的事迹，扼要地写出对受奖者的勉励和对大家的希望。

④任免令正文的结构一般比较单一、固定，由任免的依据和被任免者的姓名及所任免的职务构成。此类命令，可任免一人时使用，也可任免数人时使用。注意，如果被任或被免的人员只一位，可接着写下去，不必另起行。

（4）签署：命令（令）必须由发文机关负责人正式签署后方能生效和发布，需注明职务和姓名。最后写上成文日期，即机关负责人签署该命令的日期。

4. 示例

中华人民共和国主席令

第一一〇号

《全国人民代表大会关于修改〈中华人民共和国地方各级人民代表大会和地方各级人民政府组织法〉的决定》已由中华

公布令的制发主体必须是具有制定、发布法律、法规、规章权的国家权力机关和行政机关；发布的内容是法律、法规和规章。

公布令的令号以发布机关首脑的任期为限，新当选的机关首脑发布的第一个命令编为一号令。

公布令正文比较简短，一般由颁布对象、颁布根据、颁布决定、执行要求四部分组成。

颁布对象指所公布的法规文件的名称。

人民共和国第十三届全国人民代表大会第五次会议于 2022 年 3 月 11 日通过，现予公布，自 2022 年 3 月 12 日起施行。

中华人民共和国主席　习近平

2022 年 3 月 11 日

全国人民代表大会关于修改《中华人民共和国地方各级人民代表大会和地方各级人民政府组织法》的决定

（正文略）

（四）公报

公报是党和国家领导机关、社会团体和有关业务部门通过新闻手段向国内外公开发布重要决定和重大事件时使用的一种具有指导性、新闻性的公文文种。

1. 公报的特点

公报通常具有权威性、重要性和新闻性等特点。

（1）权威性

公报的发布机关级别很高，主要由党和国家高级领导机关或高层政府部门发布，宣布的内容事关重大，代表着党和国家的立场和态度，具有极高的权威性。

（2）重要性

公报所公布的内容都是备受国内外各界人士的密切关注和高度重视的重要事项，一经发布，即在国内外引起强烈反响。

（3）新闻性

公报的内容一般都是通过报纸、电视台和新媒体平台等新闻媒介向国内外公开发布的，因而也具备新闻的时效性、宣传性等特点，必须遵循新闻的原则要求。

2. 公报的分类

公报一般分为会议公报、新闻公报和联合公报三种类型。

（1）会议公报

会议公报是最常见的一种使用方式，通常是党和国家领导机关及其他社会组织、团体在重要会议召开之后公布所通过的重要决定

颁布根据即说明是经过什么会议通过或由什么领导机关批准的。

颁布决定即公布或批准的决定，一般有"现予颁布（公布、发布）""现予公布施行"等。执行要求指公布的法规文件开始生效实施的时间要求。

公布令以权力机关或行政首长的名义发布。

颁布令后面要附上所颁布的法规文件。

的公报。

（2）新闻公报

新闻公报是党的高级领导机关以新闻的形式将重大事件向国内外公布的公报，代表着党和政府的立场、态度、主张。

（3）联合公报

这类公报比较特殊，主要用于发布国家之间、政党之间、团体之间经由会议达成的某种共同意见。

3. 公报的写法

公报通常由标题、题注、正文三部分组成。

（1）标题：常用的写作方法有三种：一是"会议名称+文种"，如《中国共产党××市第×届委员会第三次全体会议公报》；二是"发布机关+事由+文种"，如《国家统计局关于2017年国民经济与社会发展的统计公报》；三是联合公报，由发表公报的双方或多方国家的简称、事由（可无）和文种构成，如《中华人民共和国政府和保加利亚共和国政府联合公报》。

（2）题注：部分公报将召开的会议名称和日期放置于标题之下的括号内，这样的公报文末不再标明发文机关和成文日期。

（3）正文：通常包括开头和主体。开头要将召开会议的背景、时间、地点、任务等信息，或是重大事项的核心内容交代清楚。主体要将需要公布的内容完整、准确、清晰地叙述出来，可以采用条目式，也可以采用编号的形式。

不同类型的公报，正文的写作方法也不相同。

① 会议公报的正文主要是前言、主体和结尾三部分。前言介绍会议基本情况，包括会议时间、地点、出席人员、主持人、会议议题及主要活动内容等。主体重点介绍会议的主要精神、内容和重要的决议事项。在写法上常把会议内容归纳概括为几个方面，分层分段展开阐述。每层每段的开头，分别用"会议认为""会议指出""会议强调""会议决定"等标志性词语领起，阐述、说明本层本段的内容。结尾通常用"会议号召""全会要求"领起，提出对相关各方的要求和号召，结构上通常是一个段落，语言简洁而富于鼓动性。

② 新闻公报正文包括开头和主体两部分。开头要交代制作公报的原因或根据。主体则是公报的具体内容，多采用条文式写明需公布的事项或数据。一般不使用结束语。

③ 联合公报是一种具有国际和约性质的公报，正文通常由开头、主体和结尾构成。开头一般用一到两个自然段，概述会议情况，对何方邀请何方于何时进行了正式访问，访问的主要人员，访问期间的会见、会谈、参观情况进行简明扼要的介

绍。主体是议定事项部分，要具体反映双方获得了哪些协议，达成了哪些共识，取得了哪些成果。在结构上，常根据内容间的主次关系和内在逻辑来安排层次段落，一层或一段集中反映一个方面的内容。结尾通常是对主体内容的补充，一般是一到两个自然段，扼要写明本次访谈结果的意义、对来访者的感谢和下一步双方领导人互访的意向。

4. 示例

中国共产党第十九届中央委员会第五次全体会议公报

（2020年10月29日中国共产党第十九届中央委员会
第五次全体会议通过）

中国共产党第十九届中央委员会第五次全体会议，于2020年10月26日至29日在北京举行。

出席这次全会的有，中央委员198人，候补中央委员166人。中央纪律检查委员会常务委员会委员和有关方面负责同志列席会议。党的十九大代表中的部分基层同志和专家学者也列席会议。

全会由中央政治局主持。中央委员会总书记习近平作了重要讲话。

全会听取和讨论了习近平受中央政治局委托作的工作报告，审议通过了《中共中央关于制定国民经济和社会发展第十四个五年规划和二〇三五年远景目标的建议》。习近平就《建议（讨论稿）》向全会作了说明。

全会充分肯定党的十九届四中全会以来中央政治局的工作。一致认为，一年来，中央政治局高举中国特色社会主义伟大旗帜，坚持以马克思列宁主义、毛泽东思想、邓小平理论、"三个代表"重要思想、科学发展观、习近平新时代中国特色社会主义思想为指导，全面贯彻党的十九大和十九届二中、三

公报标题有以下三种情况。一是会议公报，注意会议使用全称。二是"发布机关＋事由＋文种"。三是联合公报，由发表公报的双方或多方国家的简称、事由（可无）和文种构成。如《中华人民共和国和尼加拉瓜共和国关于恢复外交关系的联合公报》。

会议公报要在标题下正文之前注明通过会议的时间和会议全称。

公报一律不抬头。开篇用最鲜明、最精练的语言概述事件的核心内容，比如会议的名称、时间、地点、参加人员等。

中、四中全会精神，增强"四个意识"、坚定"四个自信"、做到"两个维护"，统筹推进"五位一体"总体布局，协调推进"四个全面"战略布局，坚持稳中求进工作总基调，坚持新发展理念，坚定不移推进改革开放，沉着有力应对各种风险挑战，统筹新冠肺炎疫情防控和经济社会发展工作，把人民生命安全和身体健康放在第一位，把握扩大内需这个战略基点，深化供给侧结构性改革，加大宏观政策应对力度，扎实做好"六稳"工作、全面落实"六保"任务，坚决维护国家主权、安全、发展利益，疫情防控工作取得重大战略成果，三大攻坚战扎实推进，经济增长好于预期，人民生活得到有力保障，社会大局保持稳定，中国特色大国外交积极推进，党和国家各项事业取得新的重大成就。

（略）

全会高度评价决胜全面建成小康社会取得的决定性成就。"十三五"时期，全面深化改革取得重大突破，全面依法治国取得重大进展，全面从严治党取得重大成果，国家治理体系和治理能力现代化加快推进，中国共产党领导和我国社会主义制度优势进一步彰显；经济实力、科技实力、综合国力跃上新的大台阶，经济运行总体平稳，经济结构持续优化，预计二〇二〇年国内生产总值突破一百万亿元；脱贫攻坚成果举世瞩目，五千五百七十五万农村贫困人口实现脱贫；粮食年产量连续五年稳定在一万三千亿斤以上；污染防治力度加大，生态环境明显改善；对外开放持续扩大，共建"一带一路"成果丰硕；人民生活水平显著提高，高等教育进入普及化阶段，城镇新增就业超过六千万人，建成世界上规模最大的社会保障体系，基本医疗保险覆盖超过十三亿人，基本养老保险覆盖近十亿人，新冠肺炎疫情防控取得重大战略成果；文化事业和文化产业繁荣

正文部分是公报的核心内容，要求把公报的内容完整、系统、有序地表达清楚。

常见以下三种写作方式。

一是分段式，每段说明一层意思或一项决定。

二是序号式，多用于内容复杂、问题较多的公报。

三是条款式，多用于联合公报。

发展；国防和军队建设水平大幅提升，军队组织形态实现重大变革；国家安全全面加强，社会保持和谐稳定。"十三五"规划目标任务即将完成，全面建成小康社会胜利在望，中华民族伟大复兴向前迈出了新的一大步，社会主义中国以更加雄伟的身姿屹立于世界东方。

全会强调，全党全国各族人民要再接再厉、一鼓作气，确保如期打赢脱贫攻坚战，确保如期全面建成小康社会、实现第一个百年奋斗目标，为开启全面建设社会主义现代化国家新征程奠定坚实基础。

全会深入分析了我国发展环境面临的深刻复杂变化，认为当前和今后一个时期，我国发展仍然处于重要战略机遇期，但机遇和挑战都有新的发展变化。当今世界正经历百年未有之大变局，新一轮科技革命和产业变革深入发展，国际力量对比深刻调整，和平与发展仍然是时代主题，人类命运共同体理念深入人心，同时国际环境日趋复杂，不稳定性不确定性明显增加。我国已转向高质量发展阶段，制度优势显著，治理效能提升，经济长期向好，物质基础雄厚，人力资源丰富，市场空间广阔，发展韧性强劲，社会大局稳定，继续发展具有多方面优势和条件，同时我国发展不平衡不充分问题仍然突出，重点领域关键环节改革任务仍然艰巨，创新能力不适应高质量发展要求，农业基础还不稳固，城乡区域发展和收入分配差距较大，生态环保任重道远，民生保障存在短板，社会治理还有弱项。全党要统筹中华民族伟大复兴战略全局和世界百年未有之大变局，深刻认识我国社会主要矛盾变化带来的新特征新要求，深刻认识错综复杂的国际环境带来的新矛盾新挑战，增强机遇意识和风险意识，立足社会主义初级阶段基本国情，保持战略定力，办好自己的事，认识和把握发展规律，发扬斗争精神，树立底线思维，准确识变、科学应变、主动求变，善于在危机中育先机、于变局中开新局，抓住机遇，应对挑战，趋利避害，奋勇前进。

全会提出了到二〇三五年基本实现社会主义现代化远景目标，这就是：我国经济实力、科技实力、综合国力将大幅跃升，经济总量和城乡居民人均收入将再迈上新的大台阶，关键核心技术实现重大突破，进入创新型国家前列；基本实现新型工业化、信息化、城镇化、农业现代化，建成现代化经济体系；基本实现国家治理体系和治理能力现代化，人民平等参与、平等发展权利得到充分保障，基本建成法治国家、法治政府、法治社会；建成文化强国、教育强国、人才强国、体育强国、健康中国，国民素质和社会文明程度达到新高度，国家文化软实力显著增强；广泛形成绿色生产生活方式，碳排放达峰后稳中有降，生态环境根本好转，美丽中国建设目标基本实现；形成对外开放新格局，参与国际经济合作和竞争新优势明显增强；人均国内生产总值达到中等发达国家水平，中等收入群体显著扩大，基本公共服务实现均等化，城乡区域发展差距和居民生活水平差距显著缩小；平安中国建设达到更高水平，基本实现国防和军队现代化；人民生活更加美好，人的全面发展、全体人民共同富裕取得更为明显的实质性进展。

（略）

全会号召，全党全国各族人民要紧密团结在以习近平同志为核心的党中央周围，同心同德，顽强奋斗，夺取全面建设社会主义现代化国家新胜利！

公报具有官方性，一言九鼎，因此撰写时应字斟句酌，一丝不苟，严肃认真，必须对会议、事件、事项有全面的了解，准确、客观地把握会议、机关的决策意图，既全面周到又简明扼要，重点突出，做到结构严谨，层次清晰，语言准确，风格庄重。

结尾部分提出号召、希望和目标等。

356

（五）公告

公告是向国内外宣布重要事项或者法定事项时使用的文种。其制发主题一般应是国家机关。省级机关除发布法规、人民代表大会期间公布当选人员外，极少使用。公告一旦成文往往要记入史册，因此应特别严肃、慎重，如《国务院第七次全国人口普查领导小组办公室公告》。

1. 公告的特点

公告通常具有广泛性、权威性、限制性和公开性等特点。

（1）广泛性

公告的公布范围不仅包括国内，还包括世界范围。所以公告中公布的事项须在国内外构成影响，只对国内，或只对小范围区域有影响的事件，是不能用"公告"这一文种的。

（2）权威性

公告体现国家权力部门的威严，内容非常庄严、严肃，因此正式的公告既要将有关信息和政策公诸于众，又要考虑在国际上可能产生的政治影响。

（3）限制性

公告对发文机关有着明确的限制性，一般限于最高国家权力机关及其工作部门和国家某些机关。其他基层党政机关、企事业单位、人民团体等组织都无权制发公告。

（4）公开性

公告具有广泛的告知性，公告内容的传播范围面向全国甚至全世界，其告知范围相当广泛。其发布方式一般不用红头文件的形式，不在机关内部运行，而全部通过网络、报纸、杂志、电台、电视台等新闻媒介公开发布。

2. 公告的分类

公告一般包括重要事项公告和法定事项公告两种类型。

（1）重要事项公告

只要是用来宣布有关国家的政治、科技、教育、人事、经济、军事、外交等方面需要告知全民的重要事项的，都属此类公告。

（2）法定事项公告

一些重要事情和主要环节依照有关法律和法规的规定必须以公告的方式向全民公布。

3. 公告的写法

公告一般由标题、正文和结尾三部分组成。

（1）标题一般为"发文机关+主要事项+文种"，有时不出现主要事项，有时也可以只表明文种，标题如无发文机关名称则必须在结尾落款。

（2）正文写明发布公告的原因，可以分条列项说明主体的事项，最后也可以简洁地写实施的期限、范围以及违反后果等，还可以委婉地提出对受文者的希望，对违背者的警告等。最后只写结束用语，如"特此公告"等。

（3）结尾包括署名和日期。以机关名义发布的，标题如已有机关名，也可不再署名。

4. 公告与公报的区别

公告与公报都是高级领导机关或授权机关使用的文种，都是用于向国内外发布重大事项的文种，并且两者的发布内容都具有重要性。他们的区别在以下三个方面。

（1）内容不同

公告用于宣布重大事项或法定事项，内容一般比较简单，篇幅较短。公报用于发布会议情况、谈判情况、统计情况等，其内容比较详细具体，要写出事件、决定的背景、要点、提出要求、发布号召等。

（2）语言表达方式不同

公告与公报的内容不同决定了两者语言表达方式不同。公告告知的事项内容单一，语言简练准确，开门见山，直述意向，不加议论，态度严肃，语气庄重。公报则有严谨的结构、清晰的层次，语气既庄重又热烈，感情较浓重。

（3）格式不同

公告的标题下可以用文号，而公报没有，一般用题注形式。

> 常见的公告标题有两种：一是制发机关＋文种；二是机关、主要事项和文种，通常使用第一种。

5. 示例

全国人民代表大会常务委员会公告

〔十三届〕第九号

> 公告一般不编文号，特殊情况除外。

吉林省人大常委会决定接受×××辞去第十三届全国人

民代表大会代表职务。依照《中华人民共和国全国人民代表大会和地方各级人民代表大会代表法》的有关规定，×××的代表资格终止。

截至目前，第十三届全国人民代表大会实有代表 2969 人。特此公告。

全国人民代表大会常务委员会

2019 年 8 月 26 日

公告没有抬头，内容一般极其简明扼要，语言要凝练，语气要庄重，不过多地陈述细节过程，忌夸张，忌修辞性用语，只要将公布的事项明确表达出来即可。

公告用"特此公告""现予公告"等结束，表示强调。

单位落款要完整规范。

（六）通告

通告是指适用于在一定范围内公布应当遵守或者周知的事项。通告属于公布性、周知性公文，面向社会各有关方面公开发布。通告的使用较为广泛，一般机关、企事业单位甚至临时性机构都可使用：要开展市容市貌治理可以发通告，如《××区人民政府关于开展城区市容市貌整治的通告》；电力公司更改业务结算方式可以用通告，如《国网××电力公司关于使用定期借记业务结算方式的通告》。但要注意的是，强制性通告必须依法发布，其限定范围不能超过发文机关的权限。

1. 通告的特点

通告通常具有周知性、依法性、务实性和广泛性四个特点。

（1）周知性

通告目的是让一定范围内的人群或特定人群普遍知晓，以使他们了解有关政策法令，遵守某些规定事项，共同维护社会公务管理秩序。

（2）依法性

通告经常用来颁布地方性法规，这些法规一经颁布，特定范围内的部门、单位和民众都必须遵守、执行。

（3）务实性

通告是针对某项特定事务的文种，其内容一般属于业务方面的问题，而且多为局部的、具体的问题，务实性比较突出。

（4）广泛性

通告不只是对本组织或成员发出的，还是对本组织之外的社会成员发出的，对象范围较广。

2. 通告的分类

通告一般分为知照性通告、办理性通告和禁管性通告三种类型。

（1）知照性通告

公布的是需要有关单位和个人周知的某些事项，如通告停电、停水、电话号码变更等。

（2）办理性通告

办理性通告公布的是要求有关单位和人员办理的事项，要求办理的事项多为注册、登记、年检等公共行为。

（3）禁管性通告

禁管性通告公布的是一些令行禁止的事项，如交通管制、违禁物品查禁等事项。

3. 通告的写法

通告使用广泛，内容主要包含标题、正文和落款三个方面。

（1）通告的标题有四种写法，一是"发文机关+事由+文种"，如《××市人民政府关于全域禁止燃放烟花爆竹的通告》；二是"发文机关+文种"，如《中华人民共和国商务部通告》；三是"事由+文种"，如《关于清理整顿河道污染的通告》；四是只有文种"通告"二字。

（2）通告的正文由三个部分构成，即通告缘由、通告事项、通告结语。通告缘由表达发布通告的背景、根据、目的、意义，通过叙述相关的政策、法规依据或具体的实际情况来说明行文的原因。通告事项写明社会有关方面周知或遵守的事项，内容应做到条理分明、层次清晰、行文准确。通告结语多采用"本通告自发布之日起实施"指明执行日期，或用"特此通告""此告"等习惯用语结尾。

（3）通告的落款：正文后应写明发文机关全称，如果标题中已有发文机关名称，则正文后的署名可以省略；成文日期一般放在署名之后，也可放在标题之下。

4. 公告与通告的区别

公告与通告在机关事务中都会用到，公告适用于向国内外宣布重要事项或者法定事项；通告适用于在一定范围内公布应当遵守或周知的事项。公告与通告都是党政机关法定公文中的重要文种，都要面向社会公开发布，但两者还是有较大的区别。

（1）目的不同

公告向国内外宣布重要事项或者法定事项，公告的主要任务是宣布事项，以告知为目的，多数公告并没有强制要求执行其事项。而通告则不一样，通告是在一定范围内公布应当遵守或者周知的事项，多数通告的目的不仅是告知，还要求有关人员遵守或执行通告事项。

（2）内容不同

公告与通告发文内容的不同主要体现在所告知事项的影响力上，公告事项的影响力远远大于通告的影响力。公告所告知的事项重要性突出、分量大，为国内外所关注。而通告的事项一般为普通事项，其在国内外影响力不如公告。

（3）范围不同

公告是面向国内外宣告事项，发布范围不只在国内，还面向全世界。比如，关于国家重要领导岗位的换届选举或国家军事演习的公告，这些都是国内外关注的焦点，其发布范围波及全世界。通告是在面向全国或某一范围内公布事项，其范围仅限于本国。因此，通告的发布范围明显小于公告。

（4）发文机关不同

公告所告知的事项明显比通告重要得多，由于告知内容的重要性不同，因而两者的发文机关也有所不同。公告的事项特别重大，具有庄重性，且告知范围广，所以其制发机关也相应要求有较高权限，多为党和国家的上层机关，基层单位则无权发布公告，但是特殊部门，比如新华社、海关等可经由授权发布。通告的发文机关可以上至国务院，下至基层行政单位，甚至社会团体、企事业单位，它们在自己权限范围内均可制发通告。

（5）发布时间

不同公告的事项大都已经发生，具有很强的告知性，多是事后告知。通告多用于事前制定某些规定或提出某些要求，让有关方面遵守、执行，因而多是事前的告知。

> 通告的制发主体通常应是具有一定权限、一定管理职能的行政或权力机关。

5. 示例

山东省人民政府

关于禁止在临沂市蒙河双堠水库工程占地及淹没区范围内新增建设项目和迁入人口的通告

> 标题通常由"发文机关＋事由＋文种"构成。

为确保临沂市蒙河双堠水库工程建设征地和移民安置工作

顺利实施，根据《国务院关于修改〈大中型水利水电工程建设征地补偿和移民安置条例〉的决定》（国务院令第 679 号）有关规定，现将有关事宜通告如下。

> 通告无抬头、无受文单位，一般不编文号。

一、工程占地及淹没区范围。坝址位于沂南县双堠镇镇区附近蒙河干流，水库蓄水后淹没至蒙阴县垛庄镇营里村附近。工程占地及淹没区范围包括水库大坝枢纽工程占地、水库运行管理范围占地、水库坝上淹没区及建库后 20 年一遇洪水回水外包线以下地带等区域、供水工程占地等。具体范围以临沂市人民政府在当地设立的有关标志和警戒线为准。

二、自本通告发布之日起，在蒙河双堠水库工程占地及淹没区范围内，禁止任何单位、组织和个人乱占、乱建、新建、改建和扩建工程项目，停止建设已开工项目，不得修建房屋及其他设施，不得改变原有地形地貌，不得开展抢种耕地、园地及抢栽多年生经济林木、新栽果木、植树造林等活动。政府相关部门停止办理该区域内项目及资源开发的有关证照。确因生产生活急需的临时设施，需经县级人民政府和有关部门实际查勘审查同意后建设，但必须保证按工程要求自行拆除，不予征迁补偿。除按规定正常调动、婚嫁、复转军人、国家机关及事业单位招录（招聘）工作人员、大中专毕业生回原籍、刑满释放人员回原籍外，禁止人口迁入。

三、临沂市人民政府和项目法人要密切配合，严格按照《国务院关于修改〈大中型水利水电工程建设征地补偿和移民安置条例〉的决定》（国务院令第 679 号）要求，认真组织开展好工程占地及淹没区范围内的实物调查工作，落实好征地补偿、人口安置、施工环境保障、生态环境保护等政策。

　　四、临沂市人民政府要切实加强领导，认真组织实施，动员干部群众积极支持有关部门和单位开展工作。

　　特此通告。

山东省人民政府

2022 年 2 月 23 日

（七）意见

　　意见是某机关对另一机关针对工作活动的原则、步骤和方法表达态度或建议的一种文体，在对重大问题提出见解、对重要事项提出解决办法时使用。在日常公文处理中，意见是非常常见的，上级下达的重要工作指示可以通过意见的形式，如《省司法厅关于进一步加强法治政府建设的意见》；下级向上级表达建议可以用意见（但不常见），如《××局关于机构改革后工作衔接的意见》；平级之间交换建议也可以使用意见，如《关于贵市××高速公路规划选址的意见》。

1. 意见的特点

　　意见通常具有灵活性和针对性两个特点。

　　（1）灵活性

　　意见的使用非常灵活，可以是上行文、下行文、平行文。它可用于上级机关对下级机关提出一些指导性、规定性的意见，也可以用于下级机关向上级机关提出一些建议和参考意见，还可以在职能部门之间相互行文，提出供对方参考的意见。

　　（2）针对性

　　意见是根据现实的需要，针对某项工作或某一重要的问题，经仔细研究后提出的见解或处理意见，有着较强的针对性。

2. 意见的分类

　　意见一般分为指导性意见、参考性意见和请批性意见三种类型。

　　（1）指导性意见

　　指导性意见通常在党政机关向下属单位传达指示、布置工作时

从内容上来讲，通告常常针对某一方面的事项需要某一范围的群众周知、遵守。通常采用分条目式写法，操作性强，对允许做什么和禁止做什么，态度鲜明，规定明确。

结语一般用"特此通告"以加重语气。

通告通常要盖章，以示权威。

使用，内容多是阐明原则、方法，提出执行要求，做出工作安排，当部署工作不宜用决定、命令、通知时可使用意见行文。

（2）参考性意见

参考性意见主要是向上级领导、平行机关提出某项或某方面工作的意见、建议，目的是供上级机关、平行机关参考。

（3）请批性意见

请批性意见用于下级机关或职能部门无权要求有关单位执行时，呈送给上级审阅，请求上级机关予以批示或批转。此类意见一经上级机关批转就体现了上级机关的意志，文件中提出的见解和处理办法能在更大的范围内得以执行。

3. 意见的写法

意见由标题、主送机关、正文、落款组成。

（1）标题一般用三要素标题，即"发文机关+事由+文种"。如《××市人民政府关于开展教育攻坚行动的意见》。

（2）主送机关：意见一般需有主送机关，要使用全称或规范化简称、统称。指导性意见主送机关较多，参考性意见、请批性意见的主送机关通常只有一个。党委发布重要意见时，会出现没有主送机关的形式；有时会在印意见之前拟写一个简短通知，表示印发意见的意义和要求，此类文件可以认为属于通知类型，这种情况下意见是没有主送机关的。

（3）正文一般包括发文缘由、主要内容和结语。发文缘由主要介绍意见的背景、依据、目的、意义等内容，然后用"现提出如下意见"过渡，引出下文。主要内容是意见的核心，对有关问题或某项工作提出见解、建议或解决办法，内容涵盖量大，多采用条文式结构。结语可根据实际需求撰写：指导性意见的结语通常要提出执行要求，如"以上意见，请结合实际情况贯彻执行"；参考性意见的结语通常是"以上意见，请审阅""以上意见，请予考虑"；请批性意见结语通常是"以上意见如无不妥，请批转各地各有关单位执行"。也可以没有结语，自然结束正文。

（4）落款是指在正文之后署上发文机关的名称和成文时间，成文时间应用阿拉伯数字，年、月、日齐全。

4. 示例

示例1

国务院办公厅关于加强长江水生生物保护工作的意见

各省、自治区、直辖市人民政府，国务院各部委、各直属机构：

长江是中华民族的母亲河，是中华民族发展的重要支撑。多年来，受拦河筑坝、水域污染、过度捕捞、航道整治、岸坡硬化、挖砂采石等人类活动影响，长江生物多样性持续下降，水生生物保护形势严峻，水域生态修复任务艰巨。为加强长江水生生物保护工作，经国务院同意，现提出以下意见。

一、总体要求

（一）指导思想。

（二）基本原则。

树立红线思维，留足生态空间。

落实保护优先，实施生态修复。

坚持全面布局，系统保护修复。

（三）主要目标。到2020年，长江流域重点水域实现常年禁捕，水生生物保护区建设和监管能力显著提升，保护功能充分发挥，重要栖息地得到有效保护，关键生境修复取得实质性进展，水生生物资源恢复性增长，水域生态环境恶化和水生生物多样性下降趋势基本遏制。到2035年，长江流域生态环境明显改善，水生生物栖息生境得到全面保护，水生生物资源显著增长，水域生态功能有效恢复。

二、开展生态修复

（四）实施生态修复工程。

（五）优化完善生态调度。

（六）科学开展增殖放流。

（七）推进水产健康养殖。

三、拯救濒危物种

（八）实施珍稀濒危物种拯救行动。

（九）全面加强水生生物多样性保护。

四、加强生境保护

（十）强化源头防控。

（十一）加强保护地建设。

（十二）提升保护地功能。

五、完善生态补偿

（十三）完善生态补偿机制。

（十四）推进重点水域禁捕。

六、加强执法监管

（十五）提升执法监管能力。

（十六）强化重点水域执法。

七、强化支撑保障

（十七）加大保护投入。

（十八）加强科技支撑。

（十九）提升监测能力。

八、加强组织领导

（二十）严格落实责任。

（二十一）强化督促检查。

（二十二）营造良好氛围。

> 意见的内容必须主题明确、真实准确，要有情况、有问题、有分析，但都要简明扼要，重点放在意见部分，提出解决措施或自身意见建议。

国务院办公厅

2018 年 9 月 24 日

> 有抬头的意见，落款及时间应放在文尾部。

示例2

中共中央　国务院

关于推进社会主义新农村建设的若干意见

（2005 年 12 月 31 日）

> 没有抬头的意见，一般将制发机关、制发时间放在标题之下，一目了然，以示庄重。党委的意见常用这样的形式。

　　党的十六届五中全会通过的《中共中央关于制定国民经济和社会发展第十一个五年规划的建议》，明确了今后 5 年我国经济社会发展的奋斗目标和行动纲领，提出了建设社会主义新农村的重大历史任务，为做好当前和今后一个时期的"三农"工作指明了方向。

　　（下文略）

（八）通知

　　通知是传达上级指示，部署安排工作，实施管理措施，处理公共事务，任免聘任干部，批转、转发、印发下级机关、上级机关及不相隶属机关有关公文，要求下级需要周知事项等时使用的公文文种。通知是机关公文中使用频次最多的公文形式，无论是召开会议、开展某项集中行动，还是印发某类规范规则，都会用到通知。

1. 通知的特点

　　通知通常包括广泛性、多样性、特定性、指导性和时效性等五个特点。

　　（1）广泛性

　　通知是各级党政机关、社会团体和企事业单位使用频率最高的文种，不受发文机关级别的限制，通知的作者范围十分广泛。通知主要是下行文，有时同级或不相隶属的机关之间需要知照某些事项时，也作为平行文使用。

　　（2）多样性

　　通知的功能丰富，可以用来布置工作、传达指示、晓谕事项、发布规章、批转和转发文件、任免干部等，这就决定了它内容的多样性。

（3）特定性

通知的收文对象是特定的，通知向特定收文对象告知或转达有关事项。

（4）指导性

通知作为下行文时，通常都是因为部署和指导工作、批转和转发文件等，这就需要明确阐述处理某些问题的原则和方法。

（5）时效性

通知的事项一般是要求立即知晓、执行或办理的，不能拖延。有些通知只在指定的一段时期内有效，特别是会议通知，过期之后，通知也就失去了效力。

2. 通知的分类

按内容和功用不同，可将通知分为发布性通知、批转性通知、转发性通知、指示性通知、任免性通知和事务性通知等六种。

（1）发布性通知：用于发布行政规章制度及党内规章制度。

（2）批转性通知：用于上级机关批转下级机关的公文给所属人员，让他们周知或执行。

（3）转发性通知：用于转发上级机关和不相隶属的机关的公文给所属人员，让他们周知或执行。

（4）指示性通知：用于上级机关指示下级机关如何开展工作。

（5）任免性通知：用于任免和聘用干部。

（6）事务性通知：用于处理日常事务性工作，常把有关信息或要求用通知的形式传达给有关机构或群众。

3. 通知的写法

通知的格式一般是由标题、主送机关、正文、落款组成。

（1）通知的标题一般采用"发文机关+主要内容+文种"的格式，如《××局关于开展××工作的通知》。

（2）通知的发文对象比较广泛，因此主送机关较多，要注意主送机关排列的规范性。

（3）通知的正文包括缘由、事项和要求。缘由主要用来表述有关背景、根据、目的、意义等。事项指所发布的指示、安排的工作、提出的方法、措施和步骤等。可以按照需要在结尾处提出贯彻执行的有关要求。

（4）落款包括发布机关或单位以及日期。

4. 通知与通告的区别

在机关实务中，通知与通告是容易让工作人员产生模糊和混淆的两个文种，通告与通知都是告知性的公文，都具有普遍约束性，但二者有以下明显区别。

（1）适用范围不同

根据《党政机关公文处理条例》规定：通告"适用于在一定范围内公布应当遵守或者周知的事项"，通知"适用于发布、传达要求下级机关执行和有关单位周知或者执行的事项，批转、转发公文"。二者各有自己的适用范围，二者的作用是不同的。

（2）告知对象不同

通告的对象是外部组织和社会公众，通知的对象是机关单位。通告发文机关与收文机关之间为职能关系，不存在领导与被领导的隶属关系，而只存在管理与被管理的关系。通知的发文机关与收文机关之间一般存在领导与被领导的关系，或业务上的指导与被指导关系。这也是二者最大的区别。

（3）结构及写法不同

通告是在一定范围内告知，不标明主送机关。通知是上级对下级的告知，或有明确收文单位的告知，应当标明主送机关，即使通知的收文机关较多，也应当标明所有收文机关全称或规范简称、统称，不能疏漏。

5. 示例

示例1

山东省人民政府办公厅

关于加快食品产业高质量发展若干措施的通知

各市人民政府，各县（市、区）人民政府，省政府各部门、各直属机构：

食品产业是保障民生的基础产业，也是三产融合的朝阳产

发文主体应是上级机关或主管部门，即受文机关与发文机关应有直接或间接隶属关系。

通知标题通常为发文机关＋主要内容＋文种，简明表述通知内容，可以是专题工作部署，也可以是贯彻上级指示要求等内容。

受文机关是需要参与落实推进工作的直接或间接相关单位。

业。为贯彻落实以人民为中心的发展思想，扎实做好"六稳"工作，全面落实"六保"任务，在"十四五"期间加快推进我省食品产业基础高级化、产业链现代化，实现高质量发展，经省政府同意，现将有关事项通知如下。

开篇阐述工作开展的背景、目的、意义，简明扼要、直奔主题。

一、推进全产业链协同发展

（一）实施源头提升行动。选育优育拥有自主知识产权的畜禽、水产、农作物等食品加工专用品种，在全省重点培植30家"育繁推"一体化动植物种子企业，保证育种土地供应，支持一批农作物和畜禽良种优育重点项目。推行科学用药、优化施肥、种养循环、综合治理，推广生产托管等社会化服务。（省农业农村厅、省畜牧局、省自然资源厅、省农业科学院负责，各有关部门按职责分工负责，下同）

主体内容是通知的核心部分，作为上级机关对下级机关的指示、要求，通知应该突出重点，条理清晰，简明扼要、通俗易懂，要明确工作的要求、步骤、方法、措施。语言平实、实事求是，具体措施要具有可操作性，切忌说理宣教。

（二）培育新型农业经营主体。

（三）提高精深加工综合水平。

（四）建设全过程冷链物流体系。

（五）提高高端装备水平。

二、坚持创新驱动发展

（六）推动企业技术创新。

（七）推进数字经济赋能。

（八）创新业态和模式。

（九）实施"三个一百"工程。

明确此项工作的目标和工作标准。

三、加快产业结构优化升级

（十）做优产业布局。

（十一）打造过硬质量品牌。

（十二）拓展市场空间。

（十三）加强综合利用。

如果具体工作需要明确分工，则在工作内容后增加责任单位或责任人等。

四、完善保障体系

（十四）加强人才队伍建设。

（十五）严格食品安全质量监管。

（十六）创新服务机制。

（十七）强化政策落实。

山东省人民政府办公厅

2020 年 12 月 26 日

鉴于会议通知是比较常用的通知类型，我们着重图解一下会议通知的具体构成。

示例2

×× 市人民政府办公室

关于召开全市文物工作视频会议的通知

各县（市、区）人民政府、市直有关部门、单位：

经研究，定于 ×××× 年 ×× 月 ×× 日（星期 ×）召开全市文物工作视频会议。会期半天。现将有关事项通知如下：

一、时间地点

×× 月 ×× 日下午 ××：××，市主会场设在 ×× 市文化和旅游局 ×× 会议室，各县（市、区）设分会场。

二、参会人员

市主会场：市政府分管副市长，分管副秘书长；市直有关部门分管负责同志；市文化和旅游局全体班子成员及相关科室负责同志。

会议通知的标题通常由发文机关 + 会议名称 + 文种组成。

参会部门单位作为受文单位，一般使用统称。

开篇直奔主题，明确会议的时间、主题、会期，并用"现将有关事项通知如下"引出具体内容。

会议通知关键在于明确会议的相关信息，因此"时间地点 + 会议内容 + 参会人员 + 其他事宜"是最常见的会议通知主体部分。其中会议内容可体现也可不体现，若会议标题可以说明会议内容，则可省略。

时间地点应明确易懂，如有需要，可标注会议地点的具体位置。

邀请××、××单位负责同志参加会议。

县（市、区）分会场：参会人员参照市主会场范围确定。

二、其他事宜

1. 请将市直参会人员名单（姓名、单位、职务、联系电话）于××月××日上午××前报市文化和旅游局，联系电话：××××。

2. 本次视频会议通过××××会议系统举行，请各县（市、区）安排技术保障人员提前调试设备，联系电话：××××。

3. ……

××市人民政府办公室

××××年××月××日

在市主会场参加部门、单位名单（略）

（九）通报

通报是上级机关向下级机关或者有关单位传达重要情况、重要事项，表彰先进，批评错误使用的公文文种。在机关工作中，我们常听到"××被通报了""如不能按时报送，将在全市范围通报"等消息，其实通报除了批评性以外，还可以传达重要事项，如《关于×××最新情况的通报》，也可以用于表彰先进，如《关于表彰先进集体和优秀个人的通报》。

1. 通报的特点

通报通常包括告知性、典型性、教育性和政策性四个特点。

（1）告知性

通报的内容常常是让人们知晓并了解现实生活当中一些正反面的典型或某些带倾向性的重要问题。

（2）典型性

通报的内容是具体的人或事或信息，它们不仅具备严格的真实

如需不相隶属的机关人员参加，应另起一行"邀请××参加会议"。

参会人员必须精准全面、简明扼要，既不能漏人，也不可模糊不清。视频会议应将主会场、分会场分别表述。

其他事宜通常对会议需要的报名方式、会议线路、提报材料、联系方式、统一着装、住宿安排、统一乘车及会务联系等进行明确。

落款时间应为发出会议通知当天的时间。

如参加单位较多，可另附参会单位名单。

性，而且要具备足够的典型性。通报通过展示真实而典型的事例、经验教训，发挥教育、启示、引导作用，以引导良好的工作风气或指导做好某方面的工作。

（3）教育性

通报最主要的目的是让人们在知晓内容之后，从中接受先进思想教育，或者警惕错误，引起注意，接受教训。

（4）政策性

通报中的决定或处理意见直接涉及具体的单位和个人，同时也会影响到相关的单位和个人，影响颇大，必须讲究政策依据，体现党的政策。

2. 通报的分类

通报一般分为表彰性通报、批评性通报、情况通报三种类型。

（1）表彰性通报

表彰性通报用于表彰先进，弘扬正气。对本地区、本机关发生的具有典型意义的好人好事和先进事迹以通报形式进行表彰，以宣传先进思想，树立学习榜样，发挥引导示范作用。

（2）批评性通报

批评性通报用于批评错误、总结教训。针对本地区、本机关犯错误的人，或存在的不良倾向进行通报，抓住典型事例分析，以引起普遍重视。使责任者吸取教训，引以为戒，同时在更大范围内起到教育警示的作用，纠正某种不良的工作风气或工作中某种不良倾向。

（3）情况通报

情况通报用于上级向下级传达重要精神和告知重要情况。具体包括指导性通报和告知性通报，指导性通报重在传达上级重要指示、重要的会议精神、重要情况并进行具体分析，提出今后工作的要求或指导性意见。告知性通报重在交流情况、沟通信息，使所属机关了解工作进度，把握重要信息，不分析，也不提具体要求。

3. 通报的写法

通报由标题、主送机关、正文、落款组成。

（1）通报的标题一般由"发文机关+事由+文种"组成，如《××市人民政府关于2019年第三季度经济社会发展情况通报》。

（2）通报一般要写明主送机关，如果主送机关较多，应当使用全称或规范化简称、统称。

（3）不同通报正文写法有所不同。

① 表彰性通报和批评性通报正文包括通报缘由、通报决定（处理意见）、希望

或要求。通报缘由陈述事实，写明事件的起因、发展和结果，包括事件的时间、地点、单位或人物。通报决定写明给予什么奖励或给予什么处分，文字要简洁明了。希望或要求通常分为两个层次：一是对被通报表彰或通报批评的单位和个人的希望或要求；二是对本地区全体人员提出的希望或要求。

②情况通报分为两种情况。一种只对有关事实进行客观叙述，正文通常包括导语、主体和结语，导语用高度凝练的语言概述通报的内容，然后用"现将有关情况通报如下"承上启下；主体写明要通报的具体事实或情况，要做到条理清晰、符合逻辑；结语可以使用惯用语"特此通报"，也可简单提出要求或希望。另一种是对有关情况加以分析说明，并针对具体问题提出应采取何种对策的指导性意见。

（4）落款

通报在正文之后署上发文机关的名称和成文时间，成文时间应用阿拉伯数字，年、月、日齐全。

4. 通报与通知的区别

通报与通知是截然不同的两种公文，它们在使用上有以下明显的区别。

（1）内容范围不同

通报与通知都有告知的作用，但是通知主要是告知工作的情况以及共同遵守、执行的事项；通报则是告知正反面典型，或有关的重要精神或情况。如通知可以发布行政法规和规章，批转和转发公文，传达需要办理和周知的事项等；通报则是表扬先进，批评错误，传达、交流重要的情况、信息。

（2）目的要求不同

通知的目的是告知事项、布置工作、部署行动，内容具体，要求受文机关了解要办什么事，该怎样办理，不能怎样办理，有较强的约束力，要求遵照执行；通报的目的主要是交流、了解情况，或通过正反面典型去教育人们，宣传先进的思想和事迹，提高人们的认识水平。

（3）表现方法不同

通知的表现方法主要是叙述，告知人们做什么，怎样做，叙述具体，语言平实；通报的表现方法则常兼用叙述、说明、分析和议论，感情色彩更为强烈。

（4）行文时间不同

通知告知的是相关事项，一般是在事前行文；通报告知的是已经发生的有关情况，只有在事后才可以行文。

5. 示例

国务院办公厅

关于对国务院第七次大督查发现的典型经验做法给予表扬的通报

各省、自治区、直辖市人民政府，国务院各部委、各直属机构：

　　为进一步推动中央经济工作会议部署和《政府工作报告》提出的目标任务落到实处，国务院部署开展了第七次大督查。从督查情况看，各有关地区在以习近平同志为核心的党中央坚强领导下，以习近平新时代中国特色社会主义思想为指导，认真贯彻党中央、国务院重大决策部署，迎难而上、担当作为，统筹推进新冠肺炎疫情防控和经济社会发展，做好"六稳"工作、落实"六保"任务，全力稳住经济基本盘，着力保障和改善民生，各项工作取得积极成效。在对 14 个省（自治区、直辖市）和新疆生产建设兵团开展实地督查时发现，有关地区围绕稳就业保民生、保市场主体、深化"放管服"改革优化营商环境、扩大内需和稳外贸稳外资、秋冬季新冠肺炎疫情防控等方面，结合本地实际，勇于担当、真抓实干，形成了一批具有代表性、典型性的经验做法。

　　为表扬先进，宣传典型，进一步激励各地区各部门主动作为、狠抓落实，推动形成开拓创新、比学赶超的生动局面，经国务院同意，对北京市做实做细做好深化"放管服"改革工作打造国际一流营商环境等 43 项典型经验做法予以通报表扬。希望受到表扬的地方珍惜荣誉，再接再厉，充分发挥示范引领和带动作用，取得新的更大成绩。

　　各地区各部门要全面贯彻党的十九大和十九届二中、

> 通报标题通常由"发文机关＋事由＋文种"组成。

> 通报文风要朴实，文字表述要简洁明快，言之有据，切忌夸张渲染。内容要以严肃认真、实事求是的态度认真核实准确，防止拔高或扭曲事实。
> 行文篇幅要详略得当，观点鲜明，切忌含糊其辞。

三中、四中、五中全会精神，统筹推进"五位一体"总体布局，协调推进"四个全面"战略布局，坚持稳中求进工作总基调，坚持新发展理念，按照推动高质量发展、构建新发展格局的要求，抓好新冠肺炎疫情常态化防控，持续做好"六稳"工作、落实"六保"任务，积极应对各种风险挑战。要学习借鉴典型经验做法，发扬实干精神，勇于攻坚克难，增强抓落实的主动性和自觉性，力戒形式主义、官僚主义，确保完成全年经济社会发展主要目标任务，为决胜全面建成小康社会、顺利开启全面建设社会主义现代化国家新征程作出应有贡献。

附件：国务院第七次大督查发现的典型经验做法（共 43 项）（略）

国务院办公厅

2020 年 11 月 19 日

（十）报告

报告作为公文文种，可以分为两类，一类是作为规范性公文的报告，是向上级机关汇报工作、反映情况、提出意见和建议、答复咨询、上报备案、报送材料等使用的公文文种，属于典型的上行公文。另一类是作为非规范性公文的工作报告，如政府工作报告、全委会报告等，将在非法定公文中进行详解。这里所讲报告是作为规范性公文的报告。

1. 报告的特点

报告通常包括单向性、陈述性、事后性和广泛性四个特点。

（1）单向性

报告是就某项工作的基本情况向上级机关汇报，不需要上级机关进行回复，因此这种公文具有单向性的特点。

（2）陈述性

报告一般在陈述性的语气，目的是为了使上级机关能够更清晰、更直观地了解所报告的事项，所以要将相关工作的基本情况、进展程度、经验体会、存在的问题等进行陈述性汇报。

（3）事后性

报告一般在某项工作完成或者进行到一定程度，需要向上级机关汇报相关内容时使用。

（4）广泛性

一般公文讲究"一文一事"，简明确切，避免众多事项累加到一起，影响公文办理的效率。报告不同，报告主要是让上级掌握工作的基本情况，工作内容是复杂的，涉及多个方面。因此报告的内容不受限制，可以是一文数事。

2. 报告的分类

报告一般分为工作报告、情况报告和答复报告三种类型。

（1）工作报告

工作报告适用于定期地向上级汇报某一阶段的正常工作。全面汇报工作中的困难、做法、经验和教训，使上级能及时掌握本单位工作进度，有利于取得上级的支持和帮助。

（2）情况报告

情况报告适用于向上级反映情况，特别反映调查了解到的重大情况、特殊情况，一些有倾向性的新风气、新动向以及最近出现的新事物。作为下级机关有责任下情上传，使上级了解重要的社情、民情，如果隐情不报，是下级的失职。情况报告具有临时性、突发性的特点。

（3）答复报告

答复报告适用于答复上级查询事项，这种报告内容较为单一，针对性很强。即上级问什么就答复什么，不答非所问，不节外生枝。

3. 报告的写法

报告由标题、主送机关、正文、落款组成。

（1）标题一般用"发文机关+事由+文种"的格式，如《××市人民政府关于依法行政情况的报告》。

（2）报告的主送机关是直接的上级机关，原则上主送一个上级机关，根据需要同时抄送相关上级机关和同级机关。

（3）报告正文一般由报告缘由、报告事项和结语三部分组成。

① 报告缘由以概括性语言简要说明报告的背景、主要内容、结论，或者说明写作报告的目的和依据。然后常用"现将有关情况报告如下："导入下文。

② 报告事项是正文的核心，是报告的重点部分，不同报告的写法有所不同。工作报告的内容包括基本情况与成绩、存在的问题与不足、今后工作的打算和拟采取的整改措施。情况报告重在反映重要的、特殊的、突发的新情况，当前的处置措施

及效果，反思及下一步工作措施。答复报告针对性强，一般问什么就答什么，针对所提问题答复意见或处理结果。

③ 报告的结语比较简单，通常以"特此报告""特此报告，请审阅"等惯用语，也可以报告事项完即止，不写结束语。

（4）落款：在正文之后署上发文机关的名称和成文时间，成文时间应用阿拉伯数字，年、月、日齐全。

4. 使用报告的注意事项

向上级机关行文报告时，应遵循以下规则。

（1）原则上主送一个上级机关，根据需要同时抄送相关上级机关和同级机关，不抄送下级机关。

（2）党委、政府的部门向上级主管部门请示、报告重大事项，应当经本级党委、政府同意或者授权；属于部门职权范围内的事项应当直接报送上级主管部门。

（3）下级机关的请示事项，如需以本机关名义向上级机关请示，应当提出倾向性意见后上报，不得原文转报上级机关。

> 报告的标题通常是"制发单位+事项+文种"的结构。

（4）请示应当一文一事。不得在报告等非请示性公文中夹带请示事项。

（5）除上级机关负责人直接交办事项外，不得以本机关名义向上级机关负责人报送公文，不得以本机关负责人名义向上级机关报送公文。

（6）受双重领导的机关向一个上级机关行文，必要时应抄送另一个上级机关。

5. 示例

××市人民政府

关于2021年度法治政府建设工作情况的报告

> 作为规范性公文的报告必须抬头，有明确的受理机关。报告原则上应只报一个直接上级机关或主管部门，必要时可抄送有关的上级机关或业务部门。

××市委：

2021年，××市人民政府坚持以习近平新时代中国特色社会主义思想为指导，深入贯彻落实党的十九大和十九届历次全会精神，认真践行习近平法治思想，大力推进法治政府建设。

现将有关情况报告如下：

一、高站位抓统筹，以党的领导构建高效能法治政府建设体制机制

（一）高位推动。

（二）高点谋划。

（三）高标督查。

二、明定位抓落实，以法治政府建设赋能高质量发展

（一）转变职能推动高效履职。

（二）依法决策规范行政权力。

（三）科学立法强化制度供给。

（四）严格执法优化营商环境。

（五）依法预防应对突发事件。

（六）制约权力推动规范运行。

三、立本职抓服务，以法治政府建设提高人民生活品质

（一）实施法治便民改革。

（二）实施法治惠民服务。

（三）实施普法为民工程。

四、法治政府建设工作中存在的问题及下一步工作计划

虽然取得了一定的成绩，但是还存在乡镇（街道）基层法治政府建设力度不够、法治保障能力不足，重大行政决策规范管理有待继续深化、行政执法规范化水平需要进一步提高、执法监管力度需进一步加大、法治宣传教育针对性和精准性不够、矛盾纠纷化解能力有待进一步提升等问题。下一步，××市将深入践行习近平法治思想，坚持问题导向，下大力气推动法治政府建设，护航××经济高质量发展。

（一）进一步完善党领导法治建设体制机制。

（二）进一步提高法治政府建设重点工作规范化水平。

> 作为上行文，报告开篇通常要讲述报告的背景缘由，然后用"有关情况报告如下"引出正文。

> 报告的主要内容不外乎向上级机关、主管部门汇报工作、报告情况、介绍经验，目的是让上级机关、主管部门通过报告了解真实情况，以便做出科学决策，指导下一步的工作。文风要平实有力，反映情况要客观准确，文字表述不可过多使用修饰性用语。

（三）进一步推动基层法治政府建设。

（四）进一步加强法治队伍力量。

特此报告

> 文章末尾常用"特此报告"结束，也可不写，直接落款。

××市人民政府

××××年××月××日

（十一）请示

请示是比较常见的上行文之一，是下级单位在工作中对无法自行决定的重大问题、不属于本机关权限审批范围的事项、需上级机关审批、解决或帮助解决的重大事项，向上级请求批准、指示时使用的公文文种。

1. 请示的特点

请示通常具有期复性、单一性、程序性、针对性、超前性和可行性六个特点。

（1）期复性

在公文体系中，请示是为数不多的双向对应文体之一，写请示的目的就是为了得到批复，与它相对应的文体是批复。下级有请示，上级就要有批复。下级机关提报请示就是期待上级给予指示、给予批准、给予政策、给予帮助等。

（2）单一性

请示强调遵循"一事一请"的原则。在一份请示中，只能就一项工作或一种情况、一个问题做出请示，不得在一份公文中就若干事项请求指示或批准。如果确有若干事项需请示，应撰写若干份请示，各自都是一份独立的文件，有不同的发文字号，上级机关则分别对不同的请示做出不同的批复。同时，请示不能向上送给多个单位，只能单一主送。

（3）程序性

请示必须讲究程序性，应当根据行政隶属关系逐级呈送，除非有特殊情况，一般不应越级请示。请示必须是下级向上级行文，有的虽然不是行政直属上级机关，但是属于业务主管机关，也可报送。如果在工作中需要得到其他同级机关或不隶属机关审核、批准或协助，则不能使用请示，应使用函。

（4）针对性

请示必须针对超出本机关职权、能力、认识范围的事情，不得动辄就请示，表面看起来是尊重上级，实际上是把矛盾交给上级，会影响工作的开展。

（5）超前性

请示必须在事前行文，等上级机关做出批复后才能付诸实施。事中请示或事后请示都是不正确的。

（6）可行性

为了提升工作的质效，通常请示中向上级机关提出的予以批准的要求，都应该做到切实可行的，下级机关要考虑到上级机关的审批权限和解决能力，进行事前沟通，不应当提出其无法办到的不合理要求。

2. 请示的分类

请示一般分为请求性请示、批准性请示和批转性请示三种类型。

（1）请求性请示

请求性请示通常涉及政策和认识方面的问题。凡是下级对上级机关的路线、方针、政策不甚了解，有待上级明确指示的问题或工作中发生了重大问题难以处理，希望上级给予指示的问题都需要向上级呈送此类请示。

（2）批准性请示

批准性请示主要涉及下级机关在职权范围内决定不了、有待上级批准的问题，通常包括建立机构、增加编制、人事安排、资产购置、财款动用等问题，上级机关不批准就不能办理。

（3）批转性请示

下级机关就某一涉及面广的事项提出处理意见和办法，需要各有关方面协同办理，但是按照规定又不能指令平级机关或不相隶属部门办理，需要上级机关审定后批转执行，这样的请示就属批转性请示。

3. 请示的写法

请示由标题、主送机关、正文、落款组成。

（1）请示的标题一般用"发文机关+事由+文种"的格式，如《××市人民政府关于划拨资金使用权的请示》。

（2）请示的主送机关只能写一个，一般是直接上级领导机关，原则上不能越级请示。如需同时送其他机关，应用抄送形式。即使是受双重领导的机关，也应根据其内容写明主送机关和抄送机关。由于请示属于决策事项，因此除主送、抄送机关和业务关系部门外，不得扩大知悉范围。

（3）请示的正文由请示缘由、请示事项、结语组成。请示缘由提出请示的原因及依据。请示事项是请示的核心内容，提出有关问题要求上级指示或批准，事项要写得具体、明白。结语一般以征询、期盼的口吻请求上级答复。请示的常用结语有："是否妥当，请批示""当否，请批复""特此请示，请予批复""以上请示妥否，请批示""以上请示如无不妥，请批准"等。

（4）请示的落款是在正文之后署上发文机关的名称和成文时间，成文时间应用阿拉伯数字，年、月、日齐全。

4. 请示与报告的区别

请示在起草和使用的过程中，要注意与同为上行文的报告进行区别，两者的共同点在于都是上行文，受文单位必须是上级机关。两者的区别有以下几点。

（1）功能不同

报告主要是向上级机关汇报情况、反映问题，供上级机关决策参考；请示则主要是请求上级机关给予指示、解决困难、答复问题。

（2）内容不同

报告的内容比较广泛，涉及的面可大可小，篇幅可长可短。请示则不同，内容比较单一，一文一事，篇幅一般都不长。

（3）行文格式不同

请示原则只准报送一个主送机关，报告则无此严格规定；联合报告比较多见，联合请示则较少见；请示的结束语一般比较规范，如"当否，请批复"等，报告的结束则多种多样，无一定之规。

（4）处理方式不同

报告属阅件，请示属办件；报告一般不需要办理、回复，请示则应办理、批复，要有回音。

5. 示例

××市人民政府

关于恳请协调增加用水指标的请示

省政府：

　　××市位于黄河三角洲腹地。春季降水稀少，全市70%以

请示的标题常用"发文机关+事由+文种"的格式，请示必须坚持"一文一事"。

请示的报送机关应是与发文机关有隶属关系的直接上级，一般不得越级请示或横向请示；是上级机关但不是直接隶属关系的不应直接请示。

只可以有一个主送机关，如有其他机关，应以抄送形式进行报送；除特殊情况外，不应直接主送领导个人。

上的区域地下水矿化度高，不宜灌溉。做好春灌供水工作将为实现 ×× 社会稳定和今年社会经济发展目标任务提供有力支撑。为保障农田灌溉用水需求，今年我市早谋划、早部署、早行动，组织协调灌区、县区、乡镇积极发动群众，春灌开始后首先对灌区边远高亢地区进行集中轮灌，×× 区 ×× 乡、×× 县 ×× 镇等偏远地区已完成春灌。目前全市小麦浇灌面积已达 ××× 万亩。

为高效用好黄河水，多年来，我市持续推进大中型灌区续建配套与节水改造、平原水库蓄水与农田节水灌溉等供水基础设施建设。截至目前，全市累计建成引黄灌区 ×× 处，建筑物基本配套，全市灌区管理和服务水平不断提高。但是，由于 ×× 市工农业生产和城乡居民生活高度依赖黄河水，群众对春灌要求更加迫切；而我市主要河道因应急度汛工程的实施，河道蓄水较往年明显减少，加之降水偏少，春灌对黄河水的需求更加强烈。

××××年度上级批复我市引黄指标为 ××× 亿立方米，截至 ×× 月 ×× 日，我市已引蓄黄河水 ××× 亿立方米，剩余引黄指标仅为 ××× 亿立方米。×× 黄河河务局批复我市河道外生态用水 ×× 亿立方米，截至 ×× 月 ×× 日，我市已引蓄生态水 ×× 万立方米，生态用水指标剩余 ××× 亿立方米。当前春灌正值关键时期，能否正常灌溉引水关系到今年我市夏粮丰收，争取增加引黄指标刻不容缓。

为实现全年农业丰收、农民增收、农村社会稳定，根据近年来我市春季用水实际，恳请省政府协调增加 ×× 市引黄指标 ××× 亿立方米。

开篇通常包括请示事由（背景）和请求解决的事项，或请示事由、请示事项的必要性、请示事项的可行性。如有审批事项，要写明上级文件或政策依据。

请示要在写明目前存在的问题后，写出自身已开展的工作、做出的努力，再明确请求上级给予的帮助和需要解决的问题。

请示要做到实事求是、情况属实、政策得当，文字要简洁明了、准确无误，切忌夸大其词、弄虚作假。

文末要重点表述请求事项。

当否，请批复。

××市人民政府

××××年×月××日

（联系人：××××，电话：×××××××××）

（十二）批复

批复是上级机关在答复下级机关的请示事项同意或不同意时使用的公文文种。批复与请示是对应关系，没有下级机关的请示，就没有上级机关的批复。

1. 批复的特点

批复通常具有被动性、针对性、权威性和明确性四个特点。

（1）被动性

批复是用来答复下级请求事项的公文，下级有请示，上级才会有批复。下级有多少份请示呈报上来，上级就应有多少份批复回转下去。批复是公文中唯一的纯粹被动性文种。

（2）针对性

批复是针对下级机关的请示而写的，请示是问卷，批复是答案。因此，批复写作时要着重解决针对性问题。下级机关请示什么事项，上级机关就批复什么事项。上级机关对请示事项无论同意与否，都必须有针对性地明确予以回答，不能答非所问。

（3）权威性

批复的目的是指导下级机关的工作，应当概括地说明方针、政策以及执行中的原则和注意事项。批复代表着上级机关的权力和意志，批复的意见具有指令作用，下级机关必须遵照执行。

（4）明确性

批复的态度和观点必须十分明确。对于请求指示的事项，批复要给予明确指示。对于请求批准的事项，上级机关批准或不批准，表意要准确，态度要鲜明，不能有模棱两可的语言，使请示单位不知道如何处理。有时由于情况的复杂性，也可以原则上同意，但对某些个别问题提出不同的意见和要求。

末尾要以"当否，请批复"作为结束语。如涉及需没有隶属关系的上级机关（上级机关的上级机关）进行审批的事项，应由直接上级机关转呈，则结束语应为"如无不当，请转呈××××"。

请示应在附注处标注联系人和联系电话，便于受文机关与发文机关进行沟通联系。

2. 批复的分类

批复一般分为批示性批复和批准性批复两种类型。

（1）批示性批复

针对下级机关提出的难以理解的政策、法规和没有明文规定的疑难问题，上级机关做出明确的解释和答复，表明意见和态度。上级机关也可以在审批某一问题的同时，进一步做出一系列相关批示，要求下级照此执行。

（2）批准性批复

针对下级机关请示批准的事项，上级机关进行认可和审批，具有表态性和手续性；与批示性批复相比，批准性批复的内容大多比较简单。

3. 批复的写法

批复由标题、主送机关、正文、落款组成。

（1）批复的标题有三种写法：一是"发文机关+事由+文种"，如《省科技厅关于设立××科技示范区的批复》；二是"发文机关+表态词+请示事项+文种"，如《国务院关于同意在廊坊等33个城市和地区设立跨境电子商务综合试验区的批复》。三是"发文机关+事由+收文机关+文种"，在发文机关后也可加上表态词，旨在突出所针对的请示事项和单位，如《国务院关于同意将潍坊、济宁、威海、德州等专辖市改为省辖市给山东省人民政府的批复》。

（2）批复的主送机关一般只有一个，就是发出请示的下级机关。如果所请示问题有普遍性或需告知其他一些机关，可用抄送等形式。

（3）批复的正文一般由引据、批复事项、结语三部分组成。

① 引据是批复的起因或依据，主要说明应什么来文而批复。引据写法较为固定，要写明请示标题及发文字号。

② 指示性批复和批准性批复的批复事项写法不同。指示性批复针对请示事项给以具体明确的答复，请示什么问题就答复什么问题，答复要具体、准确，既可以采用篇段合一形式，内容较复杂时，也可分条表述。批准性批复首先针对来文表明态度。同意请示事项的批复，用"同意"表示肯定的答复，然后再逐一引述请示事项予以首肯。根据实情还可以做出相关的指示，提出实施办法、注意事项或补充意见。

③ 结语用惯用语"特此批复""此复"，单独成段。如果开头已用"现批复如下"此类承上启下用语，可以批复事项完则公文结束，省略结语。

（4）批复在正文之后署上发文机关的名称和成文时间，成文时间应用阿拉伯数字，年、月、日齐全。

4. 示例

国务院关于长江中游城市群发展"十四五"

实施方案的批复

> 标题通常为发文机关关于批复事项的批复。

江西省、湖北省、湖南省人民政府，国家发展改革委：

> 批复不能越级行文，受文机关应是上报请示的直接下一级机关。有些中间转报的请示，批复的受文机关应是转报机关。

国家发展改革委《关于报送〈长江中游城市群发展"十四五"实施方案〉（送审稿）的请示》（发改规划〔2021〕1720号）收悉。现批复如下：

一、原则同意《长江中游城市群发展"十四五"实施方案》，请认真组织实施。

> 开篇写明针对什么文件的批复，并以"批复如下"引出批复内容。

二、长江中游城市群发展要以习近平新时代中国特色社会主义思想为指导，深入贯彻党的十九大和十九届历次全会精神，完整、准确、全面贯彻新发展理念，加快构建新发展格局，全面深化改革开放，坚持创新驱动发展，推动高质量发展，坚持协同联动、共建共享，彰显江西、湖北、湖南三省优势和特色，以培育发展现代化都市圈为引领，优化多中心网络化城市群结构，提升综合承载能力，在全国统一大市场中发挥空间枢纽作用，打造长江经济带发展和中部地区崛起的重要支撑、全国高质量发展的重要增长极、具有国际影响力的重要城市群。

> 首先明确答复意见，原则同意。

三、江西省、湖北省、湖南省人民政府要落实主体责任，加强组织领导，健全协同机制，细化任务举措，形成工作合力，确保《长江中游城市群发展"十四五"实施方案》各项目标任务落到实处。实施中涉及的重要政策、重大工程和重点项目要按程序报批。

> 说明被批复内容的重要意义。

四、国务院各有关部门要按照职责分工，研究制定支持长江中游城市群发展的具体政策措施，在体制机制改革、重大项

> 针对实施主体的受文单位提出原则性要求。

目建设、试点示范等方面给予积极支持。依托城镇化工作暨城乡融合发展工作部际联席会议制度，国家发展改革委要加强协调指导，适时组织开展实施情况评估，重大事项及时向国务院报告。

国务院

2022 年 2 月 6 日

（十三）议案

议案是各级人民政府按照法律程序向同级人民代表大会或人民代表大会常务委员会提请审议事项时使用的公文文种。

1. 议案的特点

议案通常具有法定性、定向性、时效性和限定性四个特点。

（1）法定性

根据《宪法》及相关组织法律的规定，议案提出的主体是少数的法定机构。党团组织、社会团体、政府各部门、企事业单位等均不是议案提出的主体。同时，议案的提出、审议、批准、实施等程序必须严格按照法定的框架进行，这是它与其他文种的明显区别。

（2）定向性

议案只能由各级人民政府行文，政府的工作部门不能使用议案。同时，议案只能向同级人民代表大会或人民代表大会常务委员会行文，不能向其他任何部门或单位行文。

（3）时效性

议案应当而且必须在同级人民代表大会或其常务委员会举行会议规定的限期前提出，否则不能列为议案。同时，提交大会审议的议案，必须限期审议表决或提出处理意见。

（4）限定性

议案的内容受到法律明确的限定，议案内容必须符合《中华人民共和国地方各级人民代表大会和地方各级人民政府组织法》第十八条的规定，向人民代表大会提出的审议决定的议案，必须是属于本级人民代表大会及其常委会职权范围内的事项，即要围绕立法、监督、人事任免和重大事项的决定等职权来提出议案。议案不是普通的行文，必须遵循"一文一案"的原则，一个议案中杜绝涉及两

［批复内容篇幅都不长，涉及实质内容的公文，一般文字精练、言简意赅。同意性批复不复述同意原因，不同意的批复，往往要阐述原因和理由。］

［对国务院有关部门也提出了原则性工作要求。］

［规范落款及时间。］

387

种以上的不同事项。

2. 议案的分类

议案一般分为立法议案、任免议案和重大事项议案三种类型。

（1）立法议案

立法议案主要是用于提请审议法律、法规等。这类议案主要在两种情形下使用：一是有关机构制定了某项法律或法规之后需要提请人民代表大会审议通过时；二是建议、请求制定某项法律法规。

（2）任免议案

任免议案主要用于政府向同级人民代表大会提请任命、免去或撤销行政机关工作人员职务。国家驻外机构的主要负责人的工作以及职务安排的任免事项，也适用于这类议案。

（3）重大事项议案

重大事项议案涉及本行政区域内属于本级人民代表大会职权范围内的涉及国计民生的重大问题，包括政治、经济、文化、教育、科技、卫生、宗教等全方位的具有根本性的重大事项。这类议案是提请人民代表大会就某个重大事项进行审议，并做出决定或决议的议案。

3. 议案的写法

议案由标题、主送机关、正文、署名组成。

（1）议案标题一般为"发文机关+审议事项+文种"的格式，需要在议案部分加上"提请审议……""提请审议批准……"。如《国务院关于提请审议〈中华人民共和国劳动法（草案）〉的议案》。

（2）议案的主送机关，具有单一性和定向性。议案提交的法定机关只是同级人民代表大会或人民代表大会常务委员会。

（3）议案的正文包括三个部分：案据、审议事项、结语。

① 案据是提请审议议案的依据，即为什么要提出该项议案。案据一般包括背景、原因、必要性、依据、意义和目的等。案据必须理由充分，有说服力，有法可依。

② 审议事项就是议案的内容或建议的内容，是提请审议事项或问题以及解决问题的方案、途径。必须清楚写明提请审议的事项及落实、完成该事项的措施和办法等，不能只有提请审议的问题，而没有切实可行的解决途径。

③ 议案结语为格式化语言，一般为"现提请大会审议同意"或"现提请审议"或"请予审议决定"等。

（4）议案的落款不是加盖机关公章，而是由行政机关首长签署，如国务院的议案须由国务院总理署名，省级人民政府的议案由省长署名，别人不可以代替。此外还需标明发文日期，即提交议案的日期。

4.　议案与提案的区别

在机关工作中，议案经常拿来与提案进行比较，提案是人民政协的专用术语，是指参加政协的单位或者委员个人向全体会议或常务委员会提出的，经提案委员会审查立案，交付有关单位办理的书面意见和建议。议案与提案有以下不同。

（1）提出主体不同

提出议案有严格的法律规定，县级以上人大代表要10人以上联名、乡镇的人大代表要5人以上联名才有提议案权。关于提案，政协委员可个人提，也可联名提，人数不限。

（2）要求范围不同

议案内容相对较窄。代表有权依照法律规定的程序向本级人民代表大会提出属于本级人民代表大会职权范围内的议案。议案应当有案由、案据和方案。而提案涉及的内容相对较宽，提案主题应当围绕国家大政方针，有关统一战线的重大问题，地方重要事务以及人民群众普遍关心问题等方面提出。

> 议案的发文主体是包括国务院在内的各级人民政府。

（3）立案方法不同

议案只有获得大会主席团或人民代表大会表决通过才能成为大会议案。而提案只要经过提案委员会审查，便予以立案。

（4）法律效力不同

议案经人民代表大会审议通过，便具有了法律的约束力，承办部门没有办与不办的选择，只能决定如何办，怎样办好。而提案没有这种法律上的约束力。

> 议案的标题通常为《××人民政府关于提请审议×××的议案》。

5.　示例

××市人民政府

关于提请审议批准2021年××市新增政府债务限额调整方案（草案）的议案

××市人民代表大会常务委员会：

经省政府批准，今年省财政厅分两批下达我市2021年全

> 受文单位为同级人民代表大会及其常务委员会。通常政府报送的议案抬头为同级人民代表大会常务委员会。

年新增专项债务限额××××亿元。为做好我市政府债务限额及预算管理工作，根据《中华人民共和国预算法》《××市人民代表大会常务委员会关于加强预算决算审查监督的决定》等有关规定，市政府编制了《2021年××市新增政府债务限额方案（草案）》，现提请审议。

市长×××

××××年××月××日

> 议案涉及的内容一般是本行政区域重大事项，并且属于同级人民代表大会或其常委会职权内的事项。议案语言严谨、庄重，不带有夸张和修辞性用语。

（十四）函

函是平行机关、不相隶属机关之间相互商洽工作、通报情况、询问和答复问题、征询意见、向有关主管部门请求批准事项时使用的公文文种。本书提到的函主要指正式公函，如拜访函、沟通函、协调函等。

> 政府提请人民代表大会审议的议案，行文时一般以政府行政首长个人名义，如省长、市长、县长等以示负责。

1. 函的特点

函通常具有简明性、广泛性和灵活性三个特点。

（1）简明性

函涉及的事项单一，内容简约直接，形式精短，在商洽工作、联系有关事项时十分简便和迅速。函是公文中最轻便快捷的一个文种。

（2）广泛性

函用途较为广泛，除了主要用于不相隶属机关相互商洽工作、询问和答复问题外，也可以向有关部门请求批准事项，向上级机关询问具体事项，还可以用于上级机关答复下级机关的询问或请求批准事项，以及上级机关催办下级机关有关事宜，如要求下级机关函报报表、材料、统计数字等。

（3）灵活性

函对发文机关的资格要求很宽松，不受级别高低、单位大小的限制。高层机关、基层单位或党政机关、社会团体、企事业单位，均可发函。在行文方向上，函主要是在平行机关之间、不相隶属的机关之间行文。但是除了平行文外，还可向上行文或向下行文，没有其他文种严格特殊的行文关系的限制。

2. 函的分类

函一般分为告知函、商洽函、询问函、答复函和请批函等多种类型。

（1）告知函

告知函把某一事项、活动函告对方，或邀请对方参加会议等某种活动。这种函的作用和内容类似于通知，只是由于双方不是上下级和业务指导关系，使用"通知"行文不妥，故应该用函。

（2）商洽函

商洽函主要用于请求协助、支持、商洽解决办理某一问题，如干部商调函、联系参观学习函、要求赔偿函等。

（3）询问函

询问函主要用于询问某一事项、征求意见、催交货物等。

（4）答复函

答复函在答复不相隶属机关询问的相关方针、政策等问题且不能用批复时使用。

（5）请批函

向有关机关、部门请求批准时可使用请批函。如果是下级机关向上级机关请求批准，则只能用请示，而不能用函。

3. 函的写法

函由标题、主送机关、正文、落款组成。

（1）函的标题可以按照公文的一般要求来写，采用"发文机关+事由+文种"的格式，如《××市发展和改革委员会关于协调推动××工作的函》。

（2）函的主送机关应写全称或规范化简称，一般不写单位或部门领导人。如是去函，其主送机关可以是一个，也可能多个。如是复函，其主送机关就是来函的单位，只有一个。

（3）正文一般由发函缘由、事项和结语组成。

① 发函缘由就是制文的依据、理由与背景，即为什么要发函。如请批函开头部分为"为什么要请求批准"的内容，商洽函开头部分为"提出商洽问题的原因"。复函的缘由一般首先引叙来文的标题、发文字号，然后再交代根据，以说明发文的缘由。一般用"现将有关问题说明如下："或"现将有关事项函复如下："等过渡语转入下文。

② 事项是函的核心内容部分，主要说明致函事项。函的事项部分内容单一，一函一事，行文要直陈其事。无论是商洽工作、询问和答复问题，还是向有关主管部门请求批准事项等，都要用简洁得体的语言明确表述去函意图，或是将有关

信息告诉对方，或是请对方协办有关事项，或是向对方询问有关问题，或是请求对方批准某一事项，写作上一定要具体清楚、明白无误。如果属于复函，还要注意答复事项的针对性和明确性。

③结语一般要用礼貌性语言向对方提出希望，或请对方协助解决某一问题，或请对方及时复函，或请对方提出意见或请主管部门批准等。通常应根据函询、函告、函商或函复的事项，选择运用不同的结束语。如"特此函询（商）""专此函达，请予函复""请即复函""特此函告""特此函复"等。有的函也可以不用结束语。

（4）落款：无论是去函还是复函，在正文之后署上发文机关的名称和成文时间，成文时间应用阿拉伯数字，年、月、日齐全。

4. 示例

教育部关于同意设立西湖大学的函

浙江省人民政府：

《浙江省人民政府关于商请设立西湖大学的函》（浙政函〔2017〕95号）和《浙江省人民政府关于报送西湖大学考察意见建议研究情况的函》（浙政函〔2018〕16号）收悉。

根据《高等教育法》《民办教育促进法》《民办教育促进法实施条例》《普通高等学校设置暂行条例》《普通本科学校设置暂行规定》有关规定和全国高等学校设置评议委员会考察评议结果，经研究，同意设立西湖大学，学校标识码为4133014626。现将有关事项通知如下：

一、西湖大学系社会力量举办、国家重点支持的新型高等学校，为非营利法人，由你省统筹管理和指导。

二、学校要切实加强党的领导，全面贯彻党的教育方针，坚持社会主义办学方向，落实立德树人根本任务，突出公益办

函是平行公文，发文主体与受文单位是平行机关或不相隶属单位。

函作为文种进行使用，实质不在具体内容，而在于形式及标题，如同样的事项，需向上级机关请求批准，则使用请示；向平行机关或不相隶属的上一级机关请求批准，则使用函。

函的形式多样，根据内容和用途可以分为询问函、商洽函、告知函、请批函、答复函等。

内容形式也不拘一格，一般来讲，函的内容应一文一事，篇幅一般都比较短。

学导向。

三、学校定位于研究型高等学校，主要开展基础性、前沿科学技术研究，着重培养拔尖创新人才。

四、学校从举办研究生教育起步，适时开展本科生教育，全日制在校生规模不超过 5000 人。

五、学校要坚持发展有限学科，学科专业设置和学位授予单位申报，按国家有关规定办理。

六、我部将对学校办学情况进行评估检查，并根据评估检查结果研究其开展本科生教育问题。

望你省切实落实责任，加大对西湖大学的指导和支持力度，督促其进一步完善治理体系，健全办学经费保障机制，全面加强学校党的建设，按照高起点、小而精、研究型的办学定位，集聚一流师资，打造一流学科，培育一流人才，产出一流成果，为我国高等教育体制机制改革创新，建设高水平研究型大学作出积极贡献。

函的内容一般简短明白，不可长篇大论，理由的阐述应直接表明态度，简单明了，态度鲜明，要求什么、答复什么，都要开门见山。

函的结束语，请批函一般使用"请函复"的字样，答复函可以用"特此函复""特此函告"等，也可不写。

附件：1. 西湖大学办学许可证信息（略）

2. 西湖大学章程（略）

教育部

2018 年 2 月 14 日

（十五）纪要

纪要是记载和传达会议情况和议定事项时使用的一种法定公文，通常指的是会议纪要，是在会议记录基础上经过加工、整理出来的一种记叙性和介绍性的文件。

1. 纪要的特点

纪要通常具有纪实性、概括性和条理性三个特点。

（1）纪实性

纪要必须是会议宗旨、基本精神和所议定事项的概要纪实，不能随意增减和更改内容，任何不真实的材料都不得写进纪要。

（2）概括性

纪要必须"精其髓，概其要"，以简洁精练的文字高度概括会议内容和结论。既要反映与会者的一致意见，又可兼顾个别同志的有价值的看法。

（3）条理性

纪要应当对会议精神和议定事项进行有条理的归纳和概括，保证内容清晰、条理清楚。

2. 纪要的分类

纪要一般分为办公例会纪要、专门工作会议纪要和座谈会议纪要三种类型。

（1）办公例会纪要

办公例会是党政机关召开的办公会议和例行会议，目的是研究处理日常行政事务，常常有固定的时间和出席人。根据会议研究决定的问题形成的书面材料就是办公例会纪要。

（2）专门工作会议纪要

专门工作会议纪要是召开专门性的工作会议，总结过去一段工作，分析当前形势，研究提出今后一段时期的工作方向、原则、目标及相关步骤、措施所形成的会议材料；也是研究一些重大理论和实际问题时提出共同研究的意见、办法所形成的书面材料。

（3）座谈会议纪要

座谈会是根据形式的需要为专门研究解决某一重要问题而临时决定召开的会议。座谈会议纪要就是将讨论的问题概括和整理所形成的书面材料，具有较强的辩论性和说服力，因而在一定领域内具有权威性和影响力。

3. 纪要的写法

纪要通常由标题、正文、落款组成。

（1）纪要的标题必须符合概括、简明、准确、通顺的要求。书写形式通常是"会议名称＋文种"，如《全市农村高质量发展工作会议纪要》；也可以用"发文机关＋内容＋文种"，如《××市人民政府企业扭亏专题会议纪要》。

（2）纪要的正文一般由会议概况、会议精神和议定事项组成。会议概况主要包括会议时间、地点、名称、主持人、与会人员、基本议程等；会议精神和议定事项一般包括会议内容、议定事项、经验、做法、意见、措施和要求等。

（3）落款包括署名和成文日期两个要素。其中，署名只用于办公会议纪要，署上召开会议的领导机关的全称，下面写上成文日期，加盖公章。一般会议纪要不署名，只写成文日期并加盖公章。

4. 纪要与记录的区别

纪要是在记录基础上加以修改完善的文种，那么纪要与记录到底有什么不同呢？

（1）严肃性不同

纪要是一种法定的公务文书，其撰写与制作属于应用写作和公文处理的范畴，必须遵循应用写作的一般规律，严格按照公文制发处理程序办事；记录则只是办公部门的一项业务工作，属于管理服务的范畴，它只需要记录会议实况，保证记录的原始性、完整性和准确性，其记录活动同严格意义上的公文写作是完全不同的两种情况。

（2）性质不同

会议纪要只记要点，是法定行政公文；会议记录是讨论发言的实录，属于事务文书。

（3）功能不同

会议纪要通常要在一定范围内传达或传阅，要求贯彻执行；会议记录一般不公开，无须传达或传阅，只作为资料进行存档。

5. 示例

市级党政机关办公用房管理联席会议纪要

（××××年××月××日）

××××年××月××日下午，×××在×××会议室主持召开市级党政机关办公用房管理联席会议，会议对市直各部门（单位）提报的2022年度办公用房设施设备维修更换项目逐项进行了研究。纪要如下：

会议听取了市机关政务中心关于2022年度拟实施的市级党政机关办公用房设施设备维修更换项目有关情况的汇报，原

标题一般是"会议名称＋文种"的格式，小型会议、协调会也可以不写会议名称，仅用"会议纪要"作标题。还有固定格式的会议纪要，使用固定标题，如《×××市人民政府第×次常务会议纪要》。

会议纪要落款时间一般在标题或文头之下，会议时间与落款时间不一致的，纪要的生效日期以落款时间为准。以机关名义印发的，以印发时间为准。

会议纪要不写抬头，原则上印送参加会议的人员或单位。会议纪要开篇要写明时间、地点、什么人主持召开了什么会议，对什么事情进行了研究。

用"纪要如下"引出正文部分。

395

则同意汇报意见。

会议指出，市级党政机关办公用房及附属设施设备，有些因运行年份过久，已到了维修和更新换代的时候，为确保办公用房的安全、适用，保障机关正常运转，有组织有计划地实施维修和更新，必要可行。

会议要求，（1）严格招投标程序。项目实施要严格执行政府采购和招投标有关规定，做到精打细算。（2）抓紧实施。办公用房维修预算批复后，市机关政务中心要根据各相关单位办公用房实际，按照轻重缓急的顺序及时组织项目实施。（3）做好对接。在项目实施过程中，市机关政务中心要与相关部门对接协调好，避免浪费。

参会人员：×××、×××、×××、×××

写明会议听取了什么单位关于什么事项的汇报。

在决定事项前应对汇报内容进行简要叙述，使得纪要内容规范、完整。

对实质性决定内容的表述要条理、明确，不含歧义，特别是对与会各方应承担的义务、职责、权利，涉及资金的列支渠道、数额、比例、时限等要说明清楚，以便于执行、检查落实。

二、非法定公文

《党政机关公文处理条例》中并未规定，但又在党政机关日常工作中大量使用的文字材料，如领导讲话、主持词、工作报告、工作汇报、工作总结、述职报告、文件、调研报告、经验介绍、心得体会、理论文章等，此类公文有着与法定公文截然不同的特点。因非法定公文运用场景多、涉及范围广，本书无法一一概括，因而主要对常见模式进行分析。

一般情况下，会议纪要应把出席会议的单位、人员写明；法定例会，应出席而未出席会议的应注明原因。

（一）领导讲话稿

领导讲话是领导者为实施领导行为，在各种会议上和各种公务场合上所作的指示性言论，我们通常所说的领导讲话是狭义上的概念，特指会议（活动、仪式等）讲话。领导讲话稿就是指各级领导在各种会议上讲话时所使用的一种应用文稿。领导讲话稿是表达领导意图、体现领导个性、展示领导风采的重要载体，是领导者从事领导管理活动的重要支撑。

1. 领导讲话稿的特点

领导讲话稿通常具有篇幅规定性、权威性、思想性和鼓动性四个特点。

（1）篇幅规定性

领导讲话稿由于其作用的特殊性、受众的明确性，以及时间的限制性，因而对内容篇幅有特定要求，需要根据实际情况和需求来确定篇幅的长短，通常要求简明扼要，开门见山。

（2）权威性

讲话是领导传播执政理念、安排部署具体工作的有效形式，领导讲话的目的主要是贯彻上级精神、实施本级措施，对特定领域工作提出科学性、指导性的意见和要求，需要受众按照讲话要求贯彻落实。因此，领导讲话稿具有一定的权威性。

（3）思想性

领导讲话稿要具有一定的思想性、理论性和教育性，我们经常讲的文章站位不够，说的就是思想性不足。一篇好的领导讲话稿要能够符合会议的场景、贴合听众的身份特点、吻合上级的精神、契合本地的实际，讲完之后能够引人思考、发人深省、令人信服，从而遵照讲话要求执行。

（4）鼓动性

领导讲话都是带有一定的政治目的，无论是部署某项工作、宣传某种思想、提出某些要求，都需要具有强烈的激励性、鼓动性，能够有效激发听众的认知和积极性，从而实现会议要达到的目标。

2. 领导讲话稿的写法

领导讲话稿不是法定文种，属于应用文的范畴，因而格式要求并不严格，不同地域、不同部门，甚至不同个人之间都存在差异，通常一篇领导讲话由标题、题注、称谓、正文组成。

（1）标题

领导讲话稿的标题没有具体格式要求，可以是"讲话人+会议名称+文种"的形式，如《×××在全市重点工作部署会议上的讲话》；或直接简化为《在全市重点工作部署会议上的讲话》。也可以是反映讲话内容的鼓动性标题，如《紧抓"八大工程"奋力实现高质量发展》。

（2）题注

通常领导讲话稿的标题下方通过括号方式标注讲话发生的日期，如标题不包含讲话人姓名，也可将时间与讲话人姓名一同放在题注部分。

（3）称谓

称谓即对听众的称呼，也以此开始自己的讲话，根据会议的性质、听众身份的不同，常用"同志们""各位专家""各位代表""女士们、先生们"等。

（4）正文

正文是领导讲话稿的核心和灵魂，通常包含但不限于四个方面：会议或活动的背景、当前的形势、重点工作或主要任务、完成工作的路径或保障措施。

3. 如何写出好的领导讲话稿

一篇好的领导讲话稿具备以下几大要素。

一是合理的框架，要层次清晰，结构均衡。

二是醒目的标题，要高度凝练，过目不忘。

三是精准的语言，要表达准确，富有力量。

四是明确的主题，要观点鲜明，富有创新。

五是彰显的个性，要文如其人，因人而异。

因此，要想写出一篇领导满意的讲话，主要有以下几个步骤。

（1）领会意图，打好基础

接受起草领导讲话稿的任务之后，首先要做起草前的各项准备工作，而最重要的就是先了解、摸清领导的意图。必须准确地理解、领会、表达领导的意图，在此前提下，结合实际创造性地深化、拓展领导的意图。领导意图有时是直接交代的，有时没有交代，需要起草者主动找领导了解，或根据领导以往的工作风格细心揣摩。有的重要会议的领导讲话稿，如党代会、人代会的领导讲话稿，还要听听领导班子其他成员的意见。摸清领导意图，是起草好领导讲话稿的基本前提。

领会领导意图主要考虑四个方面：一是要联系上级的指示精神进行领会；二是要联系本地区、本单位实际情况进行领会；三是联系领导最近一段时间的讲话进行领会；四是从先进的经验中进行领会。

（2）设计框架，科学合理

设计领导讲话稿的大框架，如同盖楼房，我们计划盖几层、什么构架等。讲话整体的框架比较灵活，但通常以下四个方面都会涉及，也符合人类的认知规律，即：是什么、为什么、做什么、怎么做。目前，领导讲话稿的大框架一般有以下两种主要形式。

第一种是比较传统的三块式框架：①提高认识，统一思想部分；②突出重点，加快推进部分；③加强领导，确保落实部分。这种框架看上去虽然稍显僵化一些，但是易操作，如果把思想摆明了，形势写透了，问题找准了，措施写实了，写出来照样是好的领导讲话稿。

第二种是以所部署工作为依据的多块式框架，一项工作一个部分。这种框架的领导讲话稿一般开头部分较长，将工作的进展、特点和问题都简要地点出来、分析出来，明确提出今后要做好的几项工作，然后一项一项工作去讲，非常清晰明了。比如城市建设会议讲话，开头综述，重点抓八项工作：一是城市道路，二是绿化提升，三是节日亮化，四是黑臭水体治理，五是综合管廊建设，六是经营城市，七是创新机制，八是加强领导。写起来好操作，讲起来很顺畅，听起来也很明白。

（3）拟定提纲，提炼标题

大框架确定之后，下一步就是分层次和拟标题的环节。把大框架下的几个部分作为第一层级的话，第一层级下面会有第二层级，第二层级下面有第三层级。在分层级的过程中，要注意两个方面的问题：一是层级不能乱，不是一个层级的不能并列，不能出现不是统一"辈分"的层级；二是内容不能重、不能漏。讲话分层就像切蛋糕，三刀下去切出的几块蛋糕合在一起必须还是一整块蛋糕，领导讲话稿一共要写多少内容要心中有数，不能出现多处重复，也不能遗漏某一部分。

拟定好层级后，就要提炼标题了。撰写标题要按顺序进行，要先撰写一级标题，一级标题完成后，再撰写二级标题。撰写领导讲话稿标题的基本要求是准确、规范、醒目、精练。

（4）备料选材，掌握情况

俗话说，手中有粮，心中不慌。拿到起草领导讲话稿的任务，要大量搜集相关素材，并根据可借鉴的程度进行筛选。一要深入调研。要对会议的目的、工作的具体情形进行深入的调查研究，了解会议的背景和要实现的效果，从而掌握业务工作的具体素材。二要准确筛选。对本次讲话稿有较大借鉴作用的，从素材中一一找出。三要精心选材。对照提纲，进一步对所提取的材料进行研判，把最有价值、最可能用到的部分找出备用。四要活学活用。要善于将素材与本地实际相结合，加以借鉴，加以总结提升。

（5）组织起草，认真施工

起草时要把握好以下几点。一要适度口语化。领导讲话稿区别于其他公文的最主要特点就是需要口头表达，必须考虑口头表达的要求，易于上口，听得明白。二要言之有物。由于领导讲话大多是部署工作、提出任务、下达指示的，要怎样、不准怎样；经验是什么，问题是什么；干什么、怎么干、干到什么程度、什么时候干完、干不好怎么办，谁来负责，等等，都要非常明确，言之有物，不能空对空，不能模棱两可，让人听了似懂非懂、不解其意。三要站位准确。县长不能说局长的话，局长也不能说县长的话。这就需要起草者充分感受讲话领导的角色和意图，做到"身在兵位、胸为帅谋"。四要有个性。由于领导的身份、阅历、习惯等的不同，讲话的语言也各有特色，因此起草领导讲话稿必须符合领导自身的特点和风格。

（6）征求意见，反复修改

好文章是改出来的，文稿草就之后，须一丝不苟、字斟句酌地修改。修改时，主要是从主题、观点、结构、语言等方面进行推敲，看看主题是否鲜明突出、观点是否确切精当、结构是否严谨、语言是否流畅、详略是否得当；内容上要补充删改，语言上要推敲润色，精雕细刻，最终形成满意的领导讲话稿。

这里介绍五种修改方法。一是审阅修改法。初稿完成后，起草者应从头至尾进行审阅，从字到词，从词到句，从句到段，从段到全篇的结构布局，发现问题，留下标记，全部阅完，再回过头来认真细致地修改。二是通读修改法。自读自改或一人读大家改，在读诵的过程中发现文中语句不通畅、衔接不紧密、表达不清晰及缺词丢字等方面的毛病，随笔修改。三是冷藏修改法。对一些时间相对宽松的讲话稿，拟就之后，可以暂时搁置一旁，等头脑冷静、思维清晰之后，再拿出来"复看"。这时，有些毛病不需别人指点，自己能很快发现，会有意想不到的效果。四是讨论修改法。主要是对一些内容复杂、事关重大的文稿，请熟悉文字或相关业务的同志共同讨论，集思广益，一起修改，这样可以打破个人能力的局限性或认识上的偏执。时间和条件允许的话，可以发征求意见稿，在较大范围内修改。五是特邀修改法。一些政策性强、业务难度大的公文，可邀请有关领导、权威人士进行把关，帮助修改。这样可以使文稿更加可靠、科学、准确。

4. 示例

示例1

在市政府廉政工作会议上的讲话

×××

（××××年××月××日）

同志们：

今天，我们召开这次会议，主要是全面贯彻落实国务院和

> 领导讲话稿的题目通常为《在××会议上的讲话》，也可将讲话人放在题目中，如《××× 同志在×××会议上的讲话》，标题下方标注时间。

> 抬头通常为"同志们"或"各位领导、同志们"。整体力求简明扼要、条理清晰。

省政府廉政工作会议部署，总结去年以来的工作情况，研究部署下一步重点任务。刚才，市××局、市××局、市××局、××区人民政府作了典型发言，讲得都很好，希望大家相互学习借鉴，共同抓好责任落实。应该说，去年以来，全市政府系统深入贯彻全面从严治党要求，坚持抓思想与建机制并举、强监督与惩腐败并重，廉政建设取得明显成效。

一是行政权力运行不断规范。

二是重点领域监管不断加强。

三是政务服务环境不断优化。

四是正风肃纪力度不断加大。

虽然全市政府系统廉政建设取得了一定成绩，但仍存在一些不容忽视的问题。比如，政府职能转变不够到位，财政资金监管不够严格，纠正"四风"问题不够彻底，等等。可以说，政府系统党风廉政建设和反腐败斗争任重道远，必须持之以恒、常抓不懈。下面，我强调几点意见，概括起来就是要树牢"五个导向"。

一、树牢纪律导向，不断强化廉政意识

治国必先治党，治党务必从严。政府部门掌握大量公共权力、公共资源、公共资金，廉洁从政是不可逾越的"底线"，是必须遵守的"铁律"。

一要清醒认识到，这是践行"两个维护"的重大检验。

二要清醒认识到，这是开展"主题教育"的应有之义。

三要清醒认识到，这是建设"××××"的坚强保障。

二、树牢改革导向，不断增强制度供给

信任不能代替监督，制度就是最好的规矩。消除权力寻租

开头介绍会议的背景、目的。

通过四个特点总结上一年的工作成绩。

概括说明当前工作还存在的问题，这一部分可以独立扩展成为一个方面，也可以作为过渡段简要提及。

通常用"强调几点意见""做好几个方面工作"等形式，过渡到具体要求部分。

三个"清醒认识到"提出要提高思想认识，这是讲话中常见的第一部分要求或强调。

"空间"，铲除腐败滋生"土壤"，最根本、最直接、最有效的办法就是破解改革"壁垒"、扎紧制度"笼子"，始终用制度管人管事管权。

一要健全完善财政资金管理制度。

二要健全完善项目审批管理制度。

三要健全完善审计监督管理制度。

三、树牢市场导向，不断提升行政效能

行政效能是政府形象和公信力的"度量衡"。政务服务的成效，要靠企业来打分、市场来评判。要加快推进政府职能转变，不断提高政务服务水平，切实让企业更有生命力、社会更有创造力、市场更有竞争力。

一要深入推进简政放权。

二要深入推进后续监管。

三要深入推进依法行政。

四要深入推进科学决策。

四、树牢问题导向，不断优化营商环境

打造良好的营商环境，是提升城市综合竞争力的重要方面。目前，全国各地都将营商环境作为自身建设的"硬指标"和"软实力"。要想跟上时代潮流、赶上时代步伐，就必须在优化环境上想办法、下功夫。

一要强力解决突出问题。

二要强力推进关键改革。

三要强力推进政策落实。

通过分论点的形式明确具体的工作要求。

五、树牢实干导向，不断激励担当作为

尸位素餐本身就是腐败，不作为的"懒政"也是腐败。今年是省委、省政府确定的"工作落实年"，要以此为契机，积极主动作为，强化责任担当，坚决做到守土有责、守土负责、守土尽责。

一要层层夯实责任。

二要狠抓基层腐败。

三要切实转变作风。

> 强调作风部分，既可以理解为具体工作要求，也可以理解为做好工作的保障。

同志们，推进政府系统党风廉政建设和反腐败工作，任务艰巨、责任重大。让我们在市委的坚强领导下，不忘初心、牢记使命，担当作为、狠抓落实，着力打造务实、高效、阳光的廉洁政府，为建设××××提供坚强保障！

我就讲这些，谢谢大家！

> 最后以简短的号召结束全篇。结尾部分常用"我就讲这些""不当之处请同志们批评指正"等语言结尾。

示例 2

×××同志在上半年经济运行调度会上的讲话提纲

（××××年××月××日）

同志们：

今天会议的主要任务是，总结上半年经济运行情况，部署下一步工作任务，动员大家认清形势、找准不足，积极作为、合力攻坚，全力做好下半年各项工作，确保完成全年目标任务。刚才，大家分三个层面作了发言，一是各县区，汇报成绩不虚夸、面对问题不回避、下步工作有信心，充分体现了敢于直面困难的工作作风，勇于开拓创新的精神状态。

二是相关市直部门，形势分析透、问题找得准、原因剖析深，切实发挥了参谋决策、服务发展的职能作用。

三是各位副市长的点评，对县区情况分析透彻、直击要害，并且提出了很有指导性、针对性的意见建议，我都完全赞成。

下面，我着重就"当前形势怎么看""下步工作怎么干"，谈谈个人想法。

第一，关于"当前形势怎么看"，就是要辩证对待成绩与问题，既要坚定信心，时刻保持转型发展的战略定力，也要直面困难，尽快扭转经济下滑的被动局面。

从这次会议各方面汇报的情况来看，今年的经济工作"喜忧参半"。

"喜"的方面：

一是财税收入质量提升；

二是重点工作扎实开展；

三是开放步伐不断加快；

四是民生事业明显改善；

五是行政效能持续提升。

"忧"的方面：

一是金融形势十分严峻；

二是经济压力依然较大；

三是固定资产投资乏力；

四是动能转换劲头不够；

五是工作开展亮点较少。

总之，当前的经济运行，既有喜的一面，也有忧的问题。喜是成绩，也是增强信心的基础；忧是问题，也是下步工作的重点。大家要辩证看待当前形势，既要珍惜来之不易的成绩，也要不断增强责任感紧迫感，集中精力做好下半年工作，推动

在明确会议召开的背景基础上，对刚才会议的各项议程进行了简明扼要的点评。

明确讲话围绕两个方面展开。

用数个短句组成的长标题，既明确了该部分的中心思想，又充满了鼓舞斗志的铿锵力量。

通过喜的方面，概括总结了上半年经济工作取得的成绩。

通过忧的方面，提出了当前工作存在的问题。

全市经济持续健康发展。

第二，关于"下步工作怎么干"，就是要紧紧围绕×× ×× 的工作定位，既要扭住关键、精准发力，也要统筹兼顾、全面推进，确保圆满完成全年目标任务。

做好下半年经济工作，要立足稳中求进总基调，坚持高质量发展根本要求，按照市委、市政府既定的决策部署抓落实。总的来说，就是要围绕经济发展这一中心任务，重点做好四个方面的工作。

（一）坚决守住"三条底线"。就是金融风险防控、安全生产、社会稳定，这三个方面哪一个出现问题，改革发展都无从谈起。

> 第二部分着重谈下一步的工作要求，因为第一部分以总结的形式已经谈了重要性和必要性，因此第二部分直接从具体要求切入。

第一，要坚决守住金融风险底线。

一是认识要到位。

二是行动要果断。

三是措施要有力。

第二，要坚决守住安全生产底线。

一要抓好海上安全管理。

二要抓好道路运输管理。

三要抓好企业生产管理。

四要抓好校园安全管理。

第三，要坚决守住社会稳定底线。

一要做好信访维稳工作。

二要保持扫黑除恶高压态势。

三要坚持秉公用权依规执法。

（二）全力打好"三场硬仗"。当前，摆在我们面前的有环保整改、精准脱贫、卫生城复审"三场硬仗"要打，这些都是必须要完成的攻坚任务。

第一，要全力打好环保问题整改攻坚战。

第二，要全力打好精准扶贫脱贫攻坚战。

第三，要全力打好卫生城市复审攻坚战。

（三）努力实现"三个突破"。

第一，要以实施乡村振兴战略为抓手，在发展农业"新六产"上实现新突破。

一要大力扶持特色产业。

二要做好产业融合发展文章。

三要加快发展农业适度规模经营。

四要积极培育农业新型经营主体。

五要大力发展乡村旅游。

第二，要以加快新旧动能转换为引擎，在工业转型升级上实现新突破。

一要进一步推进科技创新。

二要进一步加大招商力度。

三要进一步扶持企业发展。

第三，要以提升优化产业结构为方向，在现代服务业培植上实现新突破。

一要抓好大型综合体建设。

二要抓好电子商务发展。

三要抓好信息技术应用。

> 明确了做好经济工作的具体要求，比较细致。工作讲话的具体内容允许讲话人脱稿或者适度脱稿，在实际的工作中，大部分领导会部分脱稿讲述一些具体事例，使讲话更加生动。

（四）持续强化"三个保障"。

第一，要强化责任保障。

第二，要强化机制保障。

第三，要强化作风保障。

> 提出做好工作的保障，也是工作讲话必要的部分。

同志们，今年的时间已经过半，我们的各项经济指标与年初确定的目标差距还比较大。能不能迅速扭转不利局面，考验着能力水平，体现着责任担当。希望大家凝神聚力、攻坚克难、加快步伐、提高质量，努力向市委、市政府和全市人民交出一份满意的答卷。

> 结尾通常以鼓动性、号召性的语言，秉承会议目的，总结讲话要求，对受文者提出宏观的要求，结束全篇。

（二）主持词

主持词是会议、活动、仪式的主持者主持时使用的带有指挥性、引导性的讲话。

1. 主持词的特点

主持词通常具有简洁性、具体性、连续性和提示性四个特点。

（1）简洁性

主持词一定要简介明了，不能因为篇幅过长而出现喧宾夺主，影响会议效果。

（2）具体性

主持词要对会议的背景、程序、人员、目的等具体内容向参会者做出介绍，因此内容必须具体。

（3）连续性

主持词关键在于串起整个会议或活动，因此在流程掌控和环节衔接方面，必须精准连贯。

（4）提示性

主持词对每个环节的介绍都必须有提示作用，持续推动会议或活动正常进行。

2. 主持词的写法

主持词主要由标题、题注、称谓和正文四部分组成。

（1）标题

与领导讲话稿类似，常见的标题为"主持人+活动名称+文种"的格式，如《×××在重点工作现场会议上的主持词》，或简化为《在重点工作现场会议上的主持词》。

（2）题注

与讲话类似，在标题下方通过括号方式标注主持会议或活动的日期，如标题不包含主持人姓名，也可将时间与主持人姓名同放在题注部分。

（3）称谓

称谓即对听众进行称呼，常用"尊敬的××""亲爱的同志们""女士们、先生们"等。

（4）正文

主持词的正文比较简短，通常分为开场白、主持主体、结束语三部分。开场白主要说明会议活动的背景、目的、意义等，并以此表示会议活动的正式开始。主持主体是正文核心，一般包括介绍会议活动的参会人员、流程，并按照流程一步步进行主持引导。结束语主要对会议活动进行总结、表示感谢，并对整个会议活动进行结尾。

特别注意：主持词中可以对需主持人注意的程序进行标注，对主持人进行提醒以确保活动顺利进行。

3. 示例

在旗帜广场升旗仪式上的主持词

（××××年××月××日）

×××

> 主持词的标题常写为：在×××会议/活动/仪式/庆典上的主持词，也可在标题前加主持人的姓名：×××在×××会议/活动/仪式/庆典上的主持词。标题下方标注活动时间。

（经工作人员引导，上台主持）

尊敬的各位领导，各位企业家，同志们：

××××年××月××日，我们在旗帜广场为全市优秀企业设立了企业旗帜。三年来，旗帜广场已成为美丽××建设的崭新地标，成为全市上下尊重、爱护、服务企业家的鲜明标识。今天，我们举行第三次优秀企业旗帜广场升旗仪式，为新一批优秀发展企业树旗立帜，再树全市高质量发展的新标杆。

今天的大会采取现场与视频相结合的形式召开，各县市区设分会场，并通过网络现场直播。

> 抬头简单而全面地将参加活动的人员概括出来，并且要热情洋溢，如"尊敬的女士们、先生们、朋友们。尊敬的各位来宾、朋友们"。

> 开头简要叙述背景，叙述意义及开场词句要亮眼，需要认真考虑、精简准确。

> 说明会议采取的形式，是否设分会场等。

在主会场参加大会的有：全市优秀企业家代表，市四大班子领导同志，法检两院主要负责同志，市委、市政府副秘书长，各县市区党政主要负责同志，市直有关部门、单位主要负责同志。其他各县市区领导同志在分会场参加会议。

今天的升旗仪式共有四项议程：

下面，进行第一项，举行升国旗仪式，请仪仗队入场。

……

（仪仗队入场后，挂好国旗，经离您近处 2 米穿白色长袖衬衣的男性工作人员提醒，进行下面环节。注：从仪仗队入场到挂好国旗时长约 1.5 分钟）

下面，升国旗、奏唱国歌。

……

（奏唱国歌，开始升旗。国歌播放完毕，待仪仗队退出后，经离您近处 2 米穿白色长袖衬衣的男性工作人员提醒，进行下面环节。注：从升国旗到仪仗队向东退出升旗台中心区域时长约 1.5 分钟）

……

下面，进行第二项，举行企业升旗仪式，请志愿者就位。

……

（××名志愿者全部到企业家身边站好位，经离您近处 2 米穿白色长袖衬衣的男性工作人员提醒，进行下面环节。注：××名志愿者全部站好时长约 20 秒）

……

请志愿者引领企业家依次入场。

……

> 全面、准确、精练地介绍参加会议人员，视活动情况表示感谢，如"让我们用热烈的掌声对各位领导和嘉宾的到来表示诚挚的感谢！"

> 进入议程主持，先说明总的议程项数。也可对各项议程进行简要说明。

> 括号中的内容体现出对整个活动流程的熟悉程度，将各流程及过渡环节完整地呈现给主持人，让主持人能够对应完成每一步的主持任务。

（×× 名企业家全部站到各自企业旗杆前，经离您近处 2 米穿白色长袖衬衣的男性工作人员提醒，进行下面环节。注：国旗左右两侧企业家到位后，最远处企业家还需要 1 分钟才能到位，整个时长约 4 分钟）

……

下面，升企业旗，奏《歌唱祖国》。

……

（升旗结束，音乐停止后，开始讲话。注：升旗时长约 1 分钟）

……

各位企业家，同志们，×× 面象征着荣誉、信誉的旗帜高高飘扬，这是企业界的骄傲和自豪，更是 ×××× 的骄傲和自豪。让我们用热烈的掌声向各位企业家表示诚挚的祝贺！希望广大企业家以旗帜为标、以旗帜为向，重整行装再出发，凝心聚力创未来，为现代化富强 ×××× 建设再立新功、再创辉煌！

> 在主持过程中，根据议程的实际情况，可加入评价、鼓劲的词句来调动整场的气氛。

下面，请各位企业家返回。

……

（企业家回到队列站位后，经离您近处 2 米穿白色长袖衬衣的男性工作人员提醒，进行下面环节。注：整个返回时长约 3.5 分钟）

……

下面，进行第三项，请市优秀企业家代表 ×× 董事长宣读《倡议书》。

（您离开主持台，自行回到队列站位，待宣读结束再回主

持台。注：宣读《倡议书》时长约 3 分钟）

下面，进行第四项，请市委书记×××同志讲话，大家欢迎。

（您离开主持台，自行回到队列站位，待讲话结束再回主持台。注：市委书记讲话约 6 分钟）

……

各位企业家、同志们，刚才，××董事长代表广大企业家宣读了《倡议书》，发出了加快企业发展的共同心声，表达了对××未来发展的坚定信心。

×××书记的讲话，充分体现了对广大企业家的深情厚谊和殷切期望。让我们锚定××××的目标定位，共担使命，共铸辉煌，奋力开创×××新局面。

升旗仪式到此结束，谢谢大家！

> 活动最后可进行简短总结，并表示感谢。如是工作会议的主持词，通常在最后要对会议主讲领导的讲话进行评价，并就抓好会议贯彻落实进行强调。

（三）工作报告

工作报告是指党政机关、企事业单位和社会团体，按照有关规定，定期或不定期地向上级机关或法定对象汇报工作时形成的公文，是报告中常见的一种。工作报告的内容包括近一段的工作情况和下一段工作部署。常见的有党代会、人代会、政协全会上的工作报告，以及各机关的年度工作报告、阶段性工作报告等。

1. 工作报告的特点

工作报告通常具有单向性和陈述性两个特点。

（1）单向性

工作报告属于单行文，是下级机关向上级机关或法定对象所作的报告。

（2）陈述性

工作报告以叙述和说明两种表达方式为主，语言要简明扼要，把事情交代清楚，充分显示内容的真实性和材料的客观性。

2. 工作报告的分类

工作报告可分为阶段性报告、综合报告、年度报告和专题报告四种类型。

（1）阶段性报告：指对一段时间的工作进行总结性的报告。

（2）综合报告：全面汇报本地区、本单位工作情况的报告。

（3）年度报告：机关单位或企事业单位年度的财务、人事等情况的报告。

（4）专题报告：以一定的主题进行的综合性报告。

3. 工作报告的写法

工作报告一般由标题、题注、称谓、正文四部分组成。

（1）标题：工作报告的标题一般由发文机关+事由+文种构成，在党的代表大会上，也会出现正副标题的形式。

（2）题注：在标题下方将时间与报告人姓名同放在题注部分。

（3）称谓：工作报告汇报的机关或对象。

（4）正文：工作报告的正文一般由报告缘由、报告事项和结束语组成。报告缘由要写明报告的起因、目的、主旨或基本情况。报告事项的内容包括工作情况、存在的问题和今后的打算等方面，但以工作情况部分为重点。结束语通常是固定的习惯用语，如"特此报告""以上报告，请代表审议"等内容，也可以不要结束语。

4. 工作报告与领导讲话稿的区别

工作报告通常也是在会议上由领导同志口头宣读，但与一般的领导讲话稿有许多不同之处。

（1）内容要求不同

工作报告的内容体现的不是报告人的个人意见，而是组织意见，并且不像其他讲话那样通常使用"以上意见，仅供参考"之类的谦词。

（2）写作方法不同

工作报告看似有比较固定的模式，实际上灵活性也很大。工作报告年年写，要年年有新意，既要面面俱到，又要突出重点，对工作的经验，要高度概括，言简意赅，一般不要列举事例，但要有各方面翔实的数据，用准确的数据说明问题。对今后工作的打算安排，层次要清楚，前后要衔接，便于贯彻。

（3）抬头称谓不同

工作报告的称谓通常比较规范，如党代会工作报告开头一般称"各位代表、同志们"，人代会一般称"各位代表"，政协会一般称"各位委员"，不像其他讲话称谓有较大的灵活性。

（4）语言风格不同

工作报告用语庄重，避免过分口语化。工作报告要求报告人不脱稿，不临场发挥。工作报告应避免使用括号，对于个别需要解释的内容不当场解释。

5. 示例

扛牢使命争先向前

奋力建设×××××

——在中国共产党××市第××次代表

大会上的报告

（××××年××月××日）

×××

工作报告往往有两个标题：主标题和副标题，主标题可以是从报告内容中提炼的主旨，也可以是单纯的"××工作报告"，如"××省2022年政府工作报告"。副标题往往把会议、文种体现出来，以显庄重。

标题之下是报告的时间、报告人职务、姓名。

各位代表、同志们：

现在，我代表中国共产党××市第××届委员会向大会作报告。

一、过去五年工作回顾

——理论武装走深走实。

——综合实力持续提升。

——创新发展步伐加快。

——改革开放深化突破。

——民生品质显著改善。

——党的建设全面加强。

抬头称谓要严格规范，一般为"各位代表""同志们""各位委员"等情形。

工作报告第一句要用"我代表×××向大会作报告"来开篇入题。

工作报告模式较为固定，通常要总结过往的工作，提出下一步工作的目标和要求。但具体到内容方面又有较大的灵活性，需要提前掌握大量的基础资料，既要做到面面俱到，又要做到重点突出，既要有延续，又要有创新。

各位代表、同志们!

五年来，各级党组织、广大党员干部始终和人民群众站在一起、想在一起、干在一起，一个个亮丽数据、一件件成功大事，是××不凡智慧和无尽伟力的最大明证、最好写照!

历尽天华成此景，人间万事出艰辛。五年的经验体会是:

党的领导是最根本保证;

转型发展是最现实路径;

科技创新是最强劲动力;

改革开放是最关键一招;

人民群众是最坚实依靠;

真抓实干是最有效行动。

安不忘危，兴不忘忧。我们清醒认识到，发展中还存在一些困难和难题、差距和不足，主要是:

外部环境复杂多变;

经济基础仍不稳固;

城乡发展不够平衡;

民生事业存在弱项;

忧患意识还需增强;

能力素养亟待提高。

二、今后五年的奋斗目标

今后五年工作的总体要求是:××××××××××。

重点要在"八个品质"提升上下功夫:

——发展品质更高;

——科创品质更强;

——开放品质更活;

> 由于工作报告通常篇幅较长，过程中会在每个部分的总结时用"各位代表、同志们!"来鼓舞听众，使得整个报告有层次、不乏味。

> 五年发展形成的经验体会，总结发展过程中的好做法。

> 总结经验的同时，梳理反思存在的问题和不足，这部分通常不会占用过多篇幅。

> 工作报告第二部分通常是对下一步工作提出目标和要求。

——服务品质更优；

——文化品质更好；

——环境品质更美；

——民生品质更实；

——平安品质更稳。

实现上述目标任务，要坚定做到"六个必须"：

——必须加强党的领导，提供坚强政治保证；

——必须遵循发展规律，集聚放大比较优势；

——必须贯彻新发展理念，加快转型升级步伐；

——必须统筹发展安全，有效防范化解风险；

——必须坚持人民至上，依靠人民造福于民；

——必须保持战略定力，一张蓝图绘到底。

三、今后五年重点任务

今后五年，全市上下要在以下"八个方面"重点任务上，争先向前、唯旗是夺、干则一流。

（一）实业创新争先向前，增创产业发展新优势

产业升级优存量。

有效投资扩增量。

现代服务提质量。

企业培育强总量。

数字经济赋能量。

（二）科创引领争先向前，打造创新创业新高地

做优科创平台。

做实科技服务。

做强人才支撑。

（三）一体发展争先向前，绘就城乡融合新画卷

提高中心城区能级。

> 从八个方面提出具体的目标要求。

> "六个必须"提出了未来发展要坚持的六个原则。

大力发展县域经济。

全面推进乡村振兴。

（四）改革开放争先向前，释放区域发展新红利

强化体制机制支撑。

强化交通通道支撑。

强化开放平台支撑。

强化营商环境支撑。

（五）绿色发展争先向前，探索生态文明新路径

让发展质效更高。

让资源效率更高。

让生态颜值更高。

（六）文化自信争先向前，焕发社会文明新活力

厚植文化自信。

刷新文明高度。

擦亮文化品牌。

（七）共同富裕争先向前，建设幸福美好新家园

全面推进就业增收。

全面优化公共服务。

全面完善保障体系。

（八）安全发展争先向前，铸就平安法治新局面

推进平安××建设。

提高法治××水平。

提升社会治理效能。

四、纵深推进党的建设新的伟大工程

（一）牢牢把握正确政治方向

（二）全面筑牢基层战斗堡垒

（三）持续锻造过硬干部队伍

> "八个方面"重点任务就是实现目标的具体路径和发力的方向。

（四）深入推进正风肃纪反腐

（五）汇聚团结奋斗磅礴力量

各位代表，同志们！

新征程浩然开启，新目标催人奋进。让我们更加紧密地团结在以习近平同志为核心的党中央周围，埋头苦干、勇毅前行，奋力建设××××，为实现第二个百年奋斗目标、实现中华民族伟大复兴的中国梦做出新的更大贡献！

> 党代会工作报告要单独拿出一部分讲党的建设，同理，政府工作报告会拿出一部分讲政府自身建设。

> 发出号召，总结全篇。

（四）工作汇报

工作汇报是由汇报人就一个阶段或者某一方面的工作向领导机关或有关方面的人员介绍情况时使用的发言材料。适用于向上级机关汇报工作、反映情况、提出意见或者建议，答复上级机关的询问。

1. 工作汇报的特点

工作汇报通常具有客观性和典型性两个特点。

（1）客观性

工作汇报都是汇报人对自己在实际工作中的问题和成绩的汇报，以实际情况为依据，具有很强的客观性。

（2）典型性

工作汇报是对日常工作的总结，一般不会面面俱到，而是突出具有典型代表性的工作进行汇报。

2. 工作汇报的分类

工作汇报可分为综合性汇报和专项性汇报两种。

3. 工作汇报的写法

工作汇报的标题通常为"汇报内容+文种"的格式，题注为"汇报单位或个人+时间"的格式。正文部分比较重要，工作汇报通常由背景、基本情况、存在问题和下一步打算四部分组成，但也根据实际情况及汇报对象有所变化。

4. 示例

×× 经济社会发展情况汇报提纲

中共 ×× 市委 ×× 市人民政府

（×××× 年 ×× 月 ×× 日）

今年以来，在省委、省政府的坚强领导下，我市牢牢把握稳中求进工作总基调，认真落实中央"六稳"总要求，按照省委、省政府 ×××× 的目标定位，确定了×××× 的发展目标，厘清发展路径、创新工作举措，保持战略定力、聚焦重点发力，全市经济发展呈现趋稳向好、全面起势的态势。现将有关情况汇报如下：

一、经济社会发展情况

一是经济运行趋稳起势。

二是新旧动能转换全面提速。

三是基础设施短板加快补齐。

四是民生保障更加坚实。

五是发展氛围空前浓厚。

二、存在的突出问题

一是新旧动能转换任务艰巨。

二是稳定增长基础不牢。

三是工业投资明显不足。

四是财政增收压力较大。

工作汇报的标题通常由"汇报内容＋文种"组成，如"×× 工作情况汇报或汇报提纲"，有时也可以将汇报单位放在标题中体现，如"×× 单位关于 ×× 工作的情况汇报"。

开头概括说明全文主旨，开门见山，起名立意。将一定时间内各方面工作的总情况，如依据、目的，对整个工作的估计、评价等进行简要概述。

工作汇报开头部分末尾要用"现将有关情况汇报如下"等语句引出汇报的主体内容。

汇报工作基本情况。内容要丰富充实，这是正文的核心，将工作的主要情况、主要做法，取得的经验、效果等，分段加以表述，要以数据和材料说话，内容力求既翔实又概括。

汇报工作情况之后，可以将当前工作存在的问题一并提出，这里可以详说也可以简略。

当前，距离全年收官还有不到 20 天的时间。我们紧盯省里提出的目标任务，想尽一切办法、穷尽一切手段，全力冲刺，确保全年各项工作圆满收官。同时，保持定力，科学谋划明年工作，一张蓝图绘到底，一以贯之抓落实，真正推动 ×× 加快发展。

汇报完毕。

结尾要具体切实。针对前面提到的问题，提出下一步工作具体意见，也可视汇报场合，简要表态。

最后通常以"汇报完毕"结尾。

（五）工作总结

工作总结是组织或个人对前一段时间内的工作回顾、检查、反思，进行梳理、归纳、分析，从中找出经验、教训并将其系统化，用以指导今后工作的文种。

1. 工作总结的特点

工作总结通常具有自我性、回顾性、客观性和经验性四个特点。

（1）自我性

总结是总结人对自己社会实践进行回顾的产物，以自身工作实践为材料，采用的是第一人称写法，其中的成绩、做法、经验、教训等，都有自我性的特征。

（2）回顾性

这一点总结与计划正好相反。计划是设想未来，对将要开展的工作进行安排。总结是回顾过去，对前一段时间里的工作进行反思，但目的还是为了做好下一阶段的工作。所以总结和计划这两种文体的关系是十分密切的，一方面，总结是计划的标准和依据；另一方面，总结也是制订下一步工作计划的重要参考。

（3）客观性

总结是对前段社会实践活动进行全面回顾、检查的文种，这决定了总结有很强的客观性。它是以自身的实践活动为依据的，所列举的事例和数据都必须完全可靠，确凿无误，任何夸大、缩小、随意杜撰、歪曲事实的做法都会使总结失去应有的价值。

（4）经验性

总结还必须从理论的高度概括经验教训。凡是正确的实践活动，总会产生物质和精神两个方面的成果。作为精神成果的经验教训，从某种意义上说，比物质成果更宝贵，因为它对今后的社会实践有着重要的指导作用。这一特性要求总结必须按照实践是检验真理的唯一标准的原则，去正确地反映客观事物的本来面目，找出正反两方面的经验，得出规律性认识，这样才能达到总结的目的。

2. 工作总结的写法

工作总结主要由标题、正文和落款三部分组成。

（1）标题

总结的标题有许多形式，可以是"单位名称+时间+内容+文种"的格式，如《××市人民政府2021年打击走私工作总结》；也可以简化为"时间+内容+文种"或"内容+文种"的格式，如《2021年教学工作总结》《创先争优活动总结》等。也可以只是对内容进行概括，并不标明"总结"字样，如《一年来的工作情况》。还有的总结采用双标题，主标题点明文章的主旨或重心，副标题具体说明文章的内容和文种，如《构建农民进入市场的新机制——××区发展农村经济的实践与总结》。

（2）正文

总结的正文主要包括开头、主体、结尾三部分。

①开头主要用来概述基本情况，有需要时可以专列出前言部分。开头包括单位名称、工作性质、主要任务、时代背景、指导思想，以及总结的目的、主要内容提示等。总结的开头要简明扼要，文字不宜过多。

②主体主要包括成绩和做法、经验和教训、今后的打算等。这部分篇幅长、内容多，要特别注意层次分明、条理清晰。

③结尾一般应在总结经验教训的基础上，提出今后的方向、任务和措施，表明决心、展望前景，篇幅不应过长。有的总结也可以省略结尾。

（3）落款

总结的落款包括署名和成文日期两项内容，按其他公文的写法顺次书写即可。如果标题中已有署名，则此处可以省略。

3. 需要注意的事项

（1）要深刻地明白写工作总结的目的，不只是为了肯定成绩和找出问题，更重要的是为了吸取以往的经验教训。

（2）开好头、结好尾、突出中间，这是写好工作总结的基本要求，需要进行精巧的构思。

（3）一定充分掌握丰富的资料，准确掌握做了哪些主要工作，每项工作的起止时间、发展过程。

（4）可以在写之前详细了解在过去的工作中，面临的背景情况、利弊条件、遇到的矛盾，解决这些矛盾和问题的办法和措施。

（5）能否利用掌握的资料说明经验，关键在于结合得怎么样，从理论和实践的结合上说明经验，这是写好工作总结的基本功。

（6）写工作总结时要注意做到结构合理，层次分明，表述得当。突出轻重主次，把主要的工作排在前面。

> 工作总结通常标题为单位名称＋时间＋文种。

4. 示例

×××2021年工作总结

　　刚刚过去的一年，×××在×××党组的坚强领导下，在兄弟处室及各地市和各省直部门、单位的关心支持下，始终坚持高效、细致的工作理念，全力做好各项服务工作，为省领导做好参谋助手，为县市区、部门提供高质量的服务。

> 总结概述，用精练的语言对前期工作做出总结和评价，要概括精准、评价贴切，通常作为开头段落。

　　一、突出以文辅政，全方位了解实情，多维度研究举措，真正做到守正创新、当好"参谋员"。

　　一是抓学习。

　　二是熟情况。

　　三是深研究。

　　二、突出统筹协调，坚持超前思维，注重精准精细，真正做到高质高效、当好"服务员"。

　　公文运转方面，做好文件"一进一出"两个登记。

　　会议组织方面，开短会、开有针对性的会、开解决问题的会。

　　活动安排方面，坚持主动靠前、提前对接，将各项工作落细落实。

> 设置分论点进行叙述，把工作成绩、经验条目化、数据化，使其重点突出、一目了然。要把分论点标题提炼好，既要精准，又要亮眼。

　　三、突出工作落实，树立大局观念，强化督导调度，真正做到务实见效、当好"督查员"。

　　在总结成绩的同时，也要看到，视野思路不开阔、服务能力不够强、标准要求打折扣的问题依然存在。新的一年，×××将继续以高度负责的使命感、高标推进的执行力，一如既往做好省领导的各项服务工作。

一是服务再精准。

二是业务再提升。

三是保障再加力。

存在问题及今后打算，总结不仅要总结经验，还要总结教训，因此有的时候，存在问题可以单独作为一部分，问题要找得准、切中要害，然后针对问题提出下一步的努力方向。

（六）述职报告

述职报告是个人总结、陈述一段时期的工作情况，包括履行岗位职责、完成工作任务的成绩、缺点和问题、下一步打算，进行自我回顾、评估、鉴定的书面报告。通常包括前言、总结、问题及打算，有时为了突出自己的工作，总结部分可以分成工作情况和取得的成绩。

1. 述职报告的特点

述职报告通常具有规律性、个体性、通俗性和自评性四个特点。

（1）规律性

述职报告不能把已经发生过的事实简单地罗列在一起，而是必须对事实、数据、材料等进行归纳分类，并在此基础上进行总结，把握其重点和规律。

（2）个体性

述职报告与一般报告的不同之处就是更强调个人性，对自身所负责的组织或者部门在某一阶段的工作进行全面的回顾，从个人的工作实践中去总结成绩和经验，总结不足与教训，从而对过去的工作做出正确的结论。

（3）通俗性

述职报告的对象非常广泛，因此，要想把报告中的内容让所有人都能领会，就必须坚持通俗性、大众化、口语化的原则。涉及专业性、学术性强的内容，也要做到通俗易懂，简明扼要。

（4）自评性

述职报告的自评性要求报告人秉着严肃认真的态度，对自己在任期内的方方面面的表现进行自我评估、自我鉴定、自我定性。

2．述职报告的分类

述职报告依据不同的分类标准可以分为不同的类别。

（1）从内容上划分

专题性述职报告：对某一方面工作的专题述职。有时是对某项具体工作的汇报。

综合性述职报告：一个时期所做工作的全面、综合的述职。

（2）从时间上划分

年度述职报告：本年度的履职情况报告。

任期述职报告：从任现职以来的总体工作进行报告。

临时性述职报告：在担任某一项临时性的职务任期内的任职情况的报告。

3．述职报告的写法

述职报告通常包括标题、称谓、正文三部分。

（1）标题

述职报告的标题一般包括分为单标题和双标题，单标题常为"职务+时间+文种"的格式；双标题一般是在主标题写主题，在副标题写"时间+文种"。

（2）称谓

称谓根据听众对象而定，但多是报告者对听众的称呼，如尊敬的领导、××机关名称等。

（3）正文

正文是述职报告的核心，内容要根据具体的场合而定，但一般包括基本情况、成绩经验、问题教训和今后的计划等内容。基本情况是指主要情况、时间、地点、背景、事件经过等内容。成绩经验要坚持以事实和材料为依据，对过往的工作实践进行回顾、分析，在此基础上总结内在规律，要突出重点。问题教训不要刻意回避，要坚持实事求是。今后的计划一般包括目标、措施、要求等。

4．需要注意的事项

（1）主题要明确

述职报告要从客观上考虑报告对象所关心的问题，针对问题做出自己的解答。要适应受众的心理需要，使之产生亲切感、参与感和冲击力。

（2）层次要清晰合理

述职是向别人讲述自己的工作，要能够让别人抓住自己工作的成绩、结果和做法，因此述职报告的主题句要具有很强的层次性和逻辑性，不可随意确定，让人听了模糊不清、印象不深。

5. 示例

××××年度述职报告

（××××年××月）

一年来，在市委、市政府的坚强领导下，深入学习贯彻党的十九大精神和习近平新时代中国特色社会主义思想，认真贯彻落实党中央、省委的系列决策部署，紧紧围绕市委的各项决策部署，恪尽职守、扎实工作、敢于担当、攻坚克难，较好地完成了各项工作任务。

一、抓学习提境界，思想政治能力实现新提升

一是强化理论学习。

二是提高专业能力。

三是坚持学以致用。

二、抓谋划重创新，推进落实举措形成新机制

一是坚持统筹推进。

二是坚持重点攻坚。

三是坚持创新机制。

四是坚持问题导向。

三、抓重点勇担当，分管各项工作取得新突破

一是经济运行逆势上扬。

二是项目建设提速提质。

三是对上争取走在前列。

四是"双招双引"成果丰硕。

五是营商环境持续优化。

六是重点改革深入推进。

七是攻坚任务全面完成。

八是群众福祉持续增进。

述职报告的标题分为单标题和双标题两种格式。

单标题通常由职务、时间、文种三种搭配构成，可以是三者均包含，如《××主任1999年度述职报告》，也可以只包含职务和文种，如《××主任述职报告》，也可以只包含时间和文种，如《20××年度述职报告》，甚至可以只用"述职报告"作为标题。双标题通常凝练一句话作为主标题，时间+文种作为副标题，如《努力抓好项目落地为××建设贡献力量——20××年度述职报告》。

前言部分，高度凝练地对述职时间范围的工作进行评价，要客观、概括。

四、抓党建强责任，全面从严治党实现新作为

一是严守政治纪律和政治规矩。

二是认真落实一岗双责。

三是狠抓党风廉政建设。

回顾一年来的工作，虽然取得一定成绩，但与新形势新任务新要求相比，还存在一些不足和问题。一是思想解放力度还不够大。二是攻坚克难的办法还不够多。三是抓落实的力度还不够大。对于这些问题，在今后的工作中，我将高度重视，认真分析研究，切实加以解决，努力为开创××××建设新局面，做出自己的贡献。

（七）调研报告

调研报告是指根据社会或工作的需要，有计划地积极主动深入一线，了解实际情况、存在的问题，有意识地探索和研究，提出有针对性的意见建议的报告。一篇好的调研报告能够推动某一领域的工作发展，上级领导机关也善于通过调研报告来确定下一步工作的重心。

1. 调研报告的特点

调研报告通常具有写实性、针对性、逻辑性、典型性和时效性五个特点。

（1）写实性

调研报告是为解决实际问题撰写的，因此，客观事实是调研报告赖以存在的基础。写调研报告，从调查对象的确定，到开展调研活动，从对问题的分析研究，到提出解决问题的途径，都要以大量的充分确凿的事实作为依据。真实是调研报告的生命线。

（2）针对性

调研报告是针对社会的实际需要而出现的。在党和国家的各项方针、政策的贯彻执行中，常常会出现新情况、新

主体是述职报告的核心部分，大致有以下三种写法。

一是工作项目归类式。即把自己所做的工作按性质加以分类，如重点项目、安全生产、民生保障等，一类作为一个层次依次进行阐述。

二是时间发展顺序式。这种形式适用于任期述职，或较长时期（如五年述职或三年述职），或中间出现职务变化的情形。可以按照时间先后顺序分成几个阶段来写。

三是内容分类集中式。这种形式是最常用的，一般分为主要工作、成绩效益、存在问题和对策等几部分。

在写作述职报告时，要严肃认真，客观公正，实事求是。注意论断准确，有针对性，重点突出，既不要脱离自己的工作目标和职责范围，又要分析概括，不能写成流水账，既要突出政绩，又要做正确评价，不能故意夸大或缩小。

作为述职报告，通常问题和下一步计划不会占用太多篇幅，但也要把缺点和不足客观公正地说足、说充分。

问题需要研究解决，也常常有好的经验需要推广。调研报告正是从这一客观需要出发，就现实工作急需解决的各种问题，有针对性地进行调查研究之后所作的书面回答。

（3）逻辑性

调研报告必须有确凿的事实，但又不能机械堆砌基础材料，需要对核实无误的数据和事实进行严密的逻辑论证，探明事物发展变化的原因，预测事物发展变化的趋势，提示本质性和规律性的东西，得出科学的结论。

（4）典型性

调研报告的典型性表现在两个方面：一是调查对象典型；二是文章所运用的材料典型。好的调研报告不仅对调查对象总结工作、提高认识具有指导意义，更重要的是对全局性工作具有现实意义和普遍的指导意义。

（5）时效性

调研报告的内容、数据都是调研期间获得的，代表的也仅是调研期间的有关情况，因此调研得出的规律和结论也具有较强的时效性。

2. 调研报告的分类

根据内容的不同，调研报告分为基本情况调研报告、新生事物调研报告、典型经验调研报告、揭露问题调研报告、全面性调研报告和专题性调研报告等。

① 基本情况调研报告是关于某一领域、某一地区、某一单位或社会的某一方面基本情况的调研报告。

② 新生事物调研报告是及时向社会比较全面地介绍某一新生事物的调研报告。通过揭示新生事物成长的规律及其产生的意义，向人民展示它的强大生命力，并通过预见性的判断指出它的发展趋势，达到指导工作的目的。

③ 典型经验调研报告是对某一地区或单位贯彻执行党和国家的方针、政策的典型经验进行总结、推广的调研报告。它不仅可以起到表彰先进、树立典型的作用，而且可以推广典型经验，用于指导工作。

④ 揭露问题调研报告是针对工作中发生的重大事故、出现的严重失误所写的调研报告。这种调研报告通过全面、深入、细致的调查，用确凿的事实说明事故或问题发生的原因、情况和结果，分析其产生的背景及性质，以澄清是非、查明真相，达到解决问题、批评教育、告诫人们吸取教训的目的。

⑤ 全面性调研报告反映的内容比较广泛，可以包括社会的政治、经济、军事、文化、教育、卫生等各方面的状况，以及社会各阶层的状况。这类调研报告的篇幅一般较长，内容比较详尽，能够较全面地反映某个地区、某一条战线、某一个阶层的全貌，对正确地制定党和国家在某一时期或某一方面的方针政策有较大的参考价

值。但一般基层单位使用较多，其作用往往被"统计材料"所代替。

⑥ 专题性调研报告是针对某一具体事物进行细致入微的调查研究，找出它形成、发展（或消失）的根本原因，科学地阐明其自身的运动规律，指出这种规律的价值的调研报告，目的在于宣传、推广或回答人们普遍存在的疑问。

3. 调研报告的写法

调研报告一般由标题和正文两部分组成。

（1）标题形式比较灵活，可以是由事由和文种构成的公文式标题，如《关于企业管理经验的调研报告》，也可以是内容概括式标题，如《湖南农民运动考察报告》，还可以用主副式标题，如《亏损企业的现状不容忽视——关于××市亏损企业的调研报告》。无论采用哪种形式拟制标题，都要力求做到简洁、醒目、观点鲜明。

（2）调研报告正文一般由前言、主体和结语三个部分组成。

①前言：着重介绍基本情况并提出问题。一般概括说明三方面内容：一是调研工作的基本情况，二是"调研对象"的基本情况，三是调研结论的提示。但不同的调研报告，前言内容的基本事项不完全相同，也有调研报告没有前言部分，起笔直接进入主体部分。

②主体：这是调研报告的核心内容，也是对调研结果的具体引证、说明部分。其结构形式主要有两种：一种是纵式结构，根据事物的发生、发展、结局过程来组织材料。另一种是逻辑结构，即根据事物的内在联系，分几个部分来安排材料，各部分可以设小标题，也可用序号标出，各部分之间可以是并列关系，也可以是递进关系。

③结语：调研报告的结束语带有结论性质，总结概括全文提出相关的建议或对策等，是分析问题、解决问题的必然结果，要求简明扼要，言尽即止。

4. 需要注意的事项

①调研报告的主要内容是事实，主要的表现方法是叙述。但调研报告的目的是从这些事实中概括出观点，而观点是调研报告的灵魂，需要调研者把调研的内容加以分析综合，进而提炼出观点。对材料的研究，要在正确思想指导下，用科学方法经过去粗取精、去伪存真、由此及彼、由表及里的过程，从事物发展的不同阶段中，找出起支配作用的、本质的东西，把握事物内在的规律，运用最能说明问题的材料并合理安排，做到既要弄清事实，又要说明观点。

②调研报告的语言简洁明快，写法归结起来就是足量的材料加少许的议论，不追求细腻的描述，只要有简明朴素的语言报告客观情况即可。但考虑到调研报告的可读性问题，在说明问题的前提下，有时语言可以生动活泼，适当采用群众性的生

动而形象的语言。同时注意使用一些浅显生动的比喻，增强说理的形象性和生动性。

5. 示例

建设地方新型智库推动科学民主决策

×××调研组

内容提要：

智库，主要是指以促进政府科学民主决策为目标，以公共政策为对象，以公共利益为导向，以社会责任为准则的专业研究机构。智库发展的好坏，对公共决策有着巨大的影响。为此，××××年××月××日至××日，省政府组成调研组，赴×国×××，就智库建设进行调研学习，以对我省政府智库建设提供良好经验。本报告通过对×国智库建设情况进行深入总结分析，结合本省实际提出对我省政府智库建设工作的意见建议。

关键词：智库，×国，公共决策

××××年××月××日至××日，省政府研究室组成调研组，赴×国×××，就智库建设进行调研学习，以对我省政府智库建设提供良好经验，经过三周的调研学习，调研组认为，×国智库建设较为成熟，且与本国政治体制适应良好，对我国、我省政府智库建设有不错的借鉴作用，现将具体情况报告如下：

调研报告标题常见写法有以下几种。

① 公文式标题。由事由和文种构成，如《关于×××的调研报告》。

② 内容概括式标题。直接揭示调研报告的中心，十分简洁，如本文标题《建设地方新型智库推动科学民主决策》。

③ 主副题式标题，主标题揭示调研报告的思想意义，副标题表明调研报告的事项和范围，如《深化厂务公开机制创新思想政治工作方法——关于×××工厂深化厂务公开制度调查》。

内容提要（或摘要）＋关键字，两者均属于调研报告非必要组成部分，视具体情况而定。

调研报告的开篇简要地叙述为什么对这个问题（工作、事件、人物）进行调研，调研的时间、地点、对象、范围、经过及采用的方法，调研对象的基本情况、历史背景以及调研后的结论等。这些方面由写作者根据调研目的来确定，不必面面俱到。

调研报告开头的方法很多，有的采用设问手法，有的开门见山，没有固定形式。但一般要求紧扣主旨，为主体部分做展开准备。文字要简练，概括性要强。最后通过"现将具体情况报告如下"引出正文主要部分。

一、新型智库发展趋势及特点

智库，主要是指以促进政府科学民主决策为目标，以公共政策为对象，以公共利益为导向，以社会责任为准则的专业研究机构。近年来，中国特色新型智库发展迅猛，主要呈现出以下发展态势。

一是全球化发展态势越来越突出。

二是专业化竞争越来越激烈。

三是多学科并用越来越明显。

中国特色新型智库的本质属性是"中国特色"，"新型"是指智库的组织形式、运行机制、制度规范等有别于外国智库，也有别于中国传统智库和现有体制内智库，应该是创新型、开放式、现代化的治理模式。主要有以下特点：

一是突出党的领导；

二是服务中心大局；

三是坚持求真务实。

二、调研考察情况

通过三周的调研考察，对×国政府制定政策的基本理论、体制、手段和措施有了更加系统地认识，并重点了解了其政策决策过程，尤其是制定政策过程中，政府政策研究部门与智库机构、各利益相关方所发挥的作用及如何发挥作用以影响政府决策等内容。调研组深切地感受到，尽管国情不同，社会制度各异，但×国在经济社会发展过程中所积累的许多宝贵经验，给了我国很有益的启示，值得学习借鉴。

一是专家学者是智库的"四梁八柱"。

二是机制建设是智库发挥作用的关键。

尽管×国智库有可借鉴之处，但也存在许多短板，比如：由于竞争压力过大，很多智库为了获得稳定的经费来源和生存

整个第一部分并不属于调研报告所必需的组成架构，但在许多调研报告中也高频次使用。

由于本文讨论的话题并不是一个常见的概念，因此通过对概念的解读和特点的总结，交代这一概念的基本情况。

这里提出了中国特色新型智库建设需要坚持的原则，也属于交代概念的基本情况。

从调研到的客观实际中，提炼形成对我们有所帮助的经验做法。

空间，其政策研究过程和结果往往受到利益集团、政治团体等因素制约。

在政府决策咨询中，一些决策者也往往选择与自己施政理念、政策主张相近的智库人员进行咨询，这就使智库的独立性、专业性大打折扣。智库建设必须立足本国国情，就中国智库发展的现状看，体制内和体制相关智库组织是新型智库建设的主体。与西方发达国家智库的市场化生存策略不同，我国新型智库建设应将着眼点放在构建一个包含多层次、多领域，且规模不一、各具特色的众多智库和智库类研究机构在内的完善体系，只有这样才能适应新形势下中国特色社会主义建设的理论实践需求。2015 年中央出台《关于加强中国特色新型智库建设的意见》，为建设中国特色新型智库指明了方向，党的十九大特别强调要"加强中国特色新型智库建设"，新型智库建设已成为新时代我国决策科学化、民主化的一场思想革命，标志着国家治理能力现代化已经进入一个崭新的历史时期。

> 学习经验做法的同时，也客观找出了对方的短板不足，正反两面进行深刻分析，从而形成我们推动工作的理论观点。

三、我省推动政府智库建设的情况分析

通过考察学习，对中国特色新型智库建设，特别是地方新型智库建设有了更深入的思考，结合我省实际，有几点体会和建议。

> 结合本地实际，对本地工作情况进行分析。

（一）我省新型智库建设存在的问题及努力方向

近年来，在党中央、国务院的关心支持和省委、省政府的坚强领导下，我省政策咨询和决策服务为政府公共决策做出了一定贡献，但是新型智库建设与民主决策、科学决策还有很大差距，智库"外脑""智囊"作用发挥受到诸多因素制约，新型智库建设还面临一系列问题。

一是整体力量薄弱。

二是高质量成果少。

三是智库与党委政府之间、智库之间沟通不畅。

四是决策咨询渠道不规范。

> 客观公正地提出本地工作存在的短板和问题。

针对以上问题，当务之急要融合提升官方智库，发展壮大民间智库，形成党政智库、科研院所智库、高校智库及社会智库协调发展的地方智库格局，具体来讲，应做到"四个转向"。

> 结合学习的先进经验，提出工作的方向和原则。

一是决策参与方式要实现从"政谋合一"到"问计于智"的转向。

二是作用发挥方式要实现从"班子写手"到"政策推手"的转向。

三是研究方式要实现从"封闭式内部研究"到"开放式决策咨询"的转向。

四是选题方式要实现从"自上而下"到"上下结合"转向。

（二）对我市新型智库建设的几点建议

一是坚持高标准建设。

二是整合资源提升研究水平。

三是紧紧围绕经济社会发展大局选题。

四是重视高质量成果产出及转化。

五是建立健全各项机制。

> 立足本地，提出推动工作的具体建议。不同的调研报告，结尾写法各不相同，一般来说，调研报告的结尾有以下五种。
> ① 对调研报告归纳说明，总结主要观点，深化主题，以提高人们的认识。
> ② 对事物发展做出展望，提出努力的方向，启发人们进一步去探索。
> ③ 提出建议，供领导参考。
> ④ 写出尚存在的问题或不足，说明有待今后研究解决。
> ⑤ 补充交代正文没有涉及而又值得重视的情况或问题。
> 总之，调研报告结尾要简洁有力，有话则长，无话则短，没有必要也可以不写。

（八）心得体会

严格来讲，心得体会属于发言稿的一种类型，是指一种读书、学习、考察、实践后所写的感受性文字。心得体会属于议论文的范畴，一般篇幅可长可短，结构比较简单。

1. 心得体会的特点

心得体会通常具有主观性和总结性两个特点。

（1）主观性

由于心得体会是对工作和学习中的感悟的总结，往往是感性的阐述，具有极强的主观性。

（2）总结性

心得体会与很多总结、汇报一样，是对一段时间或特定学习经历的总结，因此心得体会具有极强的总结性。

2. 心得体会的写法

心得体会的写法比较简单，一般包括标题和正文两部分，有时加上署名。

（1）标题

心得体会的标题非常灵活，既可以是"适用对象+文种"组成的格式，也可以是反映内容的文章式标题，写法标记随意，但都要吸引眼球。

（2）正文

正文是心得体会的灵魂所在，要把心得体会的来源及经历本身叙述清楚，将心得体会分条阐述，内容要条理清晰，语言要简明扼要，观点要系统独到。

3. 示例

在市委理论学习中心组读书班上的发言

（××××年××月××日）

×××

同志们：

在当前各项工作头绪繁多、任务繁重的情况下，市委专门拿出一周的时间集中开展读书学习，充分体现了坚决贯彻落实习近平新时代中国特色社会主义思想的坚定决心，充分体现了以推动政治上大对标、思想上大解放、作风上大转变、工作上大落实，全力推动高质量发展的坚定信心。一周的时间里，我们带着信念、带着感情、带着使命、带着责任，学原著、读原文，深切感受到，学到了真言，思到了真知，悟到了真理，在

研讨发言通常要有标题，有时间，有抬头。

思想的交流交融中进一步明确了下一步工作的方向和路径。下面，结合我市发展实际，谈几点认识和体会。

一、吃透精髓要义、领会精神实质，坚决做忠实信仰者、自觉践行者、坚定捍卫者。

作为一名共产党员，××××。

作为一名领导干部，××××。

作为一名人民政府市长，×××××。

作为一名政府党组书记，×××××。

二、历史地看待成绩、坚持问题导向，全面认清前进道路上的痛点、堵点、难点问题。

一是意志不够坚定，缺乏久久为功的定力。

二是思想不够解放，缺乏攻坚克难的手段。

三是学习不够自觉，缺乏干事创业的本领。

三、咬定发展目标、持续用力攻坚，坚决一以贯之地抓推进、抓落实、见实效。

一是全面建设×××，必须坚定理想信念，筑牢思想深处的"定海神针"。

二是全面建设×××，必须深度解放思想，注入改革创新的"源头活水"。

三是全面建设×××，必须突出工作重点，牵好关键问题的"牛鼻子"。

四是全面建设×××，必须着力补齐短板，下好高质量发展的"先手棋"。

五是全面建设×××，必须增进民生福祉，唱响共建共享的"交响乐"。

我就谈这些，不妥之处请同志们批评指正。

> 既是介绍背景，也是讲明意义。

> 过渡句，过渡到文章主体部分。

> 第一部分通过自己四种身份的角度，讲出了自己学习的感受。

> 第二部分回顾本地实际，指出当前工作存在的问题。

> 第三部分讲了工作的具体路径，既是对自己讲，也是对受众提要求。

> 需要口头发言的稿子，可以用"请同志们批评指正"结尾。